叢書・現代社会学⑥

三隅一人著

社会関係資本

●理論統合の挑戦

ミネルヴァ書房

刊行のことば

人間の共同生活の科学である社会学の課題は、対象とする共同生活における連帯、凝集性、統合、関係などを一定の手続きに基づいて調査し、その内実を理解することにある。数年から十数年かけてまとめた研究成果は、江湖の批判や賛同を求めるために、ジェンダー、世代、階層、コミュニティなどの社会分析の基本軸に着眼しつつ執筆され、社会学的想像力と創造力に溢れる作品として刊行される。

「叢書・現代社会学」は、二一世紀初頭の日本社会学が到達した水準を維持し、それぞれで研鑽を積み上げた専門家が、得意なテーマを絞り、包括的な視点での書き下ろし作品を通して、現代社会と社会学が抱える諸問題に答えようとする意図をもつ。

この狙いを達成するには、一六〇年の社会学史のなかで培われてきた研究の軸となる基礎概念や基本的方法を身につけ、顕在機能と潜在機能、格差と平等、土着と流動、開放と閉鎖、包摂と排除などの視点を駆使しながら、文献や調査資料などのデータ分析からのロジカルシンキングを行うことである。これには、事例を集める、事実を確認する、定義する、指標化する、観察する、解釈する、概念を作る、推論する、原因やメカニズムを追求する、分析する、比較する、結論を下すといった科学的で普遍的な論証のための過程が含まれる。

学界の最先端の水準を維持したうえで、分かりやすく読み応えのある叢書をという目標のもと、企画会議を繰り返し、試行錯誤のなかで斬新なシリーズを誕生させることができた。叢書全体で、現代社会の抱える諸問題と真剣に格闘しつつ、社会学という学問の全体像を明らかにし、次世代による更なる探求への発展につなげたいと願っている。

その意味で、日本社会学界の今後にもささやかな貢献ができると確信する。幅広い読者の支援をお願いする次第である。

二〇〇九年九月

金子勇・盛山和夫・佐藤俊樹・三隅一人

はじめに——序章にかえて

ソーシャル・キャピタル——社会関係資本。社会学から提唱された諸概念のなかでも、ポピュラー度は五本の指に入るのではなかろうか。とりわけ、本家の社会学よりも、むしろ他の学問分野で、それも経済や行政の実践的な諸問題と関わりが深い領域で盛んに使われる傾向がある。これも特徴的である。直観的には、コミュニティの概念と似ているのかもしれない。多義的だが、それがゆえに便利で、実践的に役立つし、それだけでなく学術的にも、それが捉えようとしているものの重要性については認識を共有できる。けれども、社会学者はその概念自体に対しては、どこか冷ややかにみているところがある。

この最後の点に関しては、社会関係資本の場合はコミュニティとは少し事情が異なるのかもしれない。テクノクラートへの取り込みに対する警戒は共通しているだろうが、社会学者が本概念に対して冷ややかなのは、それよりむしろ経済学への接近に対する警戒が大きいと思われる。せっかく下部構造の呪縛から独立した学問が、なぜまたそこに帰依するのか。M・グラノベッターやJ・S・コールマンなど、少なくとも幾人かの社会関係資本論者の志は明確である。それは、経済が社会構造に埋め込まれていることを真っ当に捉える経済社会学の確立である。さらに、本概念は、個人と国家の緊張関係において中間集団をいかに組み込むかという古典的問題に、展望を開いたかにみえる。これもまた、強い個人を理念的前提とした市民社会が社会構造に埋め込まれていることを真っ当に捉える政治社会学の確立といえなくもない。これらの志を総じていえば、本概念には社会科学の統合を主導する鍵概念としての企図が織り込まれているのである。

だが、果たして、社会関係資本は本当にそれだけの可能性をもつのか。それが、どうにもつかみにくい。冷ややかさの根っこには、そしておそらくは一方の過熱原因にも、このあたりのある意味での概念的なスケールの大きさが関わっている。そこで本書では少しスケールを落として、この魅力的だが学術的意義を見極めにくい概念と向き合うスタンスを定める。そのスタンスとは、社会関係資本なる概念の社会学理論的な意義を最大限に引き出すことである。以下、その趣旨をもう少し詳しく述べる。

本書のねらい

社会関係資本の概念的意義を見極めにくい理由の一つは、それが比喩的概念であり、実体性がないところにある。もっとも、この実体性からして議論が錯綜するところかもしれない。本概念が多くの学問分野や実践現場に幅広く受け入れられた理由には、その計測性がある。測定できるからには何らかの実体を措定できるはずだ、という理屈は成り立つからである。だが、実体性を措定しなくとも、人間関係やそのネットワーク、信頼、社会規範といった諸要素を測定することは、さまざまな指標を工夫すれば暫定的に可能である。そしてその意味での計測性は、従来の社会学や関連学問が開発してきたことであり、社会関係資本の概念が新たに切り開いたものではない。つまり、本概念の意義は、実体のないものを実証的議論の遡上にのせたところにあるのではない。むしろ、そうした実体のない社会構造の諸要素を（規定のやり方で）測定して、経済開発プロジェクトの成功や民主主義の成熟などと関係づけることが意味をもつような、議論枠組みを提供したところにある。

実際、実体がないものを概念化して議論することは重要な科学的営みであり、それ自体は何ら問題ではない。むしろ、本書の基本的スタンスとして、社会関係資本が実体のない比喩概念であることを積極的に受け止めようと思う。こうして、資本蓄積に類似した（そして理論上は実際に経済資本に転換できる）社会的プロセスを想定するとき、それに関わりの深い社会構造の仕組みや諸要素がさまざま浮かび上がる。社会関係資本の議論の枠組みはそれらをすべて含む。それがゆえに多義的である。したがって上記のスタンスは、その多義性を積極的に受けとめることを含意する。

だからといって、概念的な中身は何でもありといっているわけではない。従来の研究も、社会ネットワーク、信頼、一般化された互酬性の規範にしぼったり、閉鎖性や紐帯の強さのようなネットワーク特性に焦点を定めたりして、本概念の測定や分析を行ってきた。他者がもつ社会的資源のような特定化もある。ここで重要なことは、これらの諸要素への着目はそれ自体が仮説であり、その妥当性は多分に研究目的に依存するという点である。潜在的には他にもいろいろなものが比喩としての「資本蓄積」に関わりうる。けれども、そうした仮説にもとづいて社会関係資本を軸とした社会学の理論化を進めようとするのであれば、自ずと目配りすべき範囲はしぼられる。つまり、仮説の社会学的意義を高めようとするならば、関係論的な社会学がこれまで議論してきたことを着眼のポイントやヒントとして、十分に配慮すべきなのである。その意味で関係論的な社会学理論はおしなべて、社会関係資本と何ほどか関係づけられることになる。つまり、実体はなくとも、そこに資本蓄積に類したプロセスを措定することで、これまで社会構造に関して社会学が議論してきた多くの主題や、そこで蓄積されてきた理論が、社会関係資本の一点から見通すことができるようになる。概念的な多義性の受容は、この意味での理論的な求心力を生かすことが趣旨である。

この求心力を逆手にとって、社会関係資本の議論はこれまで社会学が議論してきたことのいいかえにすぎないとして、この概念を退けることはできるかもしれない。しかし一方で、これだけ多くの研究者や実践家たちを引きつけてきたその魅力を、正面から考える価値はある。なかでも重要なのは、その求心力をベースに理論統合を進め、何らかのブレイクスルーを社会学にもたらすことができるかもしれないという可能性である。こうした理論統合に向けた動きは学際レベルの方が目立っているけれども、まずは社会学における本概念の理論的価値を高めなければ、仮にそうした動きに参入したところで得られるものは少ないし、一方で貢献できることも少ない。そこで本書は、あくまで社会学理論、そのなかでも関係論的社会学の理論的統合を念頭におきながら、社会関係資本の社会学的価値を検討する。行為論的社会学に比べると、関係論的社会学の体系的理論化は遅れている。その意味でも、資本の比喩によって、古典から今日に連なる関係論的な社会学の系譜を理論的に統合できるのであれば、それは十分に価値あることである（ただし、この目的設定がゆえに、社会関係資本に関わる膨大な数の経験的研究や社会学以外の理論的研究が、本書の視野外におかれる。重要なものには言及していくつもりではあるが、網羅的なレヴューを本書のなかで果たすことはできないので、その点ご容赦いただきたい）。

理論的指針

ところで、そうした理論的統合のベクトルはどのような性質を満たすべきであろうか。

社会関係資本の概念は、社会学のさまざまな論説を関連づけてみる枠組みを提供してくれるけれども、それらの統合に明確な指針を与えてくれはしない。後にわれわれは連帯とブローカーがどちらも社会関係資本の蓄積プロセスに関わることをみる。けれども、仮にそのように述べたところで、この二つの一見して異なる（しばしば相対立する）社会的プロセスの関係を説明することにはならない。その関係を説明する十分な道具立てを、比喩的概念である社会関係資本はそれ自体のなかにもっていないのである。それは、社会学の諸理論のなかに求めていかなければならないし、場合によっては、そこから新しい道具立ての必要性が気づかれるかもしれない。理論の統合やブレイクスルーといったのは、例えばこのようなイメージなのである。したがって、理論的統合を目指すにあたっては、社会学理論構築の一般的課題を考慮しておくことが望まれる。

そうした課題を一言でいうことは難しいけれども、行為論的社会学理論の実績をふまえながら、マイクロ・マクロ・リンクを一つの共通項として考えることは意義があるだろう。行為論的社会学のメルクマールは、個人行為から社会システムや社会的制度の創発を説明する、行為‐システム系のマイクロ・マクロ・リンクにある。そこで説明対象とされる創発特性の代表的なものは、均衡である。例えばT・パーソンズは行為に価値要素を取り込んで、それが行為者の内外から行為を一定方向に導いて社会システムの均衡を実現する仕組みを論じた。また、合理的選択理論のように、そうした価値要素も効用関数のなかに組み込まれたものとみなし、あくまで個人の合理的行為が集積されて均衡を生み出す（ときには囚人のジレンマの欠陥均衡のように必ずしも最適でない均衡を生み出す）仕組みに、主眼をおく議論もある。このように説明の仕方には幅はあっても、両者を行為‐システム系のマイクロ・マクロ・リンクとして関係づけることはできる。

これに比べると、関係論的マイクロ・マクロ・リンクは、社会学理論においてさほど顕在的ではなかった。この側面の理論構築は、関係‐社会構造系のマイクロ・マクロ・リンクを軸とする。先のパーソンズに則していえば、ダイアド的なダブル・コンティンジェンシー状況から、創発特性として一定の関係原理を規定する価値が生み出されるプロセスのような主題である。あるいは、個人の世界認識における他者や「社会」の出現も、一見してマイクロ水準の議論にみえるけれども、実は関係が集積されて一定の社会構造として現れる認識的創発性を主題化している。けれども、これらを関係-社会構造のマイクロ・マクロ・リンクとして体系化する作業は進まなかった。そもそも社会関係は本来的に観察不可能であるため、実証的社会学はより観察しやすい行為を手掛かりにして社会関係を捉えようとし、結果として議論は行為-システム系に回収される傾向があった。役割の概念がその典型であろう。実際そこでは、相互的な役割期待の規範性と主観的解釈性が対立的に織り込まれながら、その後者が可能性を開いた認識的創発性の主題のとり込みは結局果たされなかった。役割概念の歴史は、行為-システム系と関係-社会構造系を複合的に捉えるマイクロ・マクロ・リンクの難しさを示している。

そこで本書では、まずは社会関係資本が示唆する関係-社会構造系のマイクロ・マクロ・リンクの主題を整理することで、行為論に回収されない関係論的社会学の理論統合に向けた体勢作りを進めたい。そこでの主題を端的にいえば、関係が集積されて「資本蓄積」に関わる社会構造を生み出す、そうした諸々のプロセスである。

このように本書のスタンスは関係-社会構造系を中軸におくが、それは微妙なぶれを含むことになるだろう。社会関係資本は比喩的とはいえ「資本蓄積」のプロセスを措定するので、社会構造がこのプロセスに照らしてどういう目的合理的行為と関わるのか、という視点を内包している。つまり、行為-社会構造系との交差が本来的に織り込まれた概念なのである。この概念的特性は、確かに諸刃の刃ではあるのだが、うまく活用すれば行為-システム系と関係-社会構造系を複合的に捉えるマイクロ・マクロ・リンクに新たな展開を開くかもしれない。本書ではその可能性を考慮して、少なくとも、合理的選択理論をふまえた行為-社会構造系への接続回路はできるだけうまく作っていきたい。

その際に、注意しなければならないが、二つの系の交差というよりは、むしろ行為-社会構造系や関係-システム系のように、それ自体が交差的なマイクロ・マクロ・リンクに踏み込むこともありうる。例えば、われわれは結束型の社会関係資本がもつ共同財の性質（集合的行為の問題）について論じ、また、結束型の具体例である規範の生成に関して行為の外部性に着目する議論を参照する。けれども、これらはあくまで「資本蓄積」に関わる社会構造の性質を論じているので、議論は行為-社会構造系に踏み込んでいるといえるだろう。一方、冒頭に言及したような社会構造に埋め込まれた経済や政治を捉える理論構想は、むしろ関係-システム系のマイクロ・マクロ・リンクを指針とする。経済交換や政治的意思決定のシステムが、個人の経済行為や意思決定ではなく、何らかの社会関係によって基礎づけられる仕組みが問われるからである。本書では社会学理論としての意義を焦点とするためこの側面での踏み込みは弱くなるが、それでも、道徳的紐帯や信頼の観点からそうした基礎的社会関係の問題にも言及する。

理論構築法としてこのような交差的マイクロ・マクロ・リンクを意図的に組んでいくことは興味深い着眼であり、行為論と関係論の統合という一般的企図だけでなく、これまで見落とされていた媒介過程の発見という点でも、さまざまな可能性を切り開くかもしれない。けれども一方で、こうした交差的な踏み込みは、議論を混乱させる恐れもある。本格的な交差的マイクロ・マクロ・リンクの展開は、基本的には本書の先の課題としたい。

以上をふまえて、本書の基本的なスタンスを再度確認しておこう。本書では、社会関係資本が比喩的概念としてもつ多義性を受け入れ、資本の蓄積プロセスに関わる関係-社会構造系のマイクロ・マクロ・リンクの観点から、関係論的社会学の諸理論を統合する、その可能性を追求する。このスタンスをふまえて本書は以下の議論を行う。

本書の構成

第I部では、社会関係資本の概念と論点を整理する。まず第1章では、社会関係資本の概念がひき寄せる関係論的社会学の議論を二つの側面から概観する。第一に、実質的な議論の焦点として、近代化を軸とした社会変動と中間集団という古典的主題を確認する。第二に、理論的な議論の焦点を、関係論的なマイクロ・マクロ・リンクの観点から概観する。これはさらに二つの側面からなる。一つは、次章でみる社会ネットワーク論の展開をにらんだ、G・ジンメルからP・M・ブラウに連なる形式社会学的な議論であり、いま一つは、社会関係や「社会」の意味的構成をめぐるA・シュッツを中心とした議論である。第2章では、社会関係資本の研究に直接的に繋がる社会ネットワークの伝統を概観する。ここでは、後の議論のためにネットワーク分析の方法論的基礎を確認しておくことも重要なのだが、それ以上に、ネットワークの概念が社会学の理論概念として定着したその意義に注意を払いながら、社会ネットワーク論としての発展史をおさえる。

以上の関係論的社会学の系譜を確認したうえで、第3章では、社会関係資本の概念的特徴を検討する。そこでは第一に、資本の比喩をめぐる議論を概観する。さらにP・ブルデュー、J・S・コールマン、R・D・パットナムら主要論者による本概念の定義と、その特徴を順次検討する。また、本概念の実証理論的な検証のために計測概念としての問題を論じる。そのうえで本書における定義を確認する。つづく第4章では、社会学における社会関係資本研究の理論的アジェンダとして、大きく四つを提示する。第一に、資源分配過程の観点から社会階層と社会関係資本の関係を捉えること。ここでは地位達成研究を中心にその意義を考察する。第二に、結束型社会関係資本の蓄積プロセスに関わる社会構造メカニズムを解明すること。ここではその要として社会規範の説明に焦点をあてる。第三に、橋渡し型社会関係資本の蓄積プロセスに関わるネットワーク・メカニズムを解明すること。ここではその要として弱い紐帯と構造的空隙の議論に焦点をあてる。最後に、結束型と橋渡し型の調整問題を解決すること。ここでは信頼の解き放ち理論、ネットワーク・ダイナミクス研究等にその手掛かりを探る。

第Ⅱ部では、著者のオリジナルな社会関係資本論を展開する。まず、関係論的社会学理論の統合のために社会関係資本の概念的性能を高める必要がある。この目的を果たすためには、比喩的な資本蓄積プロセスにアプローチするための概念装置が必要であり、それを軸として理論統合を促すための研究プログラムが重要である。第5章では、そうした研究プログラムを関係-社会構造系のミクロ・マクロ・リンクを軸に整備するための留意点を確認し、そのうえで関係基盤という本書独自の概念装置を導入する。さらに関係基盤を軸とした研究プログラムの焦点として、重層性および連結性という関係基盤の構造特性の含意、また、シンボルとしての関係基盤が連帯を基礎づける仕組みに着目する。

つづく第6章では、第4章で整理した理論的アジェンダに留意しながら、関係基盤の分析枠組みによる実証的な理論展開を試みる。まず、個人の職業経歴（世代内移動）に関わる関係基盤のローカル・メカニズムに焦点をあて、そこから社会関係資本の蓄積プロセスを推論する方法を論じる。ここでは生活史調査データの二次分析という方法的な工夫も例解する。次に、焦点を関係基盤のマクロな布置連関にシフトさせ、そこから社会関係資本の全体社会レベルの機会構造を推論する方法を論じる。ここでは個人ベースのサンプリング調査を活用し、生活機会構造の階層的差異を切り口とする。以上はいずれも、理論的アジェンダとしては主に社会階層と社会関係資本との関係、および、関係基盤の連結性に着目した橋渡し型ネットワーク・メカニズムに留意している。第三の理論展開は、社会階層と社会関係資本のより本質的な関係を問うものである。すなわち、社会構造に埋め込まれた階層化を思考実験的に切り出し、世代間移動における社会関係資本の関わりが機会の平等に照らしてもつ意味を考察する。最後に、階層を越える資本蓄積の問題を、より一般的に連帯の高次化の問題としてとらえ、その仕組みを論じる。それは結束型の資本蓄積を基本としつつも、橋渡し型との両立を課題とする。ここではその両立が、関係基盤の連結性が培う一般化された互酬性の規範によって条件づけられる可能性を論じる。

終章では、これらの分析をもう一度振り返って、関係論的社会学理論の統合という目的のもとに本書が展開した社会関係資本の理論と方法の意義を論じる。

なお、類書ではそのまま「ソーシャル・キャピタル」を用いることが多いようだが、本書では「社会関係資本」という訳を一貫して用いる。人的資本や文化資本の並びでいえば「社会資本」でもよいのだが、これはすでに公共的便益を生産する資本ストックをさす用語として定着している。本概念の、少なくとも社会学における焦点は、関係論的社会学理論であり、また、社会関係が織りなす社会構造にあるので、その焦点を直裁的に示すには適切な訳し方だと受け止めている。

社会関係資本——理論統合の挑戦

目次

はじめに――序章にかえて　I
本書のねらい　理論的指針　本書の構成

第I部　社会関係資本と社会学理論

第1章　関係論的社会学の伝統　3
1　近代化と社会関係　4
近代化への視座　有機的連帯の問題　都市化による社会解体
構造と解体のせめぎ合い
2　マイクロ・マクロ・リンクとしての社会関係（1）――形式的側面　13
行為と関係　形式社会学の伝統　社会的交換と構造効果
3　マイクロ・マクロ・リンクとしての社会関係（2）――理念的側面　19
自他の有意味な関係づけ　シンボルへの着目

4　社会関係をどうみるか……24
類型的意味づけとしての社会関係　意志⇕関係⇕行動の三項関係

第2章　社会ネットワーク論の展開……30

1　記述概念としてのネットワーク……31
集団からネットワークへ　ネットワークからみえる世界
部族社会の変容　エゴセントリックな紐帯の連鎖

2　分析概念としてのネットワーク……39
ソシオメトリー　ソシオセントリック・ネットワーク
中心性　ネットワークの集団性　所属関係の構造

3　理論概念としてのネットワーク……51
個と全体のネットワーク問題　パーソナル・ネットワークの理論的価値
第一次集団の発見　理論概念としてのネットワーク

第3章　社会関係資本の概念……61

1 資本としての社会関係資本……61
資本の概念　概念的多面性　社会的資源論との接合
2 階級論の視点――ブルデュー……68
文化的階級再生産の仕組み　界とハビトゥス
3 人的資本への変換――コールマン……74
社会構造の機能　ネットワーク閉鎖性　コールマンからの展開
4 ボランタリー・アソシエーションの活性剤――パットナム……80
市民社会の基礎　結束型と橋渡し型
5 いくつかの概念的難点と特徴……83
ドナーの動機　ダークサイド
6 測定概念としての社会関係資本……88
集計的計測　測定妥当性　個人的計測――名前想起法

個人的計測――地位想起法　個人的計測――資源想起法
7　本書での定義……97
第4章　社会関係資本の理論的アジェンダ……101
1　社会関係資本による階層研究の展開――資源分配の仕組みとして……102
地位達成図式の拡充　アクセスの階層性　仲介者の媒介効果
弱い紐帯の効果　埋め込まれの論点
2　結束型社会関係資本の蓄積――規範のメカニズム……112
公共財としての結束　外部性と規範　規範生成のロジック
前提条件としての社会関係
3　橋渡し型社会関係資本の蓄積――ネットワーク・メカニズム……121
弱い紐帯の強さ　構造的空隙　弱い紐帯と構造的空隙
4　結束型と橋渡し型の調整問題……127
信頼の解き放ち理論　ネットワーク・ダイナミクス

第Ⅱ部　社会関係資本論の展開　137

第5章　関係基盤による社会関係資本研究プログラム……139
1　社会関係資本の研究プログラム……140
合理的選択理論を越えて　三つの留意点
2　関係基盤による研究プログラム……144
関係基盤の概念　関係の認知基盤　関係基盤への投資
投資効果の促進　研究プログラムの趣意
3　関係基盤の構造を捉える……155
関係基盤の構造特性　調査データと分析フレーム　関係基盤の重層性
関係基盤の連結性　資本蓄積との関係
4　シンボルとしての関係基盤——連帯論序説……167

連帯の問題　適正規模の拡張　連帯のシンボル論

第6章　関係基盤から捉える社会関係資本……179

1　関係基盤のローカル・メカニズム……180

失業を支える社会構造　比較ナラティブ分析　累積的蓄積パターンの発見

2　社会関係資本の基盤構造……190

友人関係基盤の布置連関　社会関係資本の階層的機会構造

3　社会構造に埋め込まれた階層化……195

労働市場と社会構造　社会構造と市場機会

4　社会関係資本としての連帯……201

連帯高次化の問題　基盤連結による連帯高次化

弱い紐帯と一般化された互酬性

第7章　社会関係資本研究のゆくえ……212

1　関係基盤論の効用（1）——ネットワーク分析の補強……213
結束・橋渡し両立の仕組み　資本蓄積のマクロな仕組み
2　関係基盤論の効用（2）——関係論的マイクロ・マクロ・リンクの主導……217
ネットワーク・ダイナミクスの固有の展開
規範メカニズムの掘り起こし　仮定の明示化
3　社会関係資本と社会学……222
理論競合の活性剤　高次の理論化へ向けて

文献案内
おわりに　229
引用文献　239
索　引

第Ⅰ部　社会関係資本と社会学理論

第1章　関係論的社会学の伝統

社会学は「関係・集団の学」といわれる。これは対象としてという意味ではなくて、むしろ分析視点として、そうである。社会の分析水準を、マイクロ（個人）―メゾ―マクロ（社会）に区分けして考えよう。このとき、社会学の主題はマクロ社会現象の説明にあり、その説明原理としてマイクロ・マクロ・リンクがある（Alexander 1987）。このマイクロ・マクロ・リンクを形づくる具体的な媒介過程がメゾ・レベルの社会的プロセスなのである。そして、その社会的プロセスの構成要素として人びとの関係と集団帰属に重点をおき、それらの構造とダイナミズムが織りなす媒介過程を理論化していくことが、「関係・集団の学」としての社会学の主題である。本書では、こうした主題のもとに連なる社会学の伝統を関係論的社会学とよぶ。

社会関係資本も「関係・集団の学」に則した概念であり、基本的に上記の主題を共有している。そこで、関係論的社会学がどのようなことを問題とし、どのような議論形式をとってきたかを概観しておく必要がある。これが本章の課題である。ここでの目的は、関係論的社会学の網羅的なレビューではなく、社会関係資本が位置づけられる社会学の伝統を確認することである(1)。そのためには、上記に述べた関係論的なマイクロ・マクロ・リンクという理論的伝統とともに、実質的な主題として近代化と中間集団に関わる社会変動論の伝統を区分けしておくほうがよいと思われる。まず後者からみていこう。

1　近代化と社会関係

近代化への視座

古典社会学のいくつかは、関係論的な社会変動論というべき議論形式を有している。その代表としてF・テンニースのゲマインシャフトとゲゼルシャフトの議論がある（Tönnies 1887）。ゲマインシャフト Gemeinschaft は「本質意思」にもとづく、家族関係を基盤とした社会である。そこにおける共同性の基盤は直接的な接触と、生活の全般にわたる全面的かつ全人格的な結びつきを特徴とする。家族関係はまた、母子関係、夫婦関係、きょうだい関係、父子関係などの複合であるが、これらが順に、一般的な愛情関係、性的関係、平等関係、支配関係の基盤になる。ゲマインシャフトはこのように家族関係のアナロジーで理解できる社会であり、比較的小規模な村落社会にその具体例をみることができる。一方、ゲゼルシャフト Gesellschaft は「選択意思」にもとづく、交換関係を基盤とした社会である。そこにおける共同性は間接的な接触、生活の一側面のみで関わる部分的かつ表層的な結びつきを基盤とする。ゲゼルシャフトはこのように、端的には利害関係にもとづく契約を基盤とし、それを軸とした交換関係のアナロジーで理解できる社会であって、大規模な都市社会にその具体例をみることができる。

テンニースのこの議論は第一義的には一九世紀ドイツ社会の類型論であり、没歴史的な理念型としてみることができるが、近代化すなわちゲゼルシャフトの優勢という社会変動フレームワークとしても評価されてきた。

類型的変動論としての性質をより明瞭に示すのは、近代化と分業の発達との関係についてのÉ・デュルケムの議論である（Durkheim 1893）。デュルケムによれば、分業は文明の源泉である。しかし、それは単に経済発展をもたらすだけでなく、同時に道徳的でなければならない。「分業のもっとも注目すべき効果は、分割された諸機能の効率を高めることではなくて、これらの機能を連帯的にすること」すなわち「社会体を統合し、その統一を確保するところにある」（Durkheim 1893：24-26［訳 62-63］）。連帯を類型的にとらえるために彼は法の形態に着目する。

機械的連帯をよく表象するのが抑止法である。抑止法（典型的には刑法）に対応する連帯の紐帯は、それを破壊すると犯罪になるような紐帯である。犯罪の一つの本質は、がっちりと確立した集合意識に対立する逸脱行為というところにある。逆にいえば、抑止法が支配的な社会では、集合意識が人びとの全意識を蔽い、そうして分子が固有の運動をもたない限りにおいて、全体として動くことができる。その意味で機械的連帯に支えられた社会なのである。一方、有機的連帯をよく表象するのが復原法、すなわち、家族法・契約法・商法・行政法・憲法など、分業から生じる協同に係わる法である。このタイプの法は、罪をつぐなわせる制裁ではなく、過去をできるだけ正常な形で復原させることを趣旨とする。復原法が支配的な社会では、連帯は個人がたがいに異なることを前提にする。そこでは集合意識が個人意識の一部を蔽わないままに残し、それにより専門諸機能（分業）が確立されて、なおかつそれらが規則正しく協力することで全体として動くことができる。つまり、部分の自律性や個性が強いほど有機体的な統一性が増すという、その意味で有機的連帯に支えられた社会なのである。

有機的連帯の問題

近代化は機械的連帯から有機的連帯への転換であり、その転換を生み出すのが分業である。そのメカニズムをデュルケムは以下のように整理している（松田・三隅 2004：87）。

原因命題１　社会の物的な容積と密度の増大は、分業を生み出す。

補助命題１a　社会の容積と密度の増大は、当該社会の環節的構造を衰退させ、諸部分（諸個人）間の積極的な交換、すなわち道徳的密度を増す。分業は、道徳的密度に比例する。

補助命題１b　道徳的密度は、物的密度が増大する限りにおいて増大する。したがって、物的密度は道徳的密度の指標である。

補助命題１c　社会の容積と密度の増大は生存競争を熾烈化させ、それが労働の分割、すなわち分業を生み出す。分業は結果として生存競争を緩和し、容積と密度の持続的増大を可能にする。

条件命題２　分業は、すでに構成された一社会の成員のあいだでのみ実現されうる。すなわち、分業が発達するためには諸個人はすでに連帯的であり、またその連帯を感じとっていなければならない。

これらの原因と条件によって分業が「正常に」発達すれば、それは有機的連帯を生み、社会統合機能を発揮する。けれどもデュルケムの当時の時代診断では、分業は概して異常形態にあり、うまく有機的連帯が生成されていない社会状態にあった。社会の諸器官のあいだの定常的な関係を規制する準則が欠落したアノミー的分業や、準則はあってもそれが硬直化して、分業の自生的な発達を阻害している拘束

道徳的紐帯の先行的存在（基層的な表象的連帯）＝＞正常な分業＝＞有機的連帯（＝＞社会統合）（社会的諸機能の協働）

（有機的連帯 → 道徳的紐帯の先行的存在 へのフィードバック）

図1-1　有機的連帯の創出プロセス

的分業である。そこでデュルケムは、諸器官のあいだの十分に持続的で頻繁な接触と、適所適材を可能にする機会の平等の実現を展望し、そのための処方箋として職業組合に具体化される中間集団の育成に期待を寄せたのである。

　このように連帯の類型概念で関係論的な変動論を組み立て、しかも単純な段階的発展論ではなく、ある種のフィードバック・システムとして変動のプロセスを考慮したところにデュルケムのおもしろさがある（Land 1970：今田 1988：松田・三隅 2004）。分業を条件づけつつ、その効果がフィードバックする先、それが条件命題2に述べられた道徳的紐帯 liens moraux である（松田・三隅 2004：89）。この点についてデュルケムは次のように述べている。一つの機能が二つの部分に適切に分業されるプロセスについて、（1）両者の連結は、持続的であればそれだけで道徳的紐帯を生む。けれどもそれ以上に、（2）両者の連結には道徳的紐帯が前提として必要なのである、と（Durkheim 1893：260-261［訳 266］）。ここで含意されるフィードバック・システムを図示すれば、**図1-1**のようになる。

　こうしてみるとデュルケムの時代診断のポイントは、有機的連帯なき分業の発達とともに、それを条件づける基層的な道徳的紐帯の弱体化にある。この道徳的紐帯は論者によって微妙にとらえ方が異なるようだが、「契約における非契約的要素」として、動機づけの制度的統合、あるいは、分業に適合的な義務と権利の定義、役割構造に関連する制度化された規範体系に結びつけるT・パーソンズの論点が留意される（Parsons 1967）[2]。

この論点は、価値共有によるホッブス問題（目的のランダム性）の回避という、パーソンズの行為論的社会システム論の要点に直結する。すなわち、やや読み込んでいえば、行為システムの安定条件として、関係論的な社会状態が言及されているのである。

都市化による社会解体

さて、有機的連帯の病理形態に関する議論をよく継承しているのは、いわゆるシカゴ学派都市社会学であろう。そこで何より問題にされたのは、二〇世紀初頭、急激に都市化するシカゴに表れた犯罪とスラム（推移地帯）に象徴される社会解体、つまり、都市化が生み出す社会解体（連帯なき分業）の必然である。そして、それがゆえのその問題への（端的には中間集団の創出のための）社会学の実践的関わり、という問題である。L・ワースのアーバニズム論が、この問題をやや理論的にとらえている（Wirth 1938）。そもそも都市は、社会的に異質な諸個人の、相対的に大きく、密度の高い、永続的な集落であり、これらの特性が生活様式としてアーバニズムを強める。とくに社会関係の側面で次の二点が重要である。

（1）量は多いけれども限定的かつ表層的な二次的社会関係が優勢になること（デュルケム的にいえば基層的な道徳的紐帯が弱体化すること）。

（2）一般的な同類結合原理により、モザイク模様の住み分けが生じること（要求と生活様式が矛盾するその程度に応じて人びとは分離し、その一方で同質的な欲求をもつ人びとが同一地域に流れ込む）。それにより都市社会全体として、社会解体（連帯なき分業）が進むこと。

ワースは、都市化すればどんな集落も共通のアーバニズムを呈するという、都鄙連続体説を主張する。近代化は産業中核都市の都市化だけでなく社会全体の都市化を進める。その意味ではアーバニズム論も変動論的視角をもっている。

アーバニズム論に対しては、社会調査にもとづいて一次関係の残存や、インフォーマル集団の発見・再発見による反論が数多く展開された。W・F・ホワイトは推移地帯のストリート・ギャングの集団秩序を描いてみせたし（Whyte 1943)、H・J・ガンスはスラムにおいて階級とエスニシティにもとづく下位文化があることを示した（Gans 1962)。いずれも、解体地域に独自の道徳的紐帯が醸成されており、それにもとづく一定の連帯があることを主張している。また、E・リトワクらはより一般的に、都市住民における親族関係の強固な残存を確認した（Litwak 1960：Litwak and Szelenyi 1969)。これらの研究を軸にして、都市化がもたらす社会解体と一方での構造残存・再編をめぐり、数多くの比較調査研究が展開された。(3)

しかしながら、右記（２）に示したモザイク的社会解体は、分断された個々の同質的な地域社会の内部に一次集団的な社会関係があることと矛盾しない。この点を鈴木広は次のように指摘する。「ムラ・親族・第一次集団など、ゲマインシャフト範疇の不可欠性においては同様であるとしても、その社会的基礎範疇が、都市化にかかわる生活者の生活構造の、いかなる方向における都市的適応に機能するのか、というマクロ的な社会構造の中での位置づけ」（鈴木 1987：254）こそが問題であると。そして、スラムやスクワッターに形成される第一次集団がもつそうした機能に応じて、途上国の過剰都市化が「出稼ぎ環流」として表れるか、それとも「移住定着型」として表れるかが異なるという。(4)

都市社会学における社会関係を軸とした構造と解体の二項対立的な問いを、鈴木が示唆するように第一次集団の社会構造に対する機能として捉えなおすとき、これに類した問いの構造をさらにいくつかの領域に発見することができる。

構造と解体のせめぎ合い　組織論・産業社会学では，いわゆるホーソン実験が有名である（Roethlisberger and Dickson 1939）。当時は，労働過程を物理的に管理することで生産効率をあげることができると考えられており，それを具体化したテイラーの科学的管理法が生産現場に取り入れられていた。照明の明るさ，壁の色合い，休憩時間の設定の仕方等の物理的条件を適切に設定することで，生産効率をあげることができるというのである。実はホーソン実験も，当初はこの科学的管理法にそくした実験的研究を行ったのであるが，一定以上の生産効率をあげることができなかった。そこで研究者たちは，ありのままの生産現場を観察する調査法に切り替え，労働者がインフォーマルに形づくる社会関係に着目したのである。そこからみえてくるインフォーマル集団は，必ずしもフォーマルな組織を補完するようなものではない。集団には不文律の掟があり，他のメンバーに迷惑をおよぼす行為，すなわち，上司への密告，さぼりすぎ，そして，働き過ぎ等を禁じていた。こうした掟が，フォーマルな規律とは別に実質的に労働者の活動を制約し，そのため一定以上の生産効率が上がらなかったわけである（詳細は第2章でもとりあげる）。

近代化を合理化の過程として捉えたのはM・ウェーバーであった。合理化は社会のあらゆる領域を貫徹するが，とりわけ組織においてそれは官僚制の発達として表れる。これが合法的支配の主要な装置になるのである（Weber 1947：Chap. III）。けれども官僚制を軸に機械化を導入して高度に合理化された生産組織においてすら，内部にインフォーマル集団が形成され，ときとしてそれらが組織全体の効率性を損なうほどの影響力をもちうることが示されたのである。もちろん，その存在意義はもっぱら逆機能的だとは限らない。少なくとも労働者個人にとっては疎外労働に意義を与えてくれるものであり、そこで醸成されるモラールが生産効率性を底上げする効果もあるだろう。現に、さぼりすぎは御法度の掟もある。むしろ現代企業はこの順機能的側面に着目し、小規模なサークル活動を組み込んで労働者の労働意欲を刺激することによって、組織全体の生産性を向上させる方策を講じている。フォーマル組織とそのなかのインフォーマル集団との関係は、これまた単純な二項対立図式にあるのではなく、順機能と逆機能の正味の差し引きに留意した分析視点（Merton 1957）が重要である。

構造と解体の綱引きは、大衆社会論にもみてとれる。近代化は、中世の身分制を基礎とした社会的な束縛から、個人を解放した。身分制の頂点にいる国王の権限を奪い取ったあと、個人に至上の価値をおきつつ、全体社会をどうやって運営していくか。そこで考案されたのが、代議制によって国民の意志を吸い上げ、それによって権力を正当化する、国民国家の仕組みである。そして国家の枠組みのもと、理念としての諸個人間の平等と現実の不平等の乖離を生みだしつつ、一方でそれを是正するために、社会的連帯の必要性が強調されてきた。近代社会が前提とする民主主義は、国民主権を掲げ、個々人が国家を運営するという理念に立脚する。その前提を突き詰めれば、そこに要請されるのは、適切な情報・状況判断と理性ある意志決定を行うことができる個人、すなわち「強い個人」である。これに対していわゆる大衆社会論は、近代社会の大衆社会状況ではそうした「強い個人」は望めず、むしろファシズムの脅威に対して脆弱さを有することを告発する。

その脆弱さの一つとして、大衆社会状況において人びとはマスコミによる大衆操作に対して非合理に反応しやすく、そのため暴動のような集合行動に駆り立てられやすいという指摘がある。P・F・ラザースフェルドらはこの点を実証的に検証し、マスコミの情報が人びとにいきわたる際に、オピニオン・リーダーを媒介したコミュニケーションの二段の流れがあることを示した（Katz and Lazarsfeld 1955）。つまり、インフォーマルな社会関係の介在が、マスメディアによる公的統制に対する緩衝材ないし抵抗因子の機能を果たしているといえる。

大衆社会論の論点は多岐におよぶが、社会解体を中間集団の衰弱とみる視点はほぼ共通している。大衆社会論の集大成と目されるW・A・コーンハウザーによれば、中間集団が対外的な自立性を失えば社会は画一化し、その一方で対内的に成員の生活諸側面に関する包括性を失えば個人は原子化する。大衆社会はその両面で中間集団が衰弱した社会である（Kornhauser 1959：三隅 2009d：169）。近代社会が、個人の自由と自律性を尊重して中間集団を弱体化させる力動を社会変動の中核にもつことは疑いないだろう。ただし一方では、一定の社会統合や連帯を確保するために協同の足場がどこかに必要である。構造論の反撃は、そうした足場の現実的可能性を問いかける営みであった。

近年の社会関係資本論の隆盛も、基本的にはそうした反撃の一つである。すなわち、圧倒的なグローバリゼーションの進行にともなう社会解体の蔓延と規模の拡大をふまえ、なかなか構造論を打ち出せなかったところに現れた、構造論の救世主といった期待があるのではないだろうか。何といっても、近代化、そしてグローバリゼーションの力動の中心にある資本概念に則して、その力動に社会構造がくさびを打ち込む可能性を示唆しているからである。

2　マイクロ・マクロ・リンクとしての社会関係（1）――形式的側面

行為と関係

社会学理論の主要課題は、個人と社会をとり結ぶ社会的プロセスの解明、すなわちマイクロ・マクロ・リンクである。社会学理論の展開のなかでそのフレームワークは、諸個人の行為とその集積という形をとることが多かった。実際、諸行為の集積は単純に個々の行為の総和ではないということ、つまり行為の創発的特性を示し、その仕組みを解明することは、マイクロ・マクロ・リンクが第一義的に意味することである。けれどもこの理論的課題のもう一つの側面として、諸個人間の社会関係とその集積という論点を意識しておくことは意義あることである。社会関係は直接的に観察できないため、辞書的には、〈相互的な期待と規制によって相互行為が様式化され持続化された状態〉というように、行為によって定義されるのが普通である。しかし、ある種の相互行為パターンから特定の社会関係が推察されるとしても、それはあくまで蓋然的なものであるし、逆に、ある社会関係のもとで期待される相互行為が一意に決まるわけではない。行為と関係は互いに密接な関係にあることは間違いないが、単純に一方がわかれば他方もわかるという関係にはないのである。

行為に拠らずとも、われわれは社会関係を語るコトバを豊富にもっている。友情、恋愛、夫婦、不倫、敵対、競争、権力、信頼、等々。例えば友情関係であれば、私とあなたは「友だち」だよね、という具合に二人の関係に言及することができるし、それを聞いた私たちもその意味するところを理解できるだろう。だが、その関係はあくまで理念的に（せいぜい言語行為のなかでのみ）確認可能なことがらである。

諸個人間の社会関係とその集積というとき、ネットワーク分析のように言語化された「関係」から出発して、その集積を客観的に分析することはできるが、同時に、「私」と「あなた」が「われわれ」に超越するときのような理念的な集積メカニズムを、どこかで考えなければならない。この点が行為の集積とは異なる難しさであり、おもしろさであろう。

以下では、本書を貫く以上のような理論的課題を念頭において、相互行為と社会関係の関係に焦点をおきながら社会学の伝統を整理する。

形式社会学の伝統　社会関係の理論化としての古典的議論は、G・ジンメルから出発することができる（Simmel 1908）。ジンメルはいう。社会の統一、とりわけ心的な統一の成立には、個人間の心的相互作用が不可欠である、と。社会の心的な統一を結合関係の成立・維持として理解するならば、ここには、社会関係を相互行為の創発的特性としてとらえる視点を明確にみてとれる。その媒介プロセスに関わる仕組みは、ジンメルにおいては社会化の形式という概念で切り取られる。以下にその具体的な説明を整理する。

〈社会化の諸形式〉（ジンメル）〉

（1）党派形成：統一的な集団がしだいに党派［派閥］に分離し、党派が他の党派との関係で動くようになって対立がつくりだされ、闘争が生じる。

（2）上位と下位：支配者と服従者の関係。これは一方的な関係ではなく、下位者の自発性によっても影響される相互的なものである。支配者のありようによって個人支配・多数支配・原理による支配の三類型に分けられる。
（3）闘争：否定的に捉えられがちだが、一般的には、対立する者の間の緊張の解消である。その意味で闘争は、人びとを統一化する積極的な働きもつ。競技・訴訟・利害闘争・派閥間闘争などに分類される。
（4）競争：間接的な闘争。闘争の目的が相手の排除にあるのに対して、競争の目的は利益を得ることにあり、価値の実現に結びつく。
（5）社会集団の自己保存：集団はいったん成立すると、メンバーが脱落したり交代したりしても同一集団として存続する。「名誉」や「外敵による内集団の統合」は自己保存の手段である。
（6）秘密：秘密とは意図された隠ぺいである。諸個人の相互作用は他人についての知識を前提にするが、かといって他人のすべてを知っているわけではない。加えて、人は自分のことを隠したりウソをついたりする。秘密は社会関係に不可欠の形式である。メンバーが秘密を分かちもつことによって、秘密結社が成立する。
（他に「代表」「模倣」「対内結合と対外閉鎖との同時性」等）

どんな集団や組織体や人びとの集合体であっても、これらの社会化の形式が共通して存在し、その社会化作用によって一定の統一が達成されるのである。

L・ヴィーゼは、ジンメルの形式社会学を継承しつつ、社会化の形式の多義性を批判する（Wiese 1932）。つまり、ジンメルの社会化の形式には、動的な相互作用の過程（社会過程）と、規範化・制度化された静的な期待関係（社会関係）が含まれており、この両者を区別する必要があるというのである。そのうえでヴィーゼは、社会学の対象をより社会関係にしぼること、すなわち、社会学すなわち関係学たるべきことを提唱した。社会関係は、流動的な社会過程のうえに形成されるが、それとともに、累積し結晶化して社会形象を生じる。社会形象とは、相互作用や社会関係が累積し結晶化して客観的な統一体とみなされるようになったもので、集団とほぼ同義とみてよい。さらにそのマクロな形象が、社会構造である。記述的ではあるが、ヴィーゼの視点は、社会関係それ自体の創発性、すなわち諸個人間の社会関係の集積プロセスにより明確に焦点をおいた議論として、留意に値するであろう。

社会的交換と構造効果

ただし、社会関係の理論化としてはP・M・ブラウの方がはるかに示唆に富む（Blau 1964）。ブラウが社会関係の創発的特性にアプローチするための足場にしたのは、社会的交換である。人びとが社会的交換に導かれるのは報酬への関心による。エゴAが他者Bに報酬としての意味をもつ何らかのサービスを供与するとしよう。それによりBは自発的に義務感を感じ、その義務を果たすためにAに返礼する。両者がそれぞれ互酬的誘引を設定することができれば、社会的交換は一定の均衡に達し得るであろう。しかし、Aのサービスが希少であり、それを必要とするBが返礼を持ち合わせていない場合、BはAが自分に対して権力を持つことを認め、それへの自発的な服従によって返礼を行うことを余儀なくされる。

社会的交換は、次の点で経済的交換と異なる。第一に、交換から期待される利益に、経済財だけでなく、他者との精神的・情緒的交流から得られる満足のような内的報酬を含む。第二に、返礼の義務は、経済的交換における貨幣の支払い義務のように特定化されない。むしろ特定化され得ない義務をともなうことが特徴であり、そのために完結することがなく、相互義務と相互信頼の観念がいつまでも持続する。

ブラウはこうした社会的交換を軸に、さまざまな社会関係（とくに権力関係）の創発を説明した。ジンメルの社会化の形式にそくして基礎的な社会過程をそこから引き出すならば、それは次の四つである。

（１）統合（相手に報酬を与える）
（２）分化（第三者から報酬を得る）
（３）組織化（正当化：依存しているもの同士で連帯する）
（４）反抗（報酬無しで済ます）

これらにもとづいて、例えば以下のような説明がなされる。交換がバランスしていれば統合へと向かうが、インバランスであれば地位や権力が分化することで新たなバランスが確保される。入手された権力の行使が集合的是認をえるとき、正当化・組織化の過程へと連なる。逆に集合的否認を惹起するときには、反抗の過程に移行する。等々。さらにブラウは、社会変動にも切り込もうとする。バランスのとれた社会状態は、他の社会状態におけるインバランスに依存している。そのためバランスに寄与する社会力とインバランスに寄与する社会力とが継起的に表れ、それが社会変動のダイナミズムを規定するというのである（門口 2001：4）。

しかしながらこうした説明は、直接的な社会的交換を前提にできる小規模な組織や集団における社会関係の創発に対しては説得的だが、よりマクロなレベルにおける共通の価値基準や制度化の創発までは説明できない。ブラウ自身も、交換理論のマクロ的展開を離れ、一定の集計水準から出発するマクロ社会構造論に移行していった（Blau 1977：Blau and Schwartz 1984）。

ブラウのマクロ社会構造論において中核的概念となるのは社会分化である。その一つが、性別、宗教、人種、職業などの名義的パラメータ（ほぼ集団と同義と考えてよい）に関する水平的分化であり、これは異質性を規定する。いま一つが、収入、資産、学歴、権力などの等級的パラメータ（ほぼ階層と同義と考えてよい）に関する垂直的分化であり、これは不平等を規定する。ブラウはさらに、分化したカテゴリー構成が互いに関係づけられる形式を、計測可能な形で定義していく。その一つが交差 intersection である。各パラメータ間の交差の程度は、名義パラメータは直交しているとき最大であり、等級パラメータは相関係数がマイナス１のとき最大である（交差の反対は合体 consolidation と称される）。いま一つは統合 integration である。あるパラメータに関する統合の程度は、観察された集団間ないし階層間結合の、統計的独立のもとでの期待値に対する比率で計測される。

これらの計測可能な概念装置を用いて、ブラウは社会構造のマクロ形式社会学とでもいうべき分析を展開し、多くの命題を導き出している。そのいくつかを拾ってみると、〈名義パラメータ間の交差は、集団成員間の社会的結合の割合を増加させることで、多様な集団間の統合を促進する〉、あるいはまた、〈名義パラメータ間の合体は、内集団結合を増加させ、逆に集団間関係を減少させて統合を弱める〉といった具合である（Blau 1977）。

ブラウのこのような議論を、門口充徳はジンメルの〈数の効果〉の展開として評価する（門口 2001：8-9）。社会関係から出発して社会構造を説明するのとは逆方向的に、人びとが分布している社会的位置をカテゴライズしておき、それらのカテゴリー構成間の関係を分析することで、人びとの社会的結合を説明する。これはマクロ水準の説明ともいえるが、確かに、基本的にはマクロからマイクロに降りてくる構造効果のロジックである。ブラウのこの方向での推論は、社会的結合をもたらす相互行為にまで及んでいるけれども、インブリーディング・バイアス等に帰着させる推論は定型的で、非経済的な交換理論の動機に踏み込んだ議論との接合が成功しているとは思われない(5)。しかし、こうした形式的な構造論的視点から社会関係に、しかも計量的にアプローチする試みは、経験科学的に重要である。本書でも後に、関係基盤の概念を導入して社会関係資本の経験的分析を行う方法を議論するが、その基本的な着眼はブラウのマクロ社会構造論を継承している。

3　マイクロ・マクロ・リンクとしての社会関係（2）——理念的側面

自他の有意味な関係づけ

しかし、こうして形式的に社会関係をとらえていく方向とともに、一方でどうしても考えておかなければならないのが、社会関係の理念的側面である。

M・ウェーバーによれば、社会関係とは、「意味内容が相互に相手を目指し、それによって方向を与えられた多数者の行動」（Weber 1947：118［訳 1972：42］）である。社会関係の持続は、このような社会的行為が、有意味的な所与の仕方で、繰り返し行われる可能性（chance）のうちにある。清水盛光はこの最後の論点を強調しつつ、社会関係の持続を説明するのは、反復可能性をつくりだす有意味的根拠の持続であると述べる（清水 1971：5）。「身体的過程や心的過程（すなわち行為：筆者）はただ、意味を担い、また意味と意味の相互限定がそのなかで行われるための、契機としての働きをいとなむに過ぎない」

（清水 1971：11）。彼にとって社会関係は、意味と意味の相互限定から生まれる意味関係なのである。こうした見解にもとづき行為ではなく志向に準拠する清水の集団理論は、行為と独立に社会関係を理論化するうえで示唆的である。以下にその概略を整理しよう（清水 1971：15-16）。

意味のもつ対象への志向の連関形式を、志向関係という。意味と意味の相互限定プロセスは人びとに意識されないけれども、この志向関係は、社会関係として人びとに直接意識されるものである。そのような志向関係として次の三つが考えられる。

（1）相互志向関係：自他を対象とする志向の連結関係

（2）共通志向関係：自他の外にある同じ対象を中心として成立する、志向の連結関係

（3）共同志向関係：共通志向関係に残る自他の差別意識と、志向の個別性の体験がともに消滅して、主体の一体的無差別化と、志向の共同的単一化が成立した志向関係

志向の共同においては、同じ対象に向けられた志向が、意味と意味の相互限定にもとづいて共同化し、体験的には単一化した共同の志向として意識される。それと同時に、志向する複数の個人も、何ほどか一体化した共同の主体として体験される。

かくして清水が到達した集団の本質論は、その定義の骨幹に目標志向の共同を掲げる。目標志向の共同は、欲求充足のための手段性を要件としつつ、集団における協働関係を導く。さらに、これを補う二つの要素が指摘される。その一つが無差別的・一体的統一（規範志向の共同）である。これは秩序維持に必要な規律性を要件として、集団における規制関係を導く。いま一つが我等意識（全体志向の共同）である。これは一体的感情の表現性を要件として、集団における連帯関係を導く。

実は、前述したジンメルも、内実を排した社会化の形式に社会学の科学性を担保しながらも、単純に社会関係を客観的実在とみていたわけではない。社会は自然と違ってその諸要素自体がすでに心的なもの、すなわち表象ないし意識である。したがって彼は個人間の相互作用を、なによりも心的相互作用としてとらえた。そうして主観的実在としての社会関係という視座を有しているからこそ、社会圏の拡大と交差が個性の発達条件となる、という命題が一貫性をもつ。

清水が集団の成立要件とする共同志向関係の発達、一方でジンメルがいう個性の発達、これらは個と社会の関係において異なる水準の議論にみえるが、どちらも自他の有意味な関係づけの問題として重なり合う。そしてこの問題は突き詰めればマイクロ・マクロ・リンクの根本問題、すなわち個人における社会の発現の問題にわれわれを誘う。そこで以下では、その発現プロセスをとらえる一つの有力な視座として、シンボル概念に着目した議論に目を向けておこう。

シンボルへの着目

自他の有意味な関係づけの根源において、G・H・ミードは、他者に一定の反応を引き起こさせるような動作としての身振りに着目した（Mead 1934）。他者がそれに反応するのは、その行為主体の動作に表現されている意味を読みとるからである。そこに有意味シンボルによるコミュニケーションが成立する。シンボルの意味は他者に対して指示されるとともに、行為主体自身にも指示される。とりわけ言語的身振りはそうである。こうして、シンボリック・コミュニケーションを通した意味的了解にもとづき「他者の役割取得」が可能になる。さらに、多数の他者役割は、シンボルの意味の共通性ゆえに「一般化された他者」として認識されるようになる。この一般化された他者の態度を自我が自分で組織化してつくった、自我のなかの社会（Me）と、能動的自我（I）との二重性において、ミードは自我を捉えた。

Ａ・シュッツは、シンボリック・コミュニケーションの成立という事態をより掘り下げて説明する概念装置を提供している（Schutz 1962）。彼がまず着目するのはフッサールの「間接呈示」（類比による統覚）の概念である。事物を知覚するとき、われわれの目に映るのは事物の前面のみだが、この知覚は、見えない裏面についての類比による統覚を含む。類比による統覚とは、類似した対象に関する過去の経験等にもとづき、対象の事物を回転させたりして得られるであろうより全体的な知覚についての、何ほどか空虚な予想である。要するに、直接的な統覚による対象の前面は、類比的な仕方で、見えない裏面を間接呈示する。この命題にもとづいて、彼は次の命題を掲げる（Schutz 1962：313-315［訳 145-147］）。

〈シュッツの命題１〉　対面関係において、他者の心を知ることとは、間接呈示的指示関係にもとづいて可能である。

つまり、他者の心は、それが「私」にとっては外的世界の諸事象であるような何らかの身振りとして表出することで、とりわけ言語的表現を媒介として、「私」にとって間接呈示的に理解しうるものとなる。この理解にもとづき、共通のコミュニケーション環境が整う。ただしそれは無条件にではなく、対面関係において理念的には以下の条件を要請する（Schutz 1962：315-316［訳 147-148］）。

（1）立場の相互交換可能性の理念化

私の〈ここ〉と彼の〈ここ〉を互いに変換するならば、私も彼も共通な世界に関する同一の経験を類型的にもつであろうことを、私も彼も自明視している、という想定。

（２）　関連性の体系の相応性の理念化

われわれの私的な関連性の体系から生じる諸々の相違は、当面の目的のためには無視できるという想定、そして、私と彼は実践的な目的にとっては十分に同一の仕方で、実際的ないし潜在的に共通な諸々の対象を解釈している、という想定。

ロジカルにはこの延長線上に、対面関係、より一般的にいえば「日常生活の現実」を越える社会関係の理解が説明される（Shutz 1962：329［訳 163］）。それは次の命題で集約できるであろう。

〈シュッツの命題２〉　人は、日常生活の現実を超越する現象を、シンボルという間接呈示関係の助けを借りて、われわれの知覚可能な世界と類比的な仕方で把握する。

ここで日常生活の現実が指しているものは、物理的な環境ではなく、われわれの諸経験の意味から構成される領域である。したがって日常世界の現実以外にも、さまざまな意味領域が存在しうる。芸術なら審美を中心に、科学なら真理を中心にといった具合に、それぞれの意味領域は固有の認知様式をもち、限定的な意味領域を構成する。シンボルとは、一段高次の秩序の間接呈示的指示関係である。間接呈示する側はわれわれの日常生活の現実内の諸対象であるが、間接呈示される側はわれわれの日常生活の経験を超越する観念を指し示す（Shutz 1962：331［訳 167］）。この指示関係を手がかりに、われわれは類比的に抽象的な意味領域に対して理解を拡張できるのである。

対面関係を越える仲間認知、すなわち、友愛 friendship や〈われわれ〉関係 we-relation、あるいはそれらをより一般的に間接呈示するパートナーシップは、実は日常生活の現実を越える一段高次の限定的な意味領域に関わる。対面関係を越えてある人びととのつながりを認知するとき、われわれは彼らを類型的に一定の匿名性においてとらえる。けれども、そうした抽象的把握の手がかりとなるシンボルは、日常世界の現実のなかにある。そのシンボルから間接呈示的に指示されるものとして、類型化された彼ら〈仲間〉の存在の意味が理解されるのである。もちろん、シンボルがどの程度明瞭に抽象的な社会関係を指示するかは、したがってシンボルによる意味的了解の共有度がどの程度保たれるかは、当該の社会関係がどれほど形式的か、またどれほど制度化されているかといった条件に依存する。

以上、社会関係を主観的にとらえる視座からどのような形でマイクロ・マクロ・リンクの推論がありうるかを、例解的に考察した。この考察は、本書の後半で社会関係資本が生み出す公共財的な付加価値として、連帯にアプローチする際に依拠することになる。

4　社会関係をどうみるか

類型的意味づけとしての社会関係

これまで、社会関係について形式社会学的なアプローチと理念主義的なアプローチを学説史的に捉えてきた。ここで両者の優劣を論じきる自信はないし、安易な統合論も空回りしそうである。むしろ、本書の基本的スタンスとしては、問題設定によってはそれぞれに有効であり得るし、相互補完的に分析枠組みを作りうると考えている。この点は、相互行為の創発特性として社会関係をとらえるオーソドックスな行為論的視座についても同様である。(6) とはいえ、まったくのご都合主義で話を進めるわけにもいくまい。少なくとも後の議論のために、社会関係資本をどの視座に位置づけて考えるのが、経験的分析のために、あるいは理論構築のために有効かを、予備的に考察しておきたい。

親しげに道を歩いている若い男女二人をみて、多くの人はその二人を恋人関係だと認識するだろう。それが子連れであれば夫婦だと認識するだろうし、同性の二人であれば友人関係だと認識するだろう。しかし、いずれの場合も、その関係をモノのように観察したり触ったりして、そのように認識するわけではない。若い男女であれば、二人が互いに相手に対して恋人としての感情をもっている、それがゆえにあのように親しげに連れ立って歩いているのだ、という状況推測を（自分の経験や常識に照らして）行っているのである。その二人が子連れであることや、同性であることは、（同じく経験や常識に照らして）状況推測を夫婦や友人関係に絞り込む有力な根拠となる。けれども蓋を開けてみれば、その二人はキョウダイだったり、同性愛だったり、あるいは恋人とも夫婦とも友人ともいえない複雑で微妙な関係だったりと、さまざまな可能性がある。

要するに、人間関係とは互いの相手に対する感情や、互いのつながり方に関する主観的定義に依存するものである。第三者からすれば、ある状況における当人たちの行動、言葉遣い、表情などから、あるいはまたインタビューを通して当人たちが自分たちのつながりを語った言葉から、その関係を推測的に理解するしかない。厳密な意味で、人間関係を客観的に測定することはできないのである。

社会学は内面的行為まで扱うので一概にはいえない（だからこそウェーバー理解社会学が意義をもつ）け

れども、行為は一般に観察可能性が高い。それに対してあらゆる社会関係は、一般に観察不能である。したがって妥当な見方は、〈相互行為は特定の社会関係を指標（査証）する〉ものとして、行為を手がかりにして関係を推論するという形であろう。けれどもわれわれは、一方で、人と人との関係について直裁的な観念を確かにもっているし、それらを語る多くの言葉をもっている。それにより、ある関係をあたかも実在物のごとくに言及し、コミュニケートすることができる。行為だけが社会関係を語る（知る）ためのコトバではない。

社会関係は原初的には、状況の類型的意味づけにかかわる概念である。その居所は行為の相互作用よりは、相互主観的状態の類型化に近い。ここでいう類型化は、互いに相手のことをどうみているか、相手に対してどういう感情をもっているか、例えば、敵か味方か、上か下か、好きか嫌いか、友だちか他人か、といったことである。人びとは行為の相互作用を通して、この類型的意味づけを互いに確認し合う。そこでは、類型的意味づけと期待される行動を対応づける定義的知識が参照される。多くの場合、こうした定義はさらに特定の属性関係や制度上の地位関係に結びつけられ、状況の類型化に際してはそれらが重要な手掛かりとなる。

形式社会学が着目したのは、この意味づけと行動が対応づけられるところの形式的パターンだといってよいだろう。その意味で、行動を、感情・欲求・規範ではなく、関係形式によって説明する理論である。そして、この点ではネットワーク分析がもっとも忠実な継承者となってきた。社会関係資本論では、社会ネットワークがその不可欠な要素とされる。そして実際に社会ネットワーク研究から社会関係資本に関して多くの重要研究が提出されてきた。明らかに、形式社会学の視点は社会関係資本を考察するうえで一定の有効性をもっている。

意志⇕関係⇕行動の三項関係　けれども、社会関係資本論は、意志⇕関係⇕行動の三項関係をトータルにとらえる視点のもとで考えるべきではないか、というのが本書の基本的なスタンスである。そうすると、意志⇕関係を説明する理論が（できれば社会ネットワーク論と親和的な形で）補完されなければならない。この理論側面の論点を、理念的なマイクロ・マクロ・リンクとしての社会関係という切り口で従来の研究に探ったのである。この理論側面が社会関係資本論に対してもつ意義は、実のところまだきちんと検証されていない。しかし、社会ネットワークの構造形式だけでなく、その変化、場合によっては意志的な編成が問題にされることは少なくない。その際に、ネットワークの点と点をつなぐ一本の線、その一本の線を形づくる背後の社会的プロセスを視野に入れておく方がよい、と考えるのである。

本書で社会関係資本を論じるに当たって、この二つの理論側面の融合をどこまで果たせるかはわからない。しかし、その出発点において、そもそもの社会関係をみる視点として以下のことを確認しておくことは重要であろう。

〈社会関係［本書の定義］〉　社会関係は、人と人との関係に関する観念的な類型である。一般にその類型は、社会関係と行為との指標関係も含む。そうした指標関係を含めたところで、社会関係はいわば知識として一定の客観性を帯びる。したがって、社会的事実として了解が可能であり、また、形式社会学的な観察が可能なのである。社会関係の持続は、その関係に適切に言及する類型についての社会的な了解の程度に依存する。

社会関係資本では、社会関係そのものではなく、社会関係のネットワークと、それに関わるさまざまなメディアが問題にされる。しかしながら、社会関係資本の蓄積は、関係―社会構造系のマイクロ・マクロ・リンクと密接な関係をもっている。その際に、理念的な側面でのマイクロ・マクロ・リンクを考慮に入れるか否かは、議論枠組みに大きな影響をもつであろう。この確認をふまえつつ、次章では、形式社会学的に社会関係資本にアプローチする際に重要な基盤となる社会ネットワーク論の展開を押さえておきたい。

注

（1）古典的伝統への留意は、関係論的社会学の体系化が行為論的な理論展開にくらべて遅れているためでもあるが、それ以上に、古典に学ぶべき理論的観点が潜在的なものを含めて数多くあるという判断による。もっとも、体系化が遅れているとはいっても、いくつかの個別的な契機は確認できる。とりわけマクロ→マイクロの方向性では、ソシオセントリックな社会ネットワーク分析が多くの経験的理論を積み上げてきた。これは2章で別途概観する。また、マイクロ→マクロ方向の演繹的な理論としても、認知的不協和理論から発展した集団バランス理論（Cartwright and Harary 1956）、レヴィ＝ストロースから発展した親族構造の理論（White 1963）、ジンメルから発展した協力ゲームによるコアリション形成の研究（Gamson 1962）など、注目すべき理論的一般化は少なくない。けれども、それらのマイクロ・マクロ・リンクとしての理論的体系化は、行為論の系譜にくらべると弱い。なおかついえば、これらは社会関係資本との関係づけについても、それぞれ微妙な距離がある。コアリション形成は共通主題といえようが、協力ゲームと社会関係資本との概念的折り合いは意外と難しい。これらの理論化の成果と社会関係資本との関係づけはさらに検討を要する宿題である。

(2) 中(1979)は、信念の共同性、宮島(1977)は社会化された個人主義、というとらえ方をしている。この基盤の階級的分断に関わる議論としては、後述するブルデューの界とハビトゥスも関連する。

(3) この構造か解体かをめぐる研究展開は、残念ながら不毛な部分が少なくないが、副産物として評価できるのは、都市社会学における実証的なパーソナル・ネットワーク研究の定着であろう。これについては第2章で述べる。

(4) 農村から都市への地域移動を媒介する第一次集団の機能を、マルコフ連鎖の定式化に取り入れて分析した試みとして拙稿(三隅 1991)を参照。

(5) この論点に関するフォーマルな展開としては拙稿(三隅 1997a, 1997b)も参照されたい。

(6) この行為論的アプローチの主軸は役割理論である。役割理論は本書にも重要な論点を提供するが、ここでは関係の学としての整理を重視して割愛した。役割理論におけるマイクロ・マクロ・リンクの問題については拙稿(Misumi 2007a)で詳しく論じているので、あわせてご参考いただきたい。

第2章　社会ネットワーク論の展開

関係・集団の学としての社会学のなかに社会関係資本をより適切に位置づけるには、行為主体間の関係のネットワーク、すなわち社会ネットワークの視点が必要である。というより、社会関係資本は、社会ネットワークが人びとの行動や社会規範に対して何らかの働きをする、そのメカニズムに焦点をあてる概念といってもよい。ネットワークの概念は今日でこそ違和感なく社会学に定着しているが、当初はメタファーとしての使用にとどまっており、本格的に社会科学の概念として整備され始めるのは一九五〇年代以降である。この概念の導入をめぐる議論を振り返っておくことは、社会関係資本概念に持ち越された問題を考えるうえでも重要である。

社会ネットワークがメタファーとして以上の居場所を獲得するには、少なくとも二つの条件が必要である。第一に、社会ネットワークの視点でなければ捉えられない現実社会の側面が示されること、つまり記述概念ないし分析概念としての効用が認められること。第二に、そうして記述される社会事象が理論的意味をもつこと、つまり理論概念としてもその効用が認められること。本章ではこの二側面に焦点を当てつつ、あわせて主にテクニカルな面から社会ネットワーク研究を主導した分析概念としての発展にも留意して、社会ネットワーク論の展開をおさえておこう。

1　記述概念としてのネットワーク

集団からネットワークへ

ネットワークは、グラフ論的には点とそれらを結ぶ線の集合である。そこで比喩的に、行為主体を点で表し、行為主体間の関係を線で表すことができる。問題は、そうした抽象的な表現を取り入れることに何の意味があるのかということである。人間社会を捉えるためのオーソドックスな社会学的視点は、その集団構成を捉えること、分析的には地位と役割から成る社会構造を捉えることである。地位と役割は一定の社会規範や義務体系によって整序されている。その整序のありかたを調べることで、当該社会の社会規範と人びとの行動を斉一的に理解する手がかりにするのである。この集団を前提とした視点からみるとき、人びとの関係の構造を点と線でわかりやすく描いたところで、その構造に関わる社会規範や義務体系が理解しやすくなる道理はない。むしろ、抽象化により関係の内実が捨象されるので、理解が阻まれるであろう。

この容易に予期される反発を乗り越えて、社会学において「ネットワーク」が比喩的概念ではなく分析的概念として用いられるようになったのは、せいぜい一九五四年からである。それまでは、個人間の複雑な関係を一本の線で表すことなどできないという先見、あるいはまた、ネットワークは社会関係のさまざまな異なる側面を含む不明瞭な概念だとする懐疑的見解にもとづき、ネットワークは便利な言葉ではあるが比喩以上のものではない、という根強い前提があった。その前提は、社会人類学が都市化ないし近代化の波に飲み込まれた部族社会を対象にし始めたことにともない、集団構成を地位=役割関係から捉える伝統的な構造機能分析の不十分さが認識されることによって、揺るぎ始めた（Mitchell 1969：8［訳 18］）。さらに西欧社会の近代家族や産業組織においても、従来的な集団概念では捉えきれないエゴセントリックな相互行為過程のもつ重要性が、認識され始めたのである（Boissevain 1968）。

ネットワークからみえる世界　最初に、近代化した漁村における社会人類学的研究の限界から、記述概念としての社会ネットワーク概念の意義を主張したのはJ・A・バーンズである（Barnes 1954）。ノルウェー西部のブレムネス教区において、バーンズは二つの異なる社会的な場を発見した。

一つは、男たちが輸出目的のニシン漁でお金を稼ぐ生産活動の場である。熾烈な競争のため、ここでは優秀な乗組員や漁船をめぐって自由労働市場的な状況が展開する。船主、船長、網主、料理人など多様な職種の人びとが互いに自由に接触できるように、豊富な一時転職の機会を含めて、流動的な場が構築されている。いま一つは、シーズンオフの農業を中心とした安定的な場である。ここでは、地域を基盤として社会関係が蓄積されており、兼業で地方行政業務にも関わりが保たれている。行政管理の組織体は、各種団体を系列的に取り込みながらヒエラルヒー構造をもち、産業組織も、漁船、流通組合、ニシン油工場などがそれぞれヒエラルヒー構造をもちながら、互いに機能的に連関している。第一の流動的な場は、そうした組織的な単位や境界線を越えて、友人関係や知人関係の紐帯で構成される社会的場なのである。この境界も内部分化も不明瞭なインフォーマルな「残余部分」を、バーンズはネットワークとよんだ。

バーンズの問題関心は、ブレムネスにおいて協同的な諸活動における合意形成がこの二つの社会的場のどちらにもとづくのかを明らかにすること、そしてそれにより、平等理念の強いノルウェーの社会階級システムを知る手掛かりを得ることであった。ブレムネスには部分的リーダーは数多くいるが、教区全体をとりまとめるリーダーシップが存在せず、そのため各団体の意志決定は、投票を避けて満場一致を原則とし、利害対立を表面化させないようにしている。この合意形成を背後で支えるのが、友人と敵対者、リーダーと追随者を交じり合わせてしまうように縦横に交差する、「社会的に同等とみなされる」個人間の紐帯のネットワークなのである。このネットワークが「隠れたリーダーシップ」（Barnes 1990：67）として、ブレムネスにおける合意形成を左右する。

「何らかの決定を行うときにはほとんど誰もが個人的なつきあいのある相手に相談しているようでした。そして、そのような相手とは、所属組織の境界線を越えて結ばれた関係であることが多かったのです。このような関係の配置状況を、私は『ネットワーク』という言葉で捉えようとし、それを階級システムの説明に適用しようとしました」（Barnes 1987）

都市化ないし近代化した社会では社会ネットワークの網の目が粗くなり、役割ごとにオーディエンスが異なる（Barnes 1954：44［訳8］）。このことが伝統的な地位＝役割関係から相互作用を観察することを難しくするのである。

同様の問題は、ロンドンの都市家族を対象にしたE・ボットの社会人類学的研究においても提示された（Bott 1955, 1957）。二〇組の家族への綿密なインタビュー調査から、ボットがまず着目するのは二つの異なる夫婦役割遂行のあり方である。

（1）　分離的な夫婦役割関係：　性別分業が厳密で、夫と妻がやるべき仕事が明確に分化し、関心や活動も別々であるような関係。家族の意志決定や家計の管理は夫中心。夫婦は、親戚の冠婚葬祭などを除いて、余暇を一緒にすごすことはない。夫は友人とサッカー観戦にでかけ、妻は親戚を訪問したり近所の人と映画を見に行ったりする。

（2）　合同的な夫婦役割関係：　夫と妻がやるべき仕事や関心の分離が小さく、多くの活動が夫婦一緒になされるような関係。夫と妻は平等であるべきだと考えており、大事なことは夫婦二人で計画し、決定する。家事も互いに助け合い、余暇も一緒に過ごす。趣味や友人関係に関する夫婦の関心も似通っている。

興味深いことにボットはこの役割分離度の違いを説明するために、家族外部の社会関係の影響に着目する。すなわち次の仮説である。

〈ボットの仮説〉　夫と妻の役割関係における分離度は、当該家族の社会ネットワークの結合度に直接的に関係する。結合度が高いほど夫と妻の役割は分離的であり、逆に結合度が低いほど役割の分離度は小さい。

ここで結合度とは、夫婦の知り合い同士が知り合いである、その程度をさす。結合度の高低に応じて社会ネットワークは、メリヤス編みの高密／中密／低密にたとえられる。

彼女の分析結果をまとめた**表2-1**をみると、調査対象の二〇家族のうち、高分離=高密編みが一件、

表２-１　夫婦役割分離度に応じたネットワークの型と職業

家族名：夫婦役割分離度の高い順		ネットワークの型	職業
分	Newbolt	高密編み **close-knit**	半熟練マニュアル
離	Mudge	中密編み medium-knit	半熟練マニュアル
的			
⬆	Dogson（高い分離からより合同な関係へしぶしぶ移行中）	推移段階 transitional（移動は完了）	半熟練マニュアル
	Barkway	推移段階（まさに移動中）	事務
	Redfern	推移段階（移動直前）	半専門
	Baldock	中密編み	熟練マニュアル
	Apsley	中密編み	専門
	Wraith（より合同に移行中）	推移段階（数回の移動を完了）	専門
	Appleby	中密編み	熟練マニュアル、事務
	Fawcett	中密編み	事務
	Butler（高い分離からより合同な関係へ進んで移行中）	推移段階（移動は完了）	熟練マニュアル
	Thornton	中密編み	半専門
	Hartley	中密編み	半専門
	Salmon	中密編み	半専門
	Jarrod	中密編み	熟練マニュアル
	Bruce	低密編み **loose-knit**	事務
⬇	Denton	低密編み	専門
合	Bullock	低密編み	専門
同	Woodman	低密編み	半専門
的	Daniels	低密編み	半専門

（出所）Bott（1957：63）の Table 3 より。

低分離=低密編みが五件である。あとは両者の中間形態ないし移行中で、高分離=低密編みや低分離=高密編みの類型は認められない。職業や、それが含意する学歴と地域移動経験の効果も容易に推察できるので、社会ネットワークの独立した影響の有無はわからないが、少なくとも緩やかな共変動の意味で先の仮説は支持される。この分析結果にもとづいてボットは次のように主張する。都市家族は、孤立しているわけではないが、組織化された集団に包摂されているのでもない。都市家族にとって第一義的な社会環境は、地域の内部か外部かを問わず実際に維持されている社会関係のネットワークなのであると（Bott 1955：373［訳 73-74］）。

部族社会の変容　社会ネットワークはまた、アフリカ都市移民社会の社会人類学的研究においても中心的概念として浮上した。P・メイヤーによれば（Mayer 1961）、南アフリカ都市への移民たちの多くは、カプセルに入るように、人間関係の高密なネットワークのなかに身をおく。そのネットワークは農村地域にまで及び、ネットワーク成員が都市的な社会関係に取り込まれることから一時的に保護する役目を果たす。と同時に、農村とのつながりに引き戻す力にもなる。一方、学業目的等、移民のなかには低密度のネットワークをもち、それによって都市的な社会活動への参加と、出身農村の近親者やその仲間とのつきあいを両立させている者もいる。このように、社会ネットワークの違いが、移民の農村志向と都市志向の枝分かれを説明する。

A・L・エプスタインは発展途上の五万人の中都市エンドラで、観察法により次のような発見を行った（Epstein 1961=1969）。西欧人が持ち込んだ町の経済的、行政的諸制度は、エンドラの住人たちが順応しなければならない新しい社会環境であり、これらが住人の社会関係性を鋳型にはめている。しかしそのなかで住民たちは日々、多様な形で個人的な接触を展開している。個人的な接触の第一は親族のつながりである。実際、親族は社会関係を秩序づけるもっとも重要な原理であり、親族としての結びつきの承認は、相互の責任、義務、権利の承認を含む。親しい友人関係は、トライバリズム（土地の仲間ないし部族の仲間）にみいだされる。部族の一員であることは、「威光」の観念のもとに、緩やかだが相互の援助と扶養の義務を課す。こうして「町の中で人びとは、社会的接触の総合的な連なりを形成している。ただし、ある意味では、彼らは集団を作り上げているわけではない。その理由は、彼らには互いが同等である組織というものが不足しているからである。さらに、彼らは常に団結した存在ではないので、団体を形成しているということにもならない」（Epstein 1961=1969：109［訳 99］）。

けれども社会ネットワークは総体において一様ではなく、より強固に結ばれた部分を含む。エプスタインはこれを効果的ネットワークとよび、とりわけゴシップ連鎖におけるその役割に着目した。一般に都市社会はコミュニティの境界を定めにくいのだが、ゴシップ連鎖はそれを浮き彫りにする。「ゴシップが最も強烈であるのは、効果的ネットワークの内部においてである。…持続的ゴシップは、単に確立された規範の再確認だけではなく、新しい規範の浄化や公式化にも通じる」（Epstein 1961=1969：113［訳 102-103］）というのである。

エゴセントリックな紐帯の連鎖

以上、初期の社会ネットワーク研究をリードしてきた、いわゆるマンチェスター学派の主要論点をみてきた。具体的な論点は異なれども、集団概念に対するネットワーク概念独自の意義は何かが正面から問われている点で、これらは一貫している。今日、ネットワークの概念は当たり前のように使用されているが、例えば後述する結束型／橋渡し型の社会関係資本のような悩ましい新概念が登場している現状を考えると、こうした概念的葛藤の歴史を振り返っておくことは重要だと思われる。J・ボワセベンは、社会ネットワークを、個人と団体 corporate group の連続体上における中間形態とみなす（Boissevain 1968）。それはフォーマルな集団のように全体的な仲間意識と高い相互作用水準を要件とするものではないが、かといってばらばらな個人の集まりでもない。エゴを中心として、エゴと親密な関係で結ばれる近親ネットワークをコアとし、そこから際限なく拡張していくような、エゴセントリックな連鎖なのである。

このようなエゴセントリックな紐帯の連鎖に着目する記述概念的な意義は、これまでにみたマンチェスター学派の主要論点に則して、以下の三命題に整理できるだろう。

（1）大規模な都市社会では、地位＝役割（集団）を軸とした社会構造が全体的な複雑な分業の中でみえにくい。そうしたフォーマルな集団構造は確かにあるが、少なくともそれは都市住民の全生活を覆うようなものとしてはない。

（2）また、都市化の途上では、農村からの移民を含めて、伝統的な社会文化と新しい制度や生活様式が混在し、これが人びとに重要な適応問題を課す。

（3）都市社会のリアリティは、フォーマルな集団構造の隙間を縫って（制度の壁を越えて）展開される、あるいはまた、急激な社会変化の影響の緩衝材として形づくられる、エゴを中心としたインフォーマル関係のネットワークに着目することで、はじめて得られる。

明らかにこれらの命題は永遠普遍に成り立つとは限らない。研究対象に照らした概念的意義を問い直す姿勢は、現在でも重要なのである。

2　分析概念としてのネットワーク

社会学や社会人類学においてネットワークの実質的意味が問われてきたことに先行して、心理学では逆に心理学的集団の実質的意味が問われてきた。この初期の議論として、場の理論を理論的ベースにして登場したJ・モレノのソシオメトリーにまで遡っておくことは、社会ネットワーク研究のもう一つの展開の道筋を追うために重要である。

ソシオメトリー

場の理論 field theory はK・レヴィンが提唱した。彼は、人間の行動を欲求と動機づけによって説明する力動論に拠りつつ、ゲシュタルト心理学の影響を受けて、人間と環境の相互作用が不可欠だと考え、そうした相互作用の全体として生活空間 life space の概念を提案した。よく知られた関数表現でいえば $B=f(P,E)$、すなわち人間の行動Bは人間Pと環境Eの関数であり、この関数が生活空間を表す。もちろんこれは比喩的定義であり、関数形は特定されていない。レヴィンによれば、行動は、共存する諸事実の全体によって引き起こされる（Lewin 1951）。これらの諸事実は、あらゆる部分が互いに依存し合って全体をなすような力動場を構成する。また、それら諸事実は、行為者と彼／彼女の意味ある環境から成る。つまり環境は、欲求と関係づけられて認知され理解された（図化した）心理学的環境であり、そうした関係づけにない諸事実は背景化（地化）する。

生活空間は個別的には家族、学校、職場などさまざまあり、人は通常その複数に参与しながら、全体としての生活空間に身をおく。全体として生活空間の安定した均衡が崩れることで、その回復を目的とした行動が生起する。この議論はバランス理論を先取りしていて興味深いのだが、ひとまずここでは、この生活空間のアイデアが「場の理論」（トポロジー理論）として、後の集団力学に大きな影響を与えたことを確認しておくべきであろう。

さて、ソシオメトリー sociometry は、場の理論が前提とする〈あらゆる部分が互いに依存し合って全体をなす力動場〉を計測する手法といってよい。語源はラテン語の“socius”（社会）＋“metrum”（測定）、端的には、人びとの選択にもとづいて集団内の対人関係を数量的に捉える方法である。選択は、ゲシュタルト的には図化した心理学的環境に言及するものであり、現在進行形のあらゆる対人関係の基礎である（Moreno 1934=1953：720）。選択の基準は、好き嫌いのような主観的なものから、課題遂行能力のような客観的なものまでさまざまありうる。そのなかである特定の基準による人びとの選択にもとづいて、集団が特定の課題や目標に向けて動くときに、集団内の個々人が互いに関係を取り結ぶそのパタン（集団内ネットワーク）を記述するのがソシオメトリーの目的である。

ソシオセントリック・ネットワーク

ソシオメトリーはネットワーク構造分析のひな形となるが、ここで注意しておきたいのは、集団ないし境界をもつ人びとの集まりを前提にしてその内部の選択関係を捉えるという、ソシオメトリーが明白にもつソシオセントリックな観点である。

前述の社会人類学的なエゴセントリックな観点は、まさにそうした集団性を認識的前提から排除する意義を強調するのであるから、両者の観点は本来的にかみ合わない。同じ社会ネットワーク概念にもとづいてある対象にアプローチしたとしても、その対象はネットワーク観点がエゴセントリックかソシオセントリックかによってまったく違った姿をみせる。例えば、ある学校の一つのクラスルームの生徒たちを対象にするとき、ソシオセントリックな観点はクラスルーム内部の人間関係のネットワークを描きだすだろうが、エゴセントリックな観点はクラスルームを越えてどんどん広がる紐帯のネットワークを描きだすだろう。社会ネットワーク研究の内部に大きな溝を作ってきたこの二つ観点の問題は、当然ながら社会関係資本の議論にも影を落としている。その理論的な含みについてはすぐ後で立ち戻って議論したい。

さて、ソシオメトリックな測定の結果は、人びとの選択を行列の形式で組み合わせたソシオマトリックス sociomatrix や、人を頂点、選択関係を頂点を結ぶ辺とするソシオグラム sociogram で表され、分析に付される。分析ポイントとしては、

（1）スター star：被選択の多さ
（2）相互選択 mutuals：互いに選択しあっている二者関係
（3）鎖 chains：サイクルをなすことなく連なる選択の連鎖
（4）裂け目 cleavages：人びとのクラスターがいくつかあって、それぞれの内部では互いに選択しあっているが、クラスター間の選択がない場合

などが提案されており、後のソシオセントリックなネットワーク構造分析の発展に直結する論点が数多く含まれている。社会関係資本の仕組みは社会ネットワークのソシオセントリックな構造条件に深く関係するので、ややテクニカルな議論に踏み込みながら、その分析論点の概要を整理する。とはいえ、発展目覚ましいネットワーク分析法の全貌を捉えることは難しく、また、本書の目的からしてそれを網羅する必要もないので、ここではソシオメトリーを足がかりにしつつ、後の議論に関わりが深い論点に限

定する[1]。

その前にいくつかの基礎概念を押さえておこう。そもそも社会ネットワークは、社会や集団を構成する要素（個人や集団や組織）間の関係のあり方、と定義できるが、ネットワーク構造分析ではもっぱらこれをグラフにおきかえて分析する。グラフとしていえば、それは頂点とそれを結ぶ辺の集合に他ならない。辺に方向がない場合は無向グラフとなり、辺が表す関係は必ず対称である。影響の流れを表すときのように辺が方向をもつ場合、辺に矢印をつけた有向グラフとなる。有向グラフでは一方的な関係と双方的な関係を区別できる。さらに、辺に符号やウェイトを考慮することもできる。二つの頂点が一本の辺によって結ばれているとき、それらの頂点は隣接している、という。また、同じ辺を二度通ることなく二頂点を結ぶ辺の組を、パスという。二つの頂点がパスによって結ばれているとき、それらの頂点は連結している、という。有向グラフにおいて隣接や連結を判断する場合、矢印は順方向にしかたどれない。

中心性

最初に、モレノのソシオメトリック・スターをひきつぐ構造分析概念として、中心性 centrality をみる。中心性の指標には多くの種類が考案されているが、もっとも単純なものは距離にもとづく中心性 distance centrality である。あるグラフの異なる二つの頂点 v_i と v_j の距離 $d(v_i, v_j)$ は、その二頂点を連結する最短パスの辺の数で定義できる。二頂点が連結でないときは $d(v_i, v_j)=\infty$、同一点ならば $d(v_i, v_j)=0$ とする。このようにグラフ上の距離は最短で何本の辺をたどればよいかであって、図上でどれくらい離れているかではない。距離中心性の高さは、ネットワークにおける他者との距離の全体的な近さに比例（他者との距離の総和に反比例）する。したがって頂点 v_i の距離中心性 C

(v_i)は下記で定義できる。

$$C(v_i)=\frac{1}{v_i\text{から他者への最短距離の総和}}=\frac{1}{\sum_{m=1}^{n}d(v_i, v_m)} \qquad (2.1)$$

有向グラフの場合、距離が無限大になるために距離中心性が比較できない場合がある。そのときには、次数中心性 degree centrality が単純だが役に立つ（Nieminen 1974）。例えば辺が何らかの指名にもとづくとき、指名を受けることの多さが中心性を表すことがあるだろう。この場合は外から当該の頂点に入ってくる辺の数、すなわち入次数をみればよい。逆に、影響力のような場合であれば、当該の頂点から外に出ていく辺の数、すなわち出次数が中心性をよく表すであろう。

いま一つの興味深い中心性指標は媒介中心性 betweenness centrality（Freeman 1977）である。この中心性は、自分以外の二人の間に入ってその関係をコントロールするようなブローカー的な勢力を捉えるものであり、具体的には、ある頂点が他の二つの頂点をつなぐ最短パス上にいる程度を測定する。そのもとになる頂点 i の媒介数は、

$$C_B(v_i)=\sum_{j<k}\frac{g_{jk}(v_i)}{g_{jk}} \qquad (2.2)$$

ここで、分母 g_{jk} は頂点 j と k の最短パスの数、分子 $g_{jk}(v_i)$ はそのうちパス上に v_i を含む数 $(i \neq j, k)$ を表す。頂点 i の媒介中心性は、媒介数を、i を除く全頂点から二つ選んでできる組の総数 $\frac{(g-1)(g-2)}{2}$ で割ることによって、値が0～1に収まるように標準化したものである。すなわち、g を頂点の総数とす

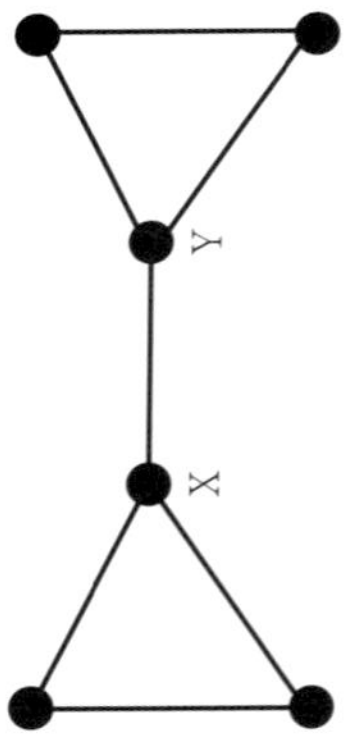

図2-1　ブリッジと切断点

れば、

$$C_B'(v_i)=\frac{2C_B(v_i)}{(g-1)(g-2)} \qquad (2.3)$$

である。有向グラフではｉを除く全頂点から二つ選んでできる組の数は $(g-1)(g-2)$ なので、頂点ｉの媒介中心性は、

$$C_B'(v_i)=\frac{C_B(v_i)}{(g-1)(g-2)} \qquad (2.4)$$

となる。媒介中心性はブリッジ（ないし切断点）に着目している。**図2-1**の頂点XやYのように、その点を取り除くとグラフがいくつかの部分に分離してしまうような点を、切断点 cutpoint という。また、ブリッジ bridge とは、同図の辺X-Yのように、その辺を取り除くとグラフがいくつかの部分に分離してしまうような辺である。この構造分析の視点は、社会関係資本に関してしばしば議論される弱い紐帯や構造的隙間の問題が、直接的に関わっている。

頂点が有限個のグラフは容易に行列に書き換えられ、代数的な計算ができる。その際、もっとも基本となるのが隣接行列 adjacency matrix である。それは、n個の頂点からなるグラフから、以下のやり方で作られるサイズ n×n の行列 $A=[a_{ij}]$ である。

$a_{ij}=$
- 1…無向グラフで p_i と p_j の間に辺があるとき、または、有向グラフで $p_i \to p_j$ のとき（p_i は頂点）
- 0…そうではないとき、および a_{ii} に対して

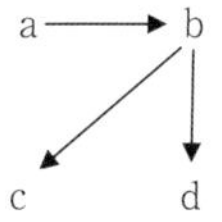

$$A = \begin{array}{c} \\ a \\ b \\ c \\ d \end{array} \begin{array}{c} \begin{array}{cccc} a & b & c & d \end{array} \\ \begin{bmatrix} 0 & 1 & 0 & 0 \\ 0 & 0 & 1 & 1 \\ 0 & 0 & 0 & 0 \\ 0 & 0 & 0 & 0 \end{bmatrix} \end{array} \qquad A^2 = \begin{array}{c} \\ a \\ b \\ c \\ d \end{array} \begin{array}{c} \begin{array}{cccc} a & b & c & d \end{array} \\ \begin{bmatrix} 0 & 0 & 1 & 1 \\ 0 & 0 & 0 & 0 \\ 0 & 0 & 0 & 0 \\ 0 & 0 & 0 & 0 \end{bmatrix} \end{array}$$

A^2の(a, c)要素の計算：$0 \times 0 + 1 \times 1 + 0 \times 0 + 0 \times 0 = 1$

a→(a)→c　a→(b)→c　a→(c)→c　a→(d)→c

A^2の(a, d)要素の計算：$0 \times 0 + 1 \times 1 + 0 \times 0 + 0 \times 0 = 1$

a→(a)→d　a→(b)→d　a→(c)→d　a→(d)→d

図２-２　隣接行列と２段階の関係

頂点v_iが、k-1個の頂点を経由して頂点v_jと連結されているとき、v_iはv_jとk段階の関係にあるという。一般に、隣接行列A^kの(i,j)要素は、頂点v_iからv_jへのk段階の関係の個数を与える。この性質を応用すれば、複雑なグラフにおいても簡単な代数演算によって、頂点間の隣接関係だけでなく間接的な連結関係を捉えることができる。**図2-2**に簡単な計算例を示した。隣接行列Aを自乗するかけ算が、二段階の関係の個数を数え上げる計算になっていることがわかる。例えばA^2の(a, c)要素の1は、a〜dを経由するすべての二段階の関係を調べた結果、パスa→b→cが一本計上されている。

中心性の高い有力者への直接・間接の連結の有無は、それ自体が中心性の基準となる。実際、このような間接的関係を考慮した中心性指標も考案されている（Bonacich 1972）。間接的な連結がもつ含意については、次に社会ネットワークの集団性を議論するときに立ち戻りたい。

ネットワークの集団性

次に、モレノのいう裂け目を引き継ぐ構造分析概念をみよう。ソシオメトリーは集団を対象とするので、裂け目は、集団の内部分割に焦点をあてる。ソシオセントリック・ネットワークも一定の境界をもつ人びと（ないし集合体）の集まりを切り取るが、その集まりがどの程度、そしてまたどういう意味で、集団としての性質をもっているかは与件ではなく、むしろ分析課題である。つまり、裂け目の視点をネットワーク構造分析に一般化するとき、重要なのは、社会ネットワークの集団性への問いかけである。

その代表的なものとしてクリーク clique がある。クリークは一般には、集団や行為主体の集まりのネットワークのなかに形成される緊密な関係で結ばれた下位集団をいう。グラフ上でクリークを定義するには、グラフ（ネットワーク）の密度を用いる。グラフGの密度 dens(G) は、Gの実際の辺の数を、Gにおいて存在可能な辺の数 r で割ることで求められる。無向グラフでは $r=\frac{nP_2}{2}=\frac{n!}{2(n-2)!}=\frac{n(n-1)}{2}$、有向グラフでは $r=nP_2=\frac{n!}{(n-2)!}=n(n-1)$ である（nは頂点数）。すべての頂点が互いに隣接しているグラフH（すなわち dens(H)＝1 を満たすグラフH）を完備グラフ complete graph という。そして、頂点数のより多い完備グラフを探すために、完備グラフHを自ら含む極大の部分グラフを定義し、それを極大完備グラフとよぶ。厳密には、クリークとはGの極大完備グラフである。ただし社会ネットワーク・データでは、これでは条件が厳しすぎて小数頂点のクリークしか析出できないため、通常は、含まれる頂点数を指定し、密度条件を緩めながら、試行錯誤的にクリークを析出する方法がとられる。

クリークがどういう集団性を示すかは、どういう基準で関係を測定したかに拠る。例えば、関係の有無が、ある社会規範に照らした相互作用の頻度を基準として測定されており、その関係のネットワークのなかに密度1の部分ネットワークが発見されるならば、その部分ネットワークはきわめて「集団」に近いといえるだろう。また、これも関係の測定基準によるが、一般的には、複数のクリークの重複のあり方は中心性の重要な手掛かりでもある。

役割関係の視点から社会ネットワークの集団性を析出する構造分析概念として、構造同値 structural equivalence（Lorrain and White 1971）がある。**図2-3**のX1とX2は、Yとの関係において同じような位置にいる。Yが上司や取引先ならば彼らの間に競争関係が生じるだろうし、Yが共通の敵ならば協力関係が生じるかもしれない。見方を変えれば、Yとの役割関係においてX1とX2は同じであり、したがって入れ替えが可能である。このように、グラフにおいて頂点のラベルを入れ替えても構造に何の変化も現れない頂点の集合を、構造同値という。構造同値の頂点をまとめていけば、社会ネットワークの集団性を規定する役割構造を析出できる。

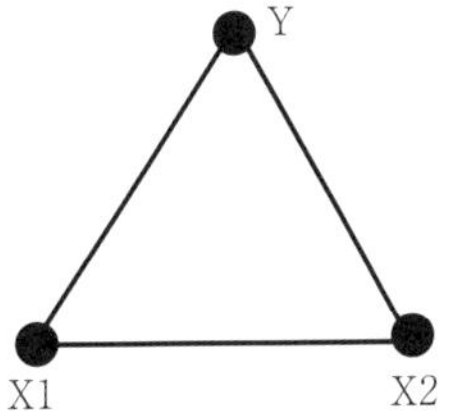

図2-3　構造同値

構造同値を測定する1つの方法はユークリッド距離である。ユークリッド距離は一般には、二点のx座標とy座標それぞれの値の差をとって二乗したものの和の平方根で定義される。つまり、二点（x_1, y_1）と（x_2, y_2）のユークリッド距離は$d=\sqrt{(x_2-x_1)^2+(y_2-y_1)^2}$である。ネットワークでは、隣接行列において他者との関係を表す値が、x座標やy座標の値に相当する。ここで隣接行列は二値でも多値でも、また対称（無向グラフ）でも非対称（有向グラフ）でもよい。具体的には、頂点iとjの間のユークリッド距離は以下で定義される（gは頂点の総数、x_{ik} は隣接行列におけるi行k列、y_{ki} は同じくk行i列の要素。ただしk≠i, j）。

$$d_{ij}=\sqrt{\sum_{k=1}^{g}(x_{ik}-x_{jk})^2+(y_{ki}-y_{kj})^2} \qquad (3.5)$$

この式によって計測されるのは、行為者iとjについて、すべての他者kとの関係のあり方を図2-3のようにいちいち調べあげ、その結果を全体としてみた類似度である。したがって二者間の「距離」が小さいほど、互いに総体的な役割関係が似ている。$d_{ij}=0$ のとき頂点iとjは完全に構造同値である。

構造同値は、それを判別原理としてソシオセントリックな社会ネットワークの深層的な集団的構造を析出する、ブロックモデル分析へと発展した（White et al. 1976）。ただし、ここでも役割関係が実質的にどういう意味をもつかは、関係の測定基準に拠る。また、社会関係資本との関係でいえば、役割関係ないし役割構造が資本蓄積のプロセスにどう関わるのかは決して自明ではない。社会ネットワークが何らかの公共財を生みだすとき、そのための行為主体間の機能的な連関における深層構造を析出することを考えれば、おそらくそのとき、構造同値の概念はもっともよく社会関係資本に接近するであろう。この点はクリークも同じであり、それが示す集団性の構造が、結束型／橋渡し型の区分けでみた社会関係資本の蓄積にどう関わるかは、一概にはいえない。けれども、直裁的には、個々のクリークはその内部で何らかの結束型社会関係資本を蓄積させやすいだろうし、クリーク間の関係は橋渡し型社会関係資本の蓄積を条件づけるであろう。

いずれにしても、これらの手法を社会ネットワークの集団性への問いかけとして位置づけておくことは、社会関係資本との理論的回路を確保するために有意義である。

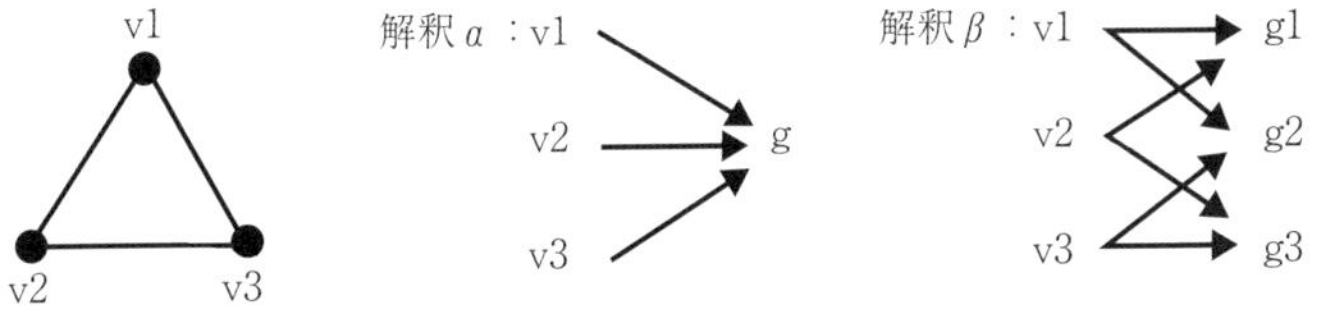

図２－４　２部グラフでみたネットワークと集団所属
（注）頂点のｖは個人、ｇは集団を表す。右２つの図の辺は個人の集団所属を表す。
（出所）小林他（2000：112-113）から筆者が作成。

所属関係の構造

社会ネットワークの集団性により直裁的にアプローチする方法がある。それは、所属の関係構造、いいかえれば、複数集団にまたがる対人関係のネットワークを捉える方法である（Breiger 1974）。二者関係の集積として社会ネットワーク（グラフ）をみるときの盲点は、例えば**図２－４**（一番左の三つ組みグラフ）において、{v1, v2, v3}が一つの集団を構成しているのか（解釈α）、それとも{v1, v2}{v1, v3}{v2, v3}がそれぞれ下位集団を構成しているのか（解釈β）、を判別できないことである。このとき、二部グラフと所属行列（Wasserman and Faust 1994：Chap. 8：小林他 2000：第６章）を用いれば、この二重の解釈可能性を明示できる。二部グラフ bipartite graph とは、頂点集合を、それぞれの内部で頂点同士に辺がない部分集合（独立頂点集合）に分割できるグラフをいうが、この場合は、グラフに集団を表す頂点を追加し、辺によって個人の集団所属を表すことで作られる。図２－４に、先の二つの解釈に応じた二部グラフを示した。

二部グラフを行列に変換したものが所属行列 affiliation matrix である。すなわち、個人を表す頂点の数をｓ、集団を表す頂点の数をｔとしたとき、以下のやり方で作られる$s \times t$の行列$A=[a_{ik}]$がそれである。

所属行列Aの転置行列 ${}^tA$ を考えよう。転置行列は、もとの行列の行と列をそっくり入れ替えた行列である。そうすると、簡単な代数演算によって次のような情報を確認することができる。

$$a_{ik} = \begin{cases} 1 \cdots v_i - g_k \text{ のとき} \\ 0 \cdots \text{そうではないとき} \end{cases}$$（v_i は個人頂点、g_k は集団頂点）

$A{}^tA = P$：Pの要素 p_{ij} は、個人 i と j がオーバラップして所属している集団の数。
とくに主対角線要素は p_{ii} は、個人 i が所属している集団の数。

${}^tAA = G$：Gの要素 g_{kl} は、集団 k と l にオーバラップして所属している個人の数。
とくに主対角線要素は g_{kk} は、集団 k に所属している個人の数。

主対角線要素を0、他の要素を1ないし0の二値に変換すれば、変換された行列Pのk乗は、集団をコネクターとしたk段階の個人間の関係数を表す。同じく変換された行列Gのk乗は、個人をコネクターとしたk段階の集団間の関係数を表す。

個人間の関係を、集団所属を媒介にしたつながりとしてみる二部グラフの着想は示唆的である。社会ネットワークがグラフ的に表現する一本の辺は、ソシオメトリックな選択関係や、あるいはまたパーソナルな紐帯を表すものとして、それ以上は問われないことが多い。そこにおいて二部グラフの着想は、関係を成り立たたせる社会的コンテクストにわれわれの注意を喚起する。本書ではこの着想を関係基盤の概念として拡張していくことになる。

以上のように，分析概念としての社会ネットワークは数学的な精緻化とコンピュータ・アシストの整備によって，急速な発展をとげていった。これらは，グラフとしての抽象化を前提とした，基本的には汎用的なデータ分析法であることには違いない。けれども，ソシオメトリーからの展開というその出自からして，通常の統計分析モデルにくらべるとはるかに社会学的含意に富むものである。この分析概念としての魅力が，社会学における社会ネットワーク概念の定着と発展を主導してきたことは疑いあるまい。ただし，全体的な印象としては，テクニカルな議論が先行し，概念の社会学理論的な含意を高めるためのフォーマライゼーションが立ち後れている。次に，そこで焦点となるべき理論的課題を考慮しながら，理論概念としてのネットワーク概念の展開をみよう。

3　理論概念としてのネットワーク

個と全体のネットワーク問題

やや遠回りになるが，社会学の中心的概念とされながら理論化が進まなかった社会的役割の概念をとりあげ，そこでの概念的葛藤の構図をみておきたい。それは，社会ネットワークの理論的概念としての意義を考えるうえで有意義だと思われるからである。(2) 役割論の系譜は，大きく二つ，規範的役割論と相互作用論的役割論に分けられる。前者は，役割期待の相補性をメルクマールとして，社会化と社会統制によって相補性の制度化が完備される仕組みに焦点をあてる。この論点の重要性は決して失われていないが，一方で，後者の相互作用論的役割論が強調するように，それだけでは捉えきれない役割のよりダイナミックな側面があることも事実である。そこでの論点には、役割セットが内包する構造的アンビバレンスから、印象操作によって役割を操る主体的人間像まで幅があるが、いずれにしても、相補性の制度化の非現実性を訴える点では一致している。この概念的葛藤を理論的に裏返しにみると、役割を忠実に遂行する受動的人間像からいかにして脱却するかという規範理論的な課題と、個人の主体性から社会システムの均衡をどう説明するかという実証主義的な課題とが、すれ違いながら交錯する。

気づかれるように社会ネットワークの概念も実はこの葛藤状況と無縁ではない。エゴセントリック・ネットワークには、集団から離脱して自由に関係を取り結ぶ主体的人間像が重ね合わされがちである。しかし、その関係のネットワークが全体としてどのような均衡をもつのか、あるいは上位の社会システムに対してどのような機能をもつのかは、問われない。一方、ソシオセントリック・ネットワークは、そのダイナミクスと均衡を条件付ける形式的な構造条件の分析と親和的である。しかし、それが個々人の主体性にどのように条件付けられるかは問われない。

近年、ゲーム論（戦略的選択）とネットワーク論（構造変動）を統合させるネットワーク・ダイナミクスの研究が盛んになってきており、それが一つの活路になるのであろう。けれども、やや気になることとして、こうした動きが手法先行で突き進んでおり、理論的に葛藤を解決する試みがほとんどみられないのである。関係の主体的な取り結びが、あるいはまた、その集積としてのネットワーク構造がそうした個々の関係にどのようにフィードバックされるかが、ゲーム論的な枠組みだけで把握できるとは思われない。ネットワーク概念自体に、マイクロ・マクロ・リンク的な社会関係のプロセスが織り込まれる必要があるのである。これは、役割概念が規範論と相互作用論という対立的なコンテクストに引き裂かれ、固有の役割理論が進展しなかった状況とよく似ている。

筆者の期待としては、社会関係資本の概念を通してそのプロセスを具体化できるのではないかと考えている。少なくとも、社会関係資本は、より上位の社会の均衡や効率性、あるいはまた目的調整や変革といった課題に、社会ネットワークがどのような役割を果たしうるか、という問いを引き継いでいる。その一方で資本として、個人が投資し、何らかの剰余価値を取得できる、つまり限定的であるが個人の主体性につながる理論的回路をもっている。ともあれ、これは本書全体に関わる大きな課題なので、また最後に立ち戻ることにしよう。いまなすべきことは、そうした分断的な状況を引きずりながらも、そこにおいて社会ネットワーク概念が持ち得てきた理論的効用を確認することである。

パーソナル・ネットワークの理論的価値　社会人類学に主導された初期の社会ネットワーク研究は、ある種の理論的パースペクティブの転換として、記述的以上の理論的含みをもっている。そこでは、社会規範が人びとの行動や集団秩序を規定するという命題から、社会ネットワークの構造が社会規範を規定するという命題への転換が試みられた。もちろん、これはどちらか一方が正しいという問題ではないので転換というと語弊があるが、そこで新たに提示された理論的パースペクティブは、ネットワーク・パラダイムとでもいうべき大きな潮流を形づくる基礎になったと評価できる。計量的なパーソナル・ネットワーク調査手法の定着を含めて、そうしたネットワーク・パラダイムの確立を示すのがB・ウェルマンの研究（Wellman 1979）であろう。

彼は従来の議論をコミュニティ喪失論と存続論として整理した上で、第三の視点としてコミュニティ解放論を提示する。前二者はいうまでもなく、都市社会学を理論的に牽引してきたアーバニズム論の妥当性をめぐる二つの対抗的な見解である。コミュニティ喪失論はアーバニズム論に則して、全体社会の分業の影響を産業化した官僚制社会として捉え、その集中的な表れとして都市の第一次的紐帯の非人格化・断片化、それによるコミュニティの連帯の衰弱を強調する。それに対してコミュニティ存続論は、都市の第一次的紐帯が息づいていることを経験的に示すことで、喪失論に疑義を提出した。しかしウェルマンによれば、そこでは全体社会の分業の影響という視点が後退してしまい、存続している紐帯の全体的構造が変化していることが見落とされた。つまり、近隣や親族や職場において第一次的紐帯が息づいているとして、それらが全体としてどのようなネットワーク構造を形づくっているのかという視点が欠落していた。

まさにこの視点から、彼独自のコミュニティ解放論が提示される。すなわち、第一次的紐帯は依然として重要なものとして存続しているが、以前のように境界が明確な密に編まれた集団的構造ではない。そうではなく、まばらに編まれ、空間的に分散しながら枝分かれするネットワーク構造に変化している、というのである。

ウェルマンはこの仮説を自ら経験的にテストしてみせた。調査対象はトロント市イースト・ヨーク区に住む一八歳以上の成人から無作為抽出された八四五人である。調査票では同居者以外の親しい人を六人挙げてもらい、その友人たちの情報を収集した。その情報には友人たち相互の親しさも含め、これにより対象者をとりまく友人ネットワークの密度を測定できるように工夫した。また、連携して実施された調査では、トロント調査のサブサンプル七一人が親しい人に指名した人たちを追跡してインタビュー調査を行い、親しい人の指名の双方向性までチェックしている。
この調査で確認された主要点は以下である。第一に、親密な関係の基盤が多様化するなか、E・リトワク（Litwak 1960）が確認したように親族関係は広く存在している。第二に、親密な関係の大部分はトロント大都市圏内（とりわけイースト・ヨーク区内）に展開しているが、親族の紐帯は遠距離が多く、近隣に複数の親密な関係をもつケースは少ない。つまり、地域的な紐帯は確かにあるのだが、それは空間的な広がりをもつ多様な関係の一部である。第三に、ネットワーク密度の高いクラスターがある一方で、親しい人の指名は必ずしも双方向的でない。つまり、一部に構造的連帯がある一方で、非対称な選択によって枝分かれしてゆく構造もある。そして最後に、親密な相手から援助を得られる可能性は確保されているが、皆が共同して援助してくれることは期待できない。かくしてウェルマンがいうには、

「都市に暮らす者にとって、空間的・社会的に枝分かれしたネットワークを持つということは、連帯のなかに保護されていては入手することのできない、専門分化した多様な資源を手に入れるための有効な方法となっている。…むしろ、社会システムの分化と分業が進展した状況下で、現代の都市生活者たちがシステム内の資源に接近し、それを制御しようと能動的に行動した結果として、解放されたネットワークが作られていると見ることも十分可能であろう」（Wellman 1979：1227［訳 190］）。

著者の理解では、アーバニズム論は本来的にデュルケームが分業の病理形態として論じたアノミー的分業の応用版であり、都市社会における個々の構造（機械的連帯）の存続を認めながら、都市社会全体

としてのそれらのモザイク的分断（有機的連帯の欠如）を主題化した理論である。この理解からすれば、都市社会学へのパーソナル・ネットワーク研究導入の功罪は、微妙である。なぜなら、それはエゴセントリックなアプローチであるがゆえに、個人ベースで調査がやりやすい反面、そのままでは決してモザイク的分断の問題にたどり着けないという認識的制約をもちこむからである。かくしてパーソナル・ネットワーク研究は機械的連帯としての〈構造〉の再発見に終わることが多く、アーバニズム論をめぐる〈解体か構造か〉の論争を理論的に不毛なものにしてしまった。この点でトロント調査が評価されるのは、友人間の関係や、関係の対称性に留意した調査設計により、機械的連帯をつなぐ〈構造〉に切り込む理論的視点を確保していることである。解放されたネットワークが都市社会全体の有機的連帯に対してもつ機能こそ議論されていないものの、ウェルマンの主張は、エゴセントリック・ネットワークのアプローチが理論的効用を高めるための道筋を示唆している。

もちろんその道筋はアーバニズム論に限定したものではない。ウェルマンのひな形はすでに前述のボットの研究によって示されている。ボットの焦点は家族集団であり、そこから夫と妻を基点に外に広がる社会ネットワークの結合度を捉えようとした。平等な役割関係が結合度の低い社会ネットワークと関係するという彼女の議論は、ウェルマンのコミュニティ解放とパラレルである。ここでの道筋は、そうした結合度の低い社会ネットワークが発達することは上位社会のどのような機能要件に関わるのか、という問いをなす。これはアーバニズム論の問いでもあり得ようが、本来的には家族変動の理論に照らした効用が問われている。

さて、ソシオセントリック・ネットワークのアプローチがもつ理論的効用をよく示したのは、ソシオメトリーを応用した組織経営研究―社会学ではむしろ第一次集団の発見として著名な―ホーソン研究である（Roethlisberger and Dickson 1939；油井 1995：第5章）。これは第1章ですでに言及したが、この文脈で改めて少し詳しく検証しよう。

第一次集団の発見

この研究はAT&T（American Telephone & Telegram Company）系の会社 Western Electronic Company, Hawthorn 工場（シカゴ西部）での、生産効率性に関する一連の実験である。一九二四年から当工場において、照明条件による生産効率性の向上が実験的に試みられる。これが失敗し、さらに休憩時間条件や賃金条件による実験も失敗する。そこで、ハーバード大学から実験に参加していたE・メイヨーとF・レスリルバーガーを中心に、社会人類学者W・ウォーナーも参加して、作業実験室の観察という手法が試みられた。実施は一九三一～三二年、巻線作業員一四名の作業現場を実験室として設定し、もっぱら観察を行うものであった。

作業員は、作業の流れに応じて配線工、ハンダ工、検査工のグループに分かれる。けれども、そうしたフォーマルな作業グループを越えて、休憩時間の遊び、口論、作業の助け合い等を通して自然発生的に下位集団が形成されることが観察された。モレノのいう「裂け目」、一般には、クリークの形成である。**図2-5**は実験室の作業配置図を示すとともに、ソシオメトリーを応用して析出された二つのクリークを示している。クリークAではW3がもっとも人気が高く、社交的で、グループの最適作業量をうまくコントロールしていた。W2は、仕事はできるが仲間付き合いが悪く、クリークAから排除されがちであった。クリークBは仕事が遅く、仕事の意欲の面でも問題のあるグループであった。W6がクリーク

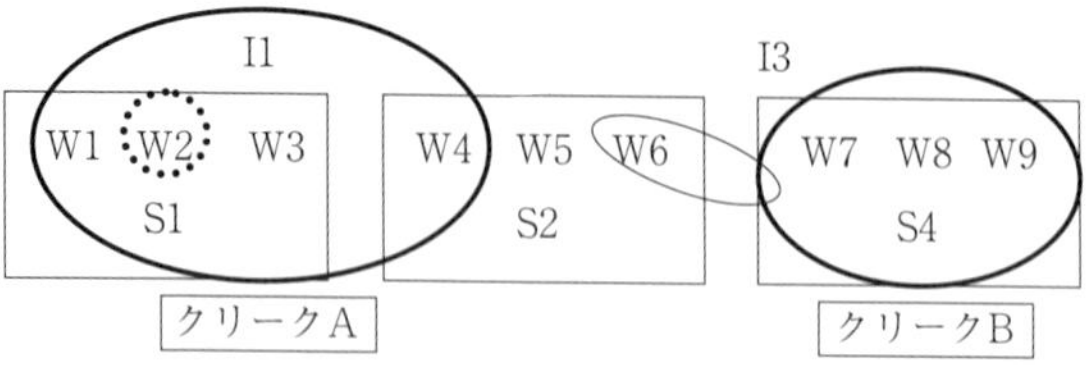

（凡例）W：配線工、S：ハンダ工、I：検査工

図2－5　ホーソン実験における巻線作業観察室の状況とクリーク

（出所）Roethlisberger and Dickson（1939：509）。

Bに加わりたがるが、認められない。他は孤立的である。とくにI3はこの研究の初期に交替で配置された四〇代（他は皆二〇代）、高学歴のトルコ出身という特異性があり、やや尊大なパーソナリティもあって、配線工やハンダ工とトラブルが絶えなかった。

フォーマル組織である（べき）生産組織のなかに、これらクリークを軸にしたインフォーマル組織が形成される。ただそれだけのことではなく、このインフォーマル組織は対内的には社会統制の機能を、対外的には防衛の機能を果たすことが確認される。実際に、時間当たり平均生産高、事前に届ける報告高と実際高の差、控除要求時間（本人の責任ではない事由による待ち時間）を調べた結果をみると、クリーク内部のばらつきは小さく、クリーク間の相違が際だつ。「生産高のあり方という、産業組織が全体としてコントロールしようとしている事柄が、実は、作業者間のインフォーマル組織によって規定されている」（油井 1995：333）のである。こうしたインフォーマル組織の実質性は、サンクションをともなう不文律の掟が、生産過程をコントロールする集団規範として働いているという発見によって説明される。その掟は以下のようなものである(Roethlisberger and Dickson 1939：522)。

（1）　働きすぎるな。そういう奴は「歩合壊し屋 rate-buster」だ。

（２）怠けすぎるな。そういう奴は「ずるい奴 chiseler」だ。
（３）仲間の利益になることを監督に告げ口するな。そうする奴は「ちくり屋 squealer」だ。
（４）尊大な態度や、もったいぶった態度をとるな。とくに検査工は気をつけろ。

このようにホーソン研究は、フォーマル組織内部にインフォーマル組織が発達し、それがフォーマル組織に対してさまざまな実質的機能をもつことを示した。組織の合理化、すなわち官僚制の発達に近代化の本質をみたのはM・ウェーバーであった。それに対してホーソン研究は、官僚制の貫徹に対して懐疑を提示した。より積極的にいえば、どんな官僚制も第一次集団を内包するのであり、したがってその理念型も第一次集団を前提にすべきだということになろう。このようにホーソン研究は組織論だけでなく社会変動論にとっても一定の理論的主張をなす。この主張がネットワーク・パラダイムのものであるのは、そうした第一次集団はネットワークを手掛かりにしないと見落としてしまう潜在的なものだからである。

理論概念としてのネットワーク

ホーソン研究では観察実験室の特性を生かして、クリークや掟の形成が、工員たちの日常的なダイナミックな相互作用に結びつけて描かれる。しかし、それでもやはり、組織や集団の環境条件、そのもとで形成されるネットワーク構造、フォーマル／インフォーマルの二重の組織規範の葛藤などが、どういうプロセスで人びとの関係づくりに関わるのかという理論的考察はなされていない。また、ホーソン研究を引用する研究は数多くあるけれども、そうした点での理論化が進んだとはいい難い。

先に議論したエゴセントリック・ネットワークの理論的効用とあわせていえば、理論概念としてのネットワーク概念に対する期待は、個人と社会構造をつなぐ役割過程とは異なるマイクロ・マクロ・リンクに集約されるだろう。その期待は、みてきたようにエゴセントリック／ソシオセントリックそれぞれの初期の研究展開のなかで魅力的に示された。しかしその期待は、必ずしもネットワーク概念自体のそうした期待に則した理論化を主導しなかったようである。

おそらくそこでは、一本の辺を所与としてそこから実証的に議論を始めるだけではなく、一本の辺を形づくる社会的プロセスを問いかける姿勢が重要になる。そして、その社会的プロセスそれ自体がマイクロ・マクロ・リンクの説明論理を内包するものでなければならない。関係の選択に関わるゲーム論との融合は有望な実証的展開なのだが、一方では、社会関係は本来的に理念的なものであることを正面から捉えざるを得ないだろう。つまり、ネットワークの基礎となる社会関係それ自体の多水準性をどう理論化するかがポイントになるだろう。この点は、すでに前章最後に論じたところではあるが、本書全体を貫く問題意識として再度確認しておきたい。より進んだ議論は、後に連帯の概念に際して改めて論じたいと思う。

注

（1）社会ネットワーク分析のテクニカルな議論や発展史は Wasserman and Faust（1994）や Scott（1991）で体系的に把握できる。邦語の入門書としては安田（1997）や平松（1990）等、また汎用的なコンピュータ・ソフト Pajek を用いた解説書として De Nooy et al.（2005）も参照されたい。

（2）役割の概念的整理と理論化については別稿（Misumi 2007a）があるので、詳しくはそちらを参照のこと。

第3章　社会関係資本の概念

これまで関係・集団の学としての関係論的社会学の系譜を、社会ネットワーク論に重点をおきながら概観してきた。社会関係資本の概念は、必ずしも以上の系譜を統合する動きのなかから生まれたものではないけれども、そこに含まれる論点のほとんどは、そのルーツを前述の系譜のどこかに辿ることができる。その意味で、本概念が関係・集団の学としての社会学の系譜のなかにいることは疑いない。そのうえで、あえて「資本」の用語を使っていることからも明らかなように、社会関係資本は従来の議論とは異なる切り口で現代社会における関係・集団のあり方を問題化しようとしている。まずは、それがどのようなものであるかを、そこに含まれる概念的な問題、および計測的な問題を含めて概観する。そのうえで本書における社会関係資本の概念定義を確認する。これが本章の目的である。

1　資本としての社会関係資本

資本の概念

経済学でいう資本 capital は、天賦の経済資源である土地（一切の自然）と労働（＝本源的生産要素）とならぶ生産要素として、生産された生産手段ないし過去の生産活動が生み出した生産物のストックをいう。マルクス経済学では剰余価値を生み出す価値が、資本とされる。大部分は工場・機械などの生産設備の形をとり、一部は製品・原材料・仕掛品などの在庫の形あるいは住宅の形をとる(1)。唐突に資本概念の辞書的定義から話を始めたが、いうまでもなく社会関係資本は資本という言葉を使う以上、こうした概念定義を無視することはできない。そこで、比較的資本概念に忠実な定義から出発するN・リン（Lin 2001a：Chap.1）を足がかりに、社会関係資本の概念的な問題の整理を始めることにする。

さて、上記の辞書的定義にそくして、リンは資本および社会関係資本について以下の定義を示している。まったく同形なのでまとめて記すと、

〈社会関係資本（リンの定義）〉［社会関係］資本とは、市場において期待されるリターンを見越しての、［社会関係への］資源の投資である。

この概念規定は資本の循環 circuit of capital を前提にしている。**図3-1**に図式的に示すように、資本の循環とは、商品を生産する段階、資本家を売手として市場に登場する流通段階、貨幣で商品を買う流通段階、この三段階を経由する反復運動である。資本の価値増殖は生産過程を通じてなされるが、流通過程においてその剰余価値は実現され、獲得される。つまり、資本は生産過程と流通過程を通して循環するのであり、この循環運動を通して自己増殖が完結する。ここにおいて、商品の生産と交換において創出され、さらなる利潤 profit を生み出すのが剰余価値である。資本はその一部であり、投資へのリターン分がそれに相当する。

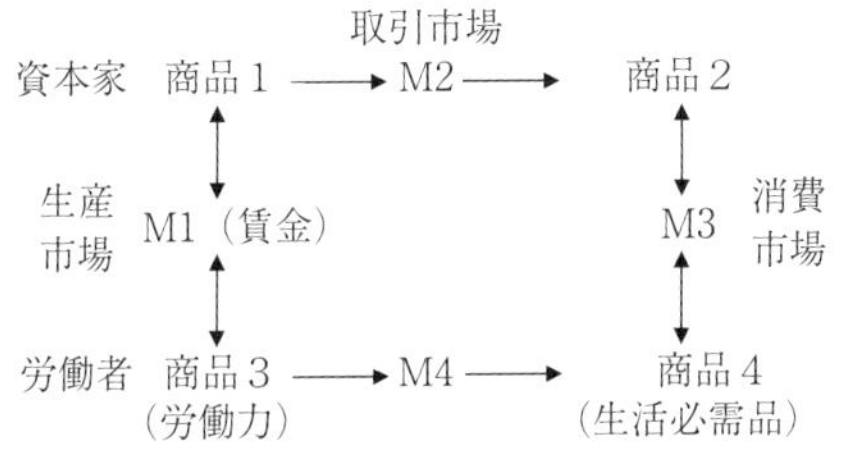

・M1 は本来的に M4 にその価値を等しくする。
・M2 は M1 より大きく、かつ／または、M3 は M1 より大きい。つまり取引市場や消費市場における商品の売却価値は、生産価値よりも大きい。
・剰余価値は M3 − M1 で定義される。

図３-１　資本の循環

（出所）Lin（2001a：5［訳 5]）に著者が加筆。

図３-１にもとづくリンの整理（Lin 2001a：7-8［訳 8-9]）によれば、

(1) 資本は、商品の生産と交換に密接に関連する。つまり、資本は単なる商品や価値ではなく、生産や流通に関わるさまざまな社会的活動のプロセスを含む。

(2) これらプロセスから結果として生じる資本は、付加価値（剰余価値ないし利潤）である。資本の存在は、商品の取引市場価値が、その生産価値ないし生産のためのコストを上回ることを意味する。

(3) 資本は、商品の生産と交換のサイクルないし資本蓄積 capital accumulation を通して、商品の流通から資本家ないし生産者が捉えるものである。つまり、生産手段を制御する者たちが、まさに生産手段によって創出し、蓄積し、そして手中にするものである。

このように資本概念は、本来ややトートロジカルなすっきりしない概念である。資本は、資本家が作り出し着服する剰余価値の一部である。したがって、それは投資プロセスの産出物である。一方でそれは、資本家の側の、商品の生産と流通における投資を表す。したがって、それは資本が含まれる剰余価値を生み出すプロセスをも含意する。例を考えよう。先々の技術革新につながるような研究開発に資産を投入するとする（これが将来の生産のための投資財）。それがある時点で大きな剰余価値（利潤）を生む。その剰余価値のうち、投資財へのリターン分が、ここで投資されて付加価値を生みだした資本の価値ということになる。逆にいえば、そこでの有効な先行投資分が価値を増幅し、それが資本蓄積のなかで、利潤として実現・回収される。後の議論との関係で重要なのは、利潤が見込めるから投資（現時点の犠牲）が動機づけられるという行動原理を押さえておくことであろう。

ポイントはもう一つある。それはリンが最後に言及した資本の階級制の問題である。マルクスが言うように、剰余価値（利潤）の根拠は「尊い労働」であり、資本家による剰余価値の回収と将来への投資は搾取であるというべきかもしれない。しかし、それにより社会全体の富が増せば、労働者の賃金そして消費生活は向上する。限られた資源の社会的活用としては、その方が効率的である。つまり、私的所有のもとで利潤を追い求める自由競争（自然発生的な分業）が、経済効率性を増し、社会全体の富を増進するという命題が、資本主義の骨幹にある。一方マルクス主義的には、このシステムが持続する限り階級社会は安定する。そのなかで、労働者が剰余価値の恩恵にあずかることはなく、もっぱら資本家だけが資本を蓄積できるのである。リンの議論は、搾取論にこそ立ちいらないが、資本の階級制に立脚したものになっている。

概念的多面性

こうしてリンの議論をみると、社会関係資本の概念が資本概念に立脚することはある程度可能に思われる。けれどもこの点について否定的見解を示す経済学者は少なくない。一九九七年に世界銀行が主催した、経済学と社会学を中心とする社会関係資本ワークショップの総括（Dasgupta and Serageldin 2000）におけるアロー論文とソロー論文に注目しよう。

Ｋ・Ｊ・アローは、ワークショップの合意点を次のように確認する（Arrow 2000）。第一に、社会ネットワークは経済的パフォーマンスに影響すること、とりわけ信頼は経済発展を促進する効果をもつこと。第二に、社会的相互作用における報酬は表出的（相互行為そのものが報酬）であること（ただし、市場の失敗を防ぐような経済的な動機にもとづく場合もある）。そのうえで、以下のような疑問を提示する。意図的に作られる社会組織は、自生的ネットワークと同じ結果をもたらす社会関係「資本」の一つの型といえるのか。とくに、異なる目的で作られた社会組織が、そのメンバシップによってそれだけで政治的および経済的な効率性を増すというのは納得しがたい、と。アローは結論的には、社会関係資本は以下の三つの資本としての要件を満たしにくいことから、資本概念を使うべきではないと主張する。

（１）時間とともに拡大すること
（２）将来の利益のための、現時点の周到な犠牲
（３）疎外

とくに問題は（２）である。なぜなら社会ネットワークの本質は、参加者にとっての経済的価値以外の理由によって形成されるところにあるからである。

一方、Ｒ・Ｍ・ソローが指摘する社会関係資本の問題点は以下である（Solow 2000）。

（１）物資的な犠牲ないし意識的な計算を不可欠としないこと。
（２）リターン率を計測できないこと。

（3）　人から人への譲渡ができないこと。

上でみたように資本とは，将来のリターンを期待しうるような，生産された生産諸要因のストックとして表現されるものである。けれども，社会関係資本が要素とする信頼，協力や協同を受け入れる態度や余力，監視されていなくとも一定の努力をしようとする性向など，これらの行動パターンが集計的に一つの利得に対応するとは考えにくい。そもそも，それは何のストックなのか，いいかえれば過去の投資フロウは何かがはっきりしない。これがソローの批判ポイントである。そのうえでソローは　資本ではなく「行動パターン」のような捉え方が妥当であろうと主張する。そして，本当に経済学的に説明できず，社会関係資本に帰着せざるを得ない経済現象は何かを見極めることの重要性を説く。

これらの批判は基本的にもっともなものである。これらを踏まえて，本ワークショップのＰ・ダスグプタによる総括論文は次のように提案している。「社会関係資本が有用であるのは，それなしでは見落としてしまうであろう，そのような経済生活に役立つ特異な諸制度に，われわれの注意を喚起する点である」（Dasgupta 2000：398）。この合意点を別の言葉でいえば，「社会関係資本が複数の側面をもつことは間違いないのだから，どう使うかを明示して，使うことが肝要」（Sobel 2002）ということである。

この議論を受けていえば，社会関係資本には二つの概念的な極がある。一方の極は，パースペクティブ程度の緩やかな意味で本概念を用いることである。しかし，もう一方の極として逆に「資本」にこだわるとすれば，将来のための犠牲となる投資，それが生み出す付加価値，資本はまさにそこに「実在」する，ということを概念的に整えなければならない。

社会的資源論との接合

実はリンの主たる企図は、彼が進めてきた社会的資源論と、社会関係資本論との、とりわけ地位達成研究の文脈における接合にある（Lin 2001a：Chap.2）。リンによれば、社会関係を通して捉えられる資本は、行為者が属するネットワークないし集団のなかの資源に、その行為者が連結とアクセスを行うことで生み出される社会的な資産 asset を指す。ネットワークに埋め込まれた資源がどうして行為の結果に影響するかといえば、それは次の回路による。

（1）情報の流れを促進する。不完全市場では、ある重要なポジションをつなぐ社会的紐帯が、それがなければ利用できない機会や選択の情報を提供する。

（2）これらの社会的紐帯は、要人 agents に影響力を及ぼす。

（3）これらの社会的紐帯は、組織や要人に対して、当該個人の社会的信用を保証する。

（4）社会関係はアイデンティティや社会的承認を補強する。

ここでいう資源は、物質的ないし表象的な財である。どんな社会でも諸資源に対する差別的価値の付与がなされており、個人や集合体は自己利害の増進のために価値ある資源を欲するがゆえに、そうした諸資源の維持や獲得が行為の主要な動機づけになる。リンら（Lin et al. 1981a, 1981b）が取り組んできた社会的資源論における社会的資源は、個人に直接ないし間接につながりをもつ他者の富や地位や権力、あるいはまた社会的紐帯を指す。その基本的要素は、社会関係と、社会関係を通して到達できる地位に埋め込まれた資源である。こうして社会的資源を包含するより一般的な資源概念によって、社会的資源論を社会関係資本論に包摂しようとしているのである。

改めて整理すれば、リンのこの枠組みにおいて社会関係資本は、社会関係と社会構造に埋め込まれた資源からなる。その資源は、個人が目的的行為において成功の度合いを高めたいと思えば、活用できるものである。社会関係資本は、その成功のための当の個人の投資に関わる。その投資は、それを通して他者の資源にアクセスしたりそれを借用したりできるような社会関係への、投資である。

2　階級論の視点――ブルデュー

文化的階級再生産の仕組み　リンの枠組みは資本の階級制を前提にしているが、それは旧来的な資本家と労働者の二項対立図式であり、社会関係資本がその図式に必要以上にこだわるメリットがあるとは思われない。そこで、社会関係資本と経済資本や階級との関係をより明示的かつ一般的に考察したP・ブルデュー（Bourdieu 1980, 1997）をみておこう。

〈社会関係資本（ブルデューの定義）〉　社会関係資本は現実のないし潜在的な諸資源の集積であり、その諸資源は、互いに知っているないし認知しているという関係が、多少とも制度化されたものとして形づくる持続的なネットワークの所有に、結びついている。

この定義に際してブルデューは次のようにもいう。「所与の主体によって所有された社会関係資本の量は、当該主体が効果的に活用できる連結のネットワークの規模に依存する。それとともに、当該主体がつながっている人びとが各々自分の権限のもとに所有する資本（経済的、文化的、象徴的）の量に、依存する」(Bourdieu 1997：51)。このように、経済資本や文化資本に還元できない、いわば社会ネットワークとそこに埋め込まれた他の形態の資本の関数のようなものとして、社会関係資本が導入される。けれどもそれは、経済資本や文化資本から完全に独立ではない。

すなわち、社会関係資本は他の二つの資本形態に対して増幅器の役割を果たし、その一方で、「社会性 sociability のための絶え間ない努力」において経済資本や文化資本が変換されることにより、形成され維持される。その努力とは、社会的承認が際限なく確認・再確認されるような、連続する一連の交換であり、その意味で関係のネットワークは投資戦略の産出物なのである。こうしてブルデューにおいては、社会関係資本は階級再生産の仕組みを補強するものとして位置づけられる。

この階級との関係づけ、および資本の形態間の変換というブルデューの論点に対しては、多くの好意的なコメントを見いだすことができる。前述のように社会的資源論との統合をはかるリン(Lin 2001a)も、基本は経済資本であるというスタンスを示す。社会関係資本が使われるのは主に信用 credit としてであり、それは最終的には経済資本として回収されることで資本としての意味あいをもつ。ただし階級との関係については、社会関係資本は、支配階級がその優位な位置と集団基盤を万全にするための、支配階級の成員による投資であるとし、資本家概念を緩めつつも二項図式を崩していない。

もっとも洗練された概念定義、これはA・ポーツによるブルデュー評価である(Portes 1998)。ポーツが理解する社会関係資本の焦点は、社会関係資本を手段として個人に生じる利益にある。そこで使用される資源を生み出すために、個人は集団に参加したり、意図的に社会性を構築したりする。そこにおいてブルデューの議論は次の二要素への分解が重要であることを指摘している。

（1）諸個人が、彼らと何らかの関係をもつ他者が所有する資源へのアクセスを要求することを可能にする、当該の社会関係。
（2）それら資源の量と質。

ポーツは、異なる資本の形態の間で代替性があり、最終的にはすべて経済資本に還元される、という論点も重視する。そこにおける社会関係資本の役割としては、経済資源への直接的なアクセスの獲得（ローン貸付、保護市場など）、然るべき人びとに接近することによる文化資本の増強（身体化された文化資本）、価値ある信用証書を授与する制度の利用資格を得ること（制度化された文化資本）等が考えられる。こうして他の形態の資本獲得のために社会関係資本を獲得するためには、一方で、経済資源および文化資源の意図的な投資が必要である。ブルデューはこの点も適切に論じている。ただしポーツがいうように、資本が形態を転換するプロセスについてまでは明らかされておらず、この点が重要な研究課題である。

この最後の論点に関してはT・シューラーらの問題提起も重要であろう（Schuller et al. 2000）。彼らは次のようにいう。資本の基本形態としては経済資本、文化資本、社会関係資本が考えられる。ここで基本的な問いは、それぞれ異なる独立な形態として、これらが互いにどのように関係するかではない。そうではなく、どのようにして資本がこれらの異なる形態で表現されつつ相互に転換されて、資本蓄積を最大化するかである。この主張は、資本蓄積プロセスに着目することの重要性を指摘しているだけなく、社会関係資本の相対的な重みについても修正を要求している。ブルデューの基本関心は『再生産』で追いかけた問題の延長にあり、それは、いかにして文化的再生産が、諸集団や諸階級間の関係の社会的な再生産を強化するかである。そのため社会関係資本の役割は周辺的に位置づけられやすい。けれども資本蓄積の最適化過程においては、社会関係資本が周辺的だとは一概にいえず、それが重みを増すような状況もありうるだろう。J・ソベルは、ブルデューの概念は、一定の制約下での最適化という趣旨で経済学に親和的だと表しているが（Sobel 2002）、これもシューラーらの評価に近いといえる。

ただし、あくまで経済資本との関係を重視する形でブルデューを評価する論者もいる。J・デフィリップス（DeFilippis 2001）によれば、社会関係資本は、諸階級および諸々の階級区分の生産に係わる概念であり、関係と社会ネットワークから構成されつつも、決して物質的資本と切り離せない。現実の経済では双方共勝ち win-win relationship が現実的ではない以上、社会関係資本が何らかの価値を生み出すとすれば、それは経済資本との関係抜きでは考えにくい。また、他の何かを犠牲にしてそれを実現する人びとの能力や、権力関係が前提になる。デフィリップスの主張は、コミュニティ・ディベロップメントの領域における現実的問題を背景にしているだけに説得力をもつ。

界とハビトゥス

ここでブルデューの継承の仕方について結論をだすつもりはないが、少なくとも彼の資本概念が必ずしも経済至上主義ではないことについては触れておくべきであろう。ブルデューの資本の概念は、界とハビトゥスを鍵概念としたより柔軟な理論枠組みに位置づけられる。この枠組みは関係論的社会学における重要な貢献でもあるので、主に Bourdieu and Wacquant（1992）を参考にしながら概略をみておきたい。

ブルデューは、象徴権力の編成原理に主関心をおきつつ、主体と構造、個と全体といった二項対立図式を排して、関係から切り込むスタンスを主張する。諸関係の結び目を示す二つの中心概念が、界とハビトゥスである。界は、磁界のように、客観的諸力によって構造化される体系であり、その場内のあらゆる物体と行為者に対して行使できる重力を備えた関係論的布置構造とされる。場全体が、プリズムのように外部からの諸力を屈折させる。その諸力は歴史的に規定されたものであり、布置構造を形づくるのは、特定の権力（あるいは資本）に結びついた位置ないし立場である。それに対して、ハビトゥスは行為者の内部から作用して構造を形成するメカニズムである。それは個人のなかに精神的にまた身体的に蓄えられた歴史的諸関係の集合であって、純粋に個人的なものではない。ハビトゥスは外部の構造が内面化された効果として、界の誘導に対して一貫的で系統的な仕方で反応する。しかし一方で、それだけが行為者のふるまいを機械的に決めるのでもない。ハビトゥスはいわば戦略の生成原理であり、持続的だが転調が可能な性向の体系である。

社会は、経済界、芸術界、宗教界のようなミクロコスモスから成り立ち、互いに還元できない固有性をもつ。つまりそれぞれの界は、独自の価値と統治原理を有しており、それが社会的に構造化された空間の境界を定義する。それらの空間のなかで行為者たちは、自らが占める位置を足がかりに、その空間の境界線と布置構造を変えたり守ったりするために、争っている。界は「ひとつのゲーム空間であって、そのゲームに参加するプレイヤー、界が提供する報酬を信じ、積極的にその報酬を追いかけるプレイヤーが存在してはじめて、かかるものとして存在する」（Bourdieu and Wacquant 1992：訳 39）。いいかえれば、界において行為者は、そこで有効性をもつ特定種の資本を独占すべく敵対しあう。界に、そうした形で行為者がひきつけられるのは、ハビトゥスの作用による。それは規範や法から導かれるような規則性をもつ形ではなく、われわれが対象をそれとして措定する前にわれわれを導く社会感覚（ブルデューはこれを「実践感覚」とよぶ）にしたがう形で、作用する。

界は位置の間の客観的な関係のネットワークであるが、位置は権力もしくは資本の分布構造におけるものである。権力もしくは資本は、特定の界のなかで武器になり、賭け金として効力をもつ。それによってその所持者に、権力や影響力の行使を可能にし、特定の界に存在することを可能にする。ゲームによって切り札が異なるのと同様に、異なる種類の資本（経済資本、社会関係資本、文化資本、象徴資本）のヒエラルヒーも界ごとに異なり、また同じ界のなかで時間とともに変化することもある。ハビトゥスを性向の体系と称したが、性向とは、ある特定の界においてどの資本が意味をもつかについての勘のようなものなのである。いずれにしても、ブルデューにおいては、界との関係においてはじめて資本は存在し、作用する。資本は、それらの分布がまさしく界の構造をなすような物質化された、あるいは身体化された生産手段や再生産手段に対する権力である。それがゆえに、界で生み出される利潤に対する権力を与えるのである。

注意しなければならないが、ブルデューの資本は単純に合理的選択論の枠内にはなく、むしろ身体化されたレベルの投資と結びつく。行為者がもつハビトゥスは、まさにそれを生み出した社会的世界と出会うとき水を得た魚のように動きだし、当該行為者に投資チャンスを知らしめる。もちろん、その後の行為が合理的選択にしたがうことはありうるが、適切なあいさつや身のこなし、言葉使い、にじみ出る教養等、身体化された動作がむしろ重要な投資となる。そもそもハビトゥスと界の適合的な出会いがなければ、行為者はゲームのなかにいることすら理解できないのである。一方、そのゲームは単に資本を増やすだけのものではなく、競争相手の力の源泉である資本形態の信用を落とす戦略等によって、ゲームのルールを変えることもできる。

こうしてブルデューは、経済資本を重視しつつも、それと他の形態の資本を共通の枠組みで捉える。かくして、界のなかで作動している種別的な資本の形態（諸種の資本の分布構造）を突きとめることが、主たる研究目的とされる。これはたいへん興味深いアプローチなのであるが、活発に展開されている社会関係資本の実証研究と接合しにくいのが最大の難点である。強いていえば、最終的な経済資本への転換という趣旨で社会関係資本の所得増効果の研究と接合するが、実際には弱い紐帯仮説に引きつけられることが多く，なおかつその明白な所得増効果は確認されていない（Mouw 2003)。

3　人的資本への変換――コールマン

社会構造の機能

経済資本や文化資本に比べると、人的資本は、社会関係資本との変換過程に関する研究蓄積が多い。再びリン（Lin 2001a : 8-14［訳 9-17］）に則していうと、人的資本は、労働者が、生産・交換プロセスにおいて雇用主や企業にとって役に立つ知識や技能や他の資質を獲得するときに、労働者に付加される価値である。資本の循環に関する前掲図3-1でいえば、M1の労働価値を高めるための、労働者の側の投資といってよい。資本としての定義は同じく、市場において期待されるリターンを見越しての、資源の投資である。

人的資本の概念は、資本の考え方をいくつかの点で拡張している。第一に、それは商品の生産と交換ではなく労働者に関する社会的プロセスに関わる。それはある意味で、労働者を「投資家」として資本図式に組み込む概念装置になる。第二に、その「投資」は、放っておくと資本家に搾取される利潤の回収といえなくもないが、本来的には利潤とは関係しない。労働者の動機づけは、知識や技能の獲得（投資）によって賃金増加等のリターンが見込まれるところにあり、そうしたリターンが生まれたときにそこに資本をとらえる。これが人的資本の資本としての性質を担保している。しかし少なくともこれは、利潤を生む資本のメカニズムとは別の社会的プロセスを前提にしているので、基本的には比喩的な概念である。この比喩は社会関係資本の概念を考える際にも参考になるが、まずは、人的資本への社会関係資本の変換がここでの問題である。

この変換過程について代表的な議論はＪ・Ｓ・コールマンによって提出されている（Coleman 1988a, 1990）。彼の社会関係資本の定義はよく引用されるので、そこからみていこう。コールマンが社会関係資本を考慮する目的は、社会システムの分析のために、社会組織を排除しない形で経済学的な合理的行為の原則を取り入れることである。物質的資本は生産手段のなかに内在する。すなわち、それは機械や生産設備のように材料に変化を加えて生産に役立つ道具を作ることで、創出される。人的資本は行為者自身のなかに内在する。すなわち、それは人間（労働者）に変化が生じて技能や能力を身につけ、それまでとは違った仕方で行為できるようになることで、創出される。これらに対して社会関係資本は、二者の行為者間やそれ以上の行為者間の関係の構造のなかに宿る。すなわち、それは行為を促す人びとの間の関係が変化することで、創出される。こうして共通項として資本の蓄積という観点に留意しながら、定義それ自体は機能的な観点からなされる（Coleman 1988a：S98［訳 209］）。

〈社会関係資本（コールマンの定義）〉　社会関係資本は、その機能 function によって定義される。その実在形態は単一ではなく、さまざまに異なるが、以下の二要素は共通する。（1）それらはすべて諸々の社会構造のいくつかの側面から成り、（2）その構造内の行為者たちの一定の諸行為を促進する。

社会関係資本の概念によって（機能的に）同定される価値は、行為者が彼らの利害を実現するために使用できる資源として、社会構造の諸側面が行為者にとって有している価値である。資源となりうる社会関係とは、恩義、期待、構造の信頼性、情報チャンネル、そして、規範と効果的なサンクション等である。

この概念の第一義的な有効性は、それにより、社会組織に根ざしながら社会構造内の資源が活用されて行為者にとって価値あるものが生産されたことを、明示できることである。集合的にみれば、社会関係資本が生産的であるのは、そうした価値創出によって人びとのある種の活動が促進され、それなしでは不可能な一定の目的達成を可能にする点にある。ただしそれは完全な代替性をもつわけではないので、同じ形態の社会関係が、ある活動を促進するうえでは価値があるけれども、他の活動には役に立たないか、場合によっては有害ですらある、ということがありうる。

さて、他の形態の資本との変換プロセスを考える際に重要なのは、社会関係資本を促進する社会構造である。それについてコールマンは二つを指摘する。

ネットワーク閉鎖性

（1）閉鎖性 closure：効果的な規範が依拠する社会ネットワークの特性である。この特性はまた、効

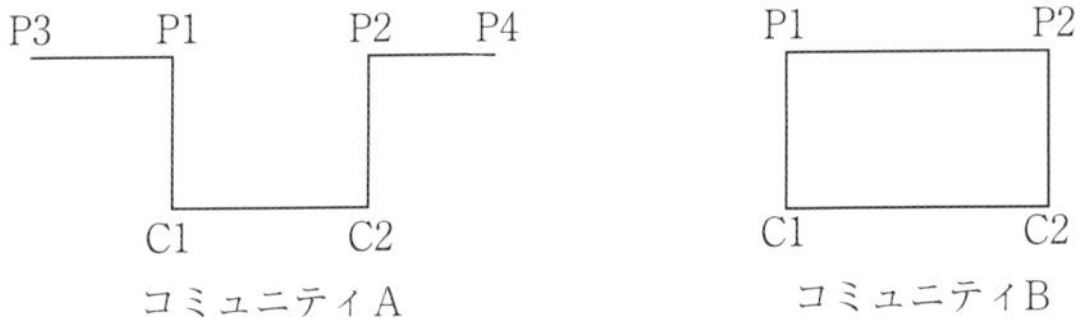

図3-2　世代間閉鎖性

（出所）Coleman（1988a：S107［訳220］）に著者が加筆。

果的な風評や，集合的なサンクションの顕在性により，恩義と期待を増大させる社会構造の信頼性を増す(2)。

（2）　転用可能な社会組織：何らかの目的のために作られたボランタリー組織が，他の目的にも役立ち，社会関係資本として利用可能になりうる。

閉鎖性のうち，とりわけ人的資本形成との関係でコールマンは親が子どもに課す規範の効果に着目し，それを促す世代間閉鎖性 intergenerational closure を指摘する。

図3-2に示す二つのコミュニティを想定しよう。コミュニティAでは，友だち同士の子ども（C1とC2）の親同士（P1とP2）に連結がなく，各々外に友人関係を展開している。一方のコミュニティBでは友だち同士の子どもの親同士に連結がある。後者が世代間閉鎖性を満たすネットワークの例である。後者の場合，P1はP2との間にサンクション等について共通了解を作ることができるし，我が子を叱るときにP2を味方につけることができる。また一方で，P1はC2の監視役にもなる。それに対してコミュニティAの親たちは，閉鎖性がないために「共謀」による監督を有効に行うことができない。このように世代間閉鎖性は，子育てする親にとって一定量の社会関係資本となり，それが次世代の人的資本への変換を促すのである。

コールマンはこの変換を実証的に吟味している。子どもの人的資本の形成

表3-1　世代間閉鎖性が子どもの学業に及ぼす影響

	公立	カトリック系	その他の私立
粗中退率	14.4	3.4	11.9
公立校1年生の平均値を基準に標準化した中退率	14.4	5.2	11.6

（注）数値は、第10学年（高1）末〜12学年（高3）末の間に生徒が中退する率。
（出所）Coleman（1988a：S115［訳229］）に著者が加筆。

に関わる家族背景は、もちろん社会関係資本だけではない。一つは子どもの学業達成の助力となる物質的資源、すなわち財政的資本がある。これが家族の財産と収入によって測定される。いま一つは子どもの学習を支援する親の配慮力や学力、つまり親の人的資本である。これは両親の教育水準によって測定される。目的変数である子どもの人的資本は、中退率で操作的に測定される。さて、社会関係資本の効果として吟味されるのは、一つには家庭内の親子関係、具体的にはキョウダイ数である。仮説としては、キョウダイ数が多いと親の注意力が散漫になり、直接的な親子関係における社会関係資本が低下する。数値は示さないが、コールマンはキョウダイが多い家庭の生徒の、中退率の高さを確認している。いま一つの社会関係資本は地域内の親同士の連結であり、これが世代間閉鎖性を表す。これは学校の宗教基盤および設置形態によって操作的に測定される。仮説としては、カトリック系のとりわけ私立の学校は、宗教組織を基盤とした多重的関係が発達したコミュニティのため世代間閉鎖性が形成されやすく、それによる社会関係資本の効果が表れやすい。

表3-1は、コールマンが第二の仮説を支持する結果として示したものの一部である。これは高校を対象として中退率を調べた調査で、公立八九三校、カトリック系私立八四校、その他の私立二七校である。仮説支持の根拠は、カトリック系私立の中退率（粗中退率および標準化中退率）の低さである。なぜなら、

カトリック系私立が、学校をとりまく親たちの宗教的コミュニティにおける世代間閉鎖性を指標していると解釈できるからである。

コールマンからの展開

こうしてコールマンが主張する社会関係資本から人的資本への変換プロセスについて、経験的水準で批判的検討が進んでいる。Ｓ・Ｌ・モーガンらは、National Educational Longitudinal Study（1988-1992）の詳細なデータでコールマンの結果を検証した（Morgan and Sørensen 1999）。彼らは、学校がカトリック系であるか否かとは独立に、集計レベル変数として世代間閉鎖性の計測を工夫している。すなわち、一九九二年追跡調査の親に対する質問を用いて、第一に、子どもの五人の親友のうち同じ学校の友人数を、学校単位で集計してそれを学校内友人度とする。第二に、子どもと同じ学校の友人のうち親を知っている人数を、同じく学校単位で集計してそれを親の相互既知度とする。この両者を組み合わせて学校単位で集計したのが、世代間閉鎖性である。

モーガンらはこの変数を用いて、数学学習度の学校単位集計値に及ぼす効果を吟味した（Morgan and Sørensen 1999：669）。その結果、学校がカトリック系であることは数学学習度に強い有意な効果をもつが、閉鎖性は、カトリック系指標を抜いたモデルでも付加したモデルでも、数学学習度に有意な効果を及ぼさないことを確認した。実際、閉鎖性変数の代わりに学校内友人度と親の相互既知度を別々に分析に投入すると、学校内友人度は数学学習度に対して正の有意効果をもつが、親の相互既知度は負の有意効果をもっていた。このことから判断すると、カトリック系の効果は世代間閉鎖性に拠るものではない。

日本では与謝野有紀が二〇〇五年ＳＳＭ調査にもとづいて、キョウダイ数や母親の在宅といった監督効果に関わる家庭環境変数が、教育達成に及ぼす影響（人的資本転換効果）を確認している（与謝野 2008）。

また、スン（Sun 1999）をはじめとしてマルチレベル回帰分析を用いた検証も試みられている。

その一方で、傾聴すべき概念的、理論的な批判もいくつかある。シューラーら（Schuller et al. 2000）は、教育における優位の源泉として社会関係資本に関心をよせている点で、コールマンはブルデューに接近しつつ、しかしながら、社会関係資本の創出を非意図的なプロセスとしてみており、その結果において機能的にとらえる点で、ブルデューとは決定的に異なるという。つまり、コールマンの社会関係資本は保守的な有機体論的概念に親和的であり、権力と紛争の視点が後退していることの問題である。

このあたりは、ポーツの見解が妥当であろう（Portes 1998）。ポーツによれば、コールマンにとってのより本来的な問題は、コミュニティにおける原初的な紐帯の衰退であり、それが犯罪や子どもの教育への悪影響をもたらしていることである。その問題解決のためには、残存する紐帯を擁護するとともに、原初的な社会構造を「意図的に構築された」組織におきかえていく方策が必要である。その有効な方策のためには、何らかの誘因が仕込まれなければならない。社会関係資本が、閉鎖性に促進されて人的資本形成を促進するという図式の強調には、そうしたねらいがある。その意味では、ブルデューよりはパットナムとの共通点を指摘すべきであろう。

4　ボランタリー・アソシエーションの活性剤——パットナム

市民社会の基礎

R・D・パットナムによる社会関係資本の定義は次のようである（Putnam 2000：19［訳 14］）。

〈社会関係資本（パットナムの定義）〉　社会関係資本が指し示しているのは社会的ネットワーク、およびそこから生じる互酬性の規範と信頼である。

ここには資本概念としての必然性はほとんどなく、むしろ市民社会のインフラストラクチュア（経済学でいういわゆる社会資本）に近い意味あいをもつ。パットナム自身、社会関係資本は私財であると同時に公共財でありうる、と述べている。社会関係資本への投資から得られる利益は、投資者が獲得できるリターンもあるが、大部分は公共財として不特定他者の手に渡る、というのである。ボランタリー・アソシエーションの活性化を主題とするパットナムにとっては、社会関係資本はこうした公共財的性質をもつがゆえにこそ、価値があるともいえるだろう(3)。彼が例にひくロータリーやライオンズなどの奉仕クラブでいえば、それらは会員に対して親交とビジネス上のつながりを提供して報いる一方で、奨学金や疾病対策募金等による公共財的性格の強い財源構築を通して幅広く地域に貢献している。

公共財構築に対する協力という課題からして、パットナムは社会関係資本の試金石として一般化された互酬性 generalized reciprocity の規範に留意する（Putnam 1993：172［訳 213-214］, 2000：135［訳 156］）。互酬性は通常はダイアド的に特定的である。つまり、あなたがそれをしてくれたら、私もこれをしてあげる、という形をとる。しかし、誰に役立つのかを特定できない公共財の構築に対して貢献を引き出すために、より価値があるのは、不特定の第三者に拡張される互酬性である。つまり、あなたから何か特定の見返りを期待せずに、これをしてあげよう。きっと、巡り巡って、他の誰かがいつか私に何かしてくれると確信するから。このような「情けは人のためならず」の信念に支えられた互酬性である。もちろんこれが信念にとどまるならば愛他主義との区別は難しく、もろく広がりにくいものになる。実は、アメリカ民主主義を長期に支えてきたのは、この信念がリアリティをもつことによって「正しく理解された自己利益」（トクヴィル）としての一般化された互酬性なのである。

信頼は、経済的交換では取引コストを削減する効果をもつが、それと類推的にいえば、さまざまな日常的所作のコストを削減する。一般には密度の高いネットワークがあれば、一般化された互酬性のリアリティが担保されて規範が効果的に働き、一方では評判などを介して信頼が醸成されやすい。しかしながらここでも重要なのは、親しく知っている人びとの間での「厚い信頼」ではなく、匿名の他者に対する「薄い信頼」である。山岸俊男は前者をコミットメント、後者を一般的信頼と称して、信頼の解き放ち理論を展開した（山岸 1998）。コミットメント関係への埋没は既得権益の確保には有効だが、大きな機会費用をともなう。逆に、コミットメント関係の外側にあるさまざまな機会を逃さずとらえるためには、一般的信頼がなければならないというのである（山岸の議論は次章でやや詳しくみる）。パットナムの文脈に戻せば、一般的信頼が重要なのは、ボランタリー・アソシエーションの特定グループを越えた広がりや、アソシエーションやエージェント間の連携を促すために、ということになるだろう。

結束型と橋渡し型

もちろん、密なネットワークをもち、一般的互酬性の規範と信頼が醸成された人びとの集まりが、常に正の公共財を生み出すわけではない。マフィアやテロリスト集団のように、その人たちの活動が、ネットワーク外部の人びとに負の外部効果をもつ場合がある。資本が善人悪人を選ばないのと同様に、社会関係資本は悪意をもった反社会的な目的にも使用できる。パットナムはこの点に注意を喚起しているが、基本的には正の公共財の可能性を追求する立場である。

パットナムは、そのときに留意すべき社会関係資本の形式をコンパクトに整理している（Putnam 2000：22-23［訳 19-21］）。

（1）　結束 bonding 型

内向きの志向をもち、排他的なアイデンティティと同質的な集団構成を強める形態。特定の互酬性を安定させ、連帯を動かしていくために効果的である。ただし、内集団への強い忠誠心が外集団への敵意（負の外部性）を生み出す可能性がある。

（2）　橋渡し bridging 型

外向きの志向をもち、さまざまな社会的亀裂をまたいで人びとを包含する形態。外部資源との連繋や、情報伝播において効果的である。より広いアイデンティティや、互酬性を生み出す可能性もある。

たいていの集団は、何らかの社会的次元で結束し、そして同時に橋渡しを行っている。したがって、そのどちらか一方に社会ネットワークの形態が類別されるようなカテゴリーではない。かといって互いに代替可能なものでもない。この社会関係資本の二側面の調整問題は、社会関係資本研究の中心的な理論的課題として次章でも論じる。

5　いくつかの概念的難点と特徴

ドナーの動機

コールマン＝パットナム的な概念のもつ問題について多くの議論があるが、ここではA・ポーツを中心にいくつかの要点を整理しておく（Portes 1998）。まず、概念的な混乱に関する留意点として、異なる社会構造におけるメンバシップを通して得られる資源そのものと、それらの資源を獲得する能力を区別すべきだとする論点がある。その主たる理由は、この両者を同一視することで議論がトートロジーに陥る危険性である（Sobel 2002）。コールマンは機能の観点をもちこむことで、パットナムは公共財的側面に着目することで、トートロジカルな議論形式を回避しようとした。しかし、社会ネットワークのある特性が、研究者によっては資源として扱われたり、あるいは投資によるその付加価値（資本）として扱われたりといった混乱は確かにあり、実証レベルでも、測定されているのが資源なのか社会関係資本なのかが混然としている場合がある。すでにみたように、もともと資本概念がトートロジカルな論理形式を内包するので、この問題を完全に解決することはできまいが、それだけに一層の配慮が必要である。

ただし、ここでより重要だと思われる論点は、資源をコントロールする能力に着目するとき、受領者の動機と提供者（ドナー）の動機を区別すべきだというポーツの指摘である。先の資源と獲得能力の区別とあわせてより一般的にいえば、以下の三要素の区別である。

（1）　社会関係資本の所有者（要求をだす人びと）
（2）　社会関係資本の資源（その要請に応じる人びと）
（3）　資源そのもの

とりわけ提供者の動機は理解しにくく、しかも社会関係資本の要である。なぜ提供者は、即座の見返りなしに、他者のために利用可能な資源を提供したり、そのために生じる機会費用を負担したりするのであろうか。パットナムは一般化された互酬性を持ち出すわけだが、果たしてそれだけで説明できるものであろうか。もちろん、これ自体が社会関係資本の研究課題となるのであるが、そこで考慮すべき要因について、もう少しポーツの議論を参照しておこう。彼によればその動機は当為的なものと、手段的なものに区別できる。当為的な動機としては、次のようなものがある。

（1）幼児期の価値投入：借金を返したり、交通ルールを守ったり、そうするのが当たり前と感じること。そうした行動を導くように幼児期から内面化された（あるいは習得された）規範。

（2）限定的な連帯：普遍的ではなく、同じコミュニティの内部に対してのみ示される利他的な性向。ある種の運命の共有から創出される連帯感（マルクスの階級連帯）や、コミュニティ内部の賞賛によって増幅される熱狂（Coleman 1988b）。

一方、手段的な動機としては、次のようなものがある。

（3）互酬的交換：十分な見返りを期待できるからこそ、提供者は資源へのアクセス要求に応じる。そうした期待をうみだす互酬性の規範と、それに照らした義務の累積。ただし経済交換と異なり、返済は別の形でなされうるし、いつ返済されるかも不確実でありうる。

（4）履行力のある信頼：コミュニティの統合力（デュルケム的には集合意識）とサンクション行使力、それに裏打ちされた信頼。

このように提供者の動機は、それ自体が社会関係資本の重要要素でありながら、一方で社会関係資本の構成要素として議論される規範、連帯、互酬性、信頼といった要因に規定される。規定関係というよりは、同じ社会的プロセスが別の表れ方をする（あるいは研究者によって別様に概念化される）、そうした相互的関係として考える方がよさそうである。そしておそらくは、その同じ社会的プロセスこそが、われわれが社会関係資本の蓄積プロセスとして切り出そうとしているものに他ならない。

ダークサイド

さて、すでに触れたように、結束型の社会関係資本に対してはポーツをはじめ多くの研究者が、その負（陰）の側面に注意を喚起している。[(4)] 密なネットワークが内輪主義やえこひいきとも関連し、必ずしも良い効果をもたらさないという指摘は、比較的早くからみられる（Kolankiewicz 1996）。M・ウルコック（Woolcock 1998）は、どんな形態の社会関係資本も同時に利益性と不利益性を併せもち、しかも、両側面のバランスはコンテクストごとに異なるという。例えばJ・デフィリップスは、職探しのように機会が限られている場合を想定して次のように言う（DeFilippis 2001）。そのような場合に皆がつながったネットワークから皆が等しく利益をあげることはあり得ない。そのとき誰かが職を得て、その利益を再分配することはできる。しかし仮にそうする場合、そのネットワークは自由に拡大することを止めざるを得ず、市場経済においてそれは寡占を生むのではないか、と。

一般的にまとめると、以下のことが社会関係資本の負の側面として指摘されている（Portes 1998：金光 2003：Chap.9）。

（1）外部者の排除：民族集団による職業の閉鎖性など

（2）個人の自由の制限：PTAによる安全の名の下の監視など

（3）集団成員の過度の要求：中国拡大家族の多大な相互援助など

（4）下方平準規範 downward leveling norms：集団外部のマジョリティへの反発・敵対によって集団内の連帯が強化される場合に、「上昇」志向により集団から抜け出そうとする成員を押しとどめる「下方」志向の規範が存在すること。

そもそも内的結合と外的敵対の相互強化は、ジンメルに遡る古典命題であり、その後もH・タジフェル（Tajfel 1972, 1978）が提唱した社会的カテゴリー化論に触発されて展開した社会的アイデンティティ理論が、包括的に検証を重ねてきたところである。(5)「集団は、その成員に肯定的なアイデンティティを提供するため、他の集団から区別され肯定的に価値づけられる特徴をもつ」（Hogg and Abrams 1988：X［訳□］）。内集団の凝集性を高めるまさにこの結束型社会関係資本の蓄積過程が、同時に集団間の差別を醸成することになる。このように社会関係資本に負の側面があることは自明のことであり、むしろ社会関係資本は良いもの、常に双方共勝ちをもたらすという先見（DeFilippis 2001：Sobel 2002）を介入させやすい議論構成の問題に留意する必要があるのだろう。

他方、社会関係資本には概してメリットと考えられるいくつかの特徴がある。E・オストロム（Ostrom 2000）やJ・ソベル（Sobel 2002）が言うには、物理的資本は一定期間の使用の後に消耗するので補填する必要があるのに対して、社会関係資本はその使用とともに価値が増す、つまり、将来的に使用可能なストックが形成される（むしろ使わなければ価値が衰退する）という特徴をもつ。類推的には、未開社会の贈与交換が生み出す社会秩序の事例が示唆的であろう。また、公共財の生成に関わる集合行動に関心をもつオストロム（Ostrom 2000）は、諸集団は、共有物を制御するためのもろい方法を提供する制度にあえてコミットすることがある事実を指摘する。そして、この能力にこそ社会関係資本が示唆されているという。すでに言及したコールマンの転用可能な社会組織も、やはり諸刃の刃的なところはあるにせよ、ここでメリットとして再度指摘しておくべき特徴であろう。

6　測定概念としての社会関係資本

社会関係資本の概念が広く流布した理由の一つに、その計測性がある。それは、とりわけ経済開発や政治改革に関わる実践的な領域において、人間関係や人びとのまとまりのように留意されながらもあいまいに扱われていた社会構造の、どこに着目して何を測定すればよいかを、実証的に議論する土台を提供した。一見して事業目的とは無関係な社会構造に投資したり補助金をつぎ込んだりするには、それなりの合理的説明が求められるが、その際に社会関係資本の計測性および経済資本への転換可能性は強い説得材料になる。開発支援に際して世界銀行がこの概念に着目した所以であろう[(6)]。同時にまた、社会関係資本の測定方法は、この概念がもつ多義性を反映してさまざま工夫されている。その意味でも計測概念として本概念を吟味しておく意味はある。

集計的計測　R・D・パットナムは、合衆国における社会関係資本の衰退とその影響を、州単位のクロスセクショナルな比較分析によって示した（Putnam 2000）。経年的データの制約等もあってさまざまな角度から測定を試みているが、彼が最終的に提示する総合的指標は**表3-2**に示すような項目から構成される。そしてこの総合指標を用いて、他の州レベル指標（教育と児童福祉，近隣の安全，経済繁栄，健康と幸福感，民主主義的態度）との関係から、社会関係資本衰退の影響結果を吟味している。

日本でも同様のアプローチがいくつか試みられている（内閣府国民生活局 2003；山内・伊吹 2005；農村

表３-２　総合社会関係資本指数の構成項目

項　　目	指数との相関
コミュニティ組織生活の指標	
前年に地域組織の委員を務める（%）	0.88
前年に何らかのクラブや組織の役員を務める（%）	0.83
人口 1000 人当たりの市民・社会組織	0.78
前年のクラブ会合出席の平均回数	0.78
グループ所属の平均数	0.74
公的問題への参加の指標	
大統領選挙での投票率（1988 年および 1992 年）	0.84
前年に地域や学校に関する公的会合に出席（%）	0.77
コミュニティボランティア活動の指標	
人口 1000 人当たりの非営利組織数	0.82
前年のコミュニティ事業への平均参加回数	0.65
前年のボランティアへの平均参加回数	0.66
インフォーマルな社交性の指標	
「友人を訪ねるのに多くの時間を使う」賛意	0.73
前年の家庭における歓待の平均回数	0.67
社会的信頼の指標	
「大半の人は信頼できる」賛意	0.92
「大半の人は正直である」賛意	0.84

（出所）Putnam（2000：291［訳 357］）より。

におけるソーシャル・キャピタル研究会 2007）。その端緒として注目された内閣府国民生活局（2003）の分析をみると、社会関係資本の総合指標は、つきあい（近隣・友人・親戚・趣味）、信頼（一般的信頼、近隣・友人・親戚に対する個別的信頼）、社会参加（地域活動参加、ボランティア等行動率、一人あたり共同募金額）の合成得点が用いられている。項目のほとんどは個人調査の集計値で、共同募金額のみが各都道府県総額の人口割りによる社会統計である。

　集計値効果としての社会関係資本の分析は、その後もマルチレベル回帰分析の導入によって生態学的相関の問題を排したより少ない推定バイアスのもとで検証できるようになったこともあって、世界的に盛んに研究蓄積が進んでいる。

しかし、より大きな問題はテクニカルなことよりも、やはり測定妥当性であろう。社会学ではかなり以前にR・C・エンジェルが、パットナムとまさに同じようなフレームワークで都市社会の統合を計測し、比較分析する試みを展開した（Angell 1951）。この研究がうまく進展しなかった理由は、もともとの社会統合概念のあいまいさはもちろんだが、それ以上に、バックグラウンドとしてアーバニズム論さらにはデュルケムをおきつつ、理論的にそれを越えることができなかったことにある。一つの論点は、前述した構造と解体の矛盾関係に計測レベルから迫っていくような理論的スタンスが欠落していたことであろう。一般的に、抽象的に語られてきた概念を測定概念に落とし込むことの意義は疑いなくあるのだけれども、そこから概念の明確化のような理論的成果が得られなければ、測定の妥当性があやふやなまま、単に測定の工夫で終わってしまう。これと同じ道を社会関係資本の測定論議が歩んでいる危険は否定できない。

測定妥当性

もっとも、社会関係資本は社会統合ほどに茫漠とした概念ではなく、実際は社会ネットワーク、一般的信頼、一般化された互酬性の規範など比較的に計測しやすい中範囲概念に分解される（だからこそ測定論が盛り上がるのであるが）。しかし、本書が力点をおく社会ネットワークに限ってみても、2章で議論したように、社会調査に乗りやすいエゴセントリック・ネットワークと、社会関係資本が本来的に位置づけられるソシオセントリック・ネットワークとの間には、簡単には乗り越えがたい溝がある。社会関係資本は何よりもソシオセントリック・ネットワークのメカニズムに関わるので、この溝を越える工夫が不可欠である。

その溝は一般には、結束型に比べて橋渡し型の社会関係資本の方が大きい、と考えるべきだろう。橋渡し型社会関係資本を個人調査にもとづいて集計的に測定するとき、一つの切り口とされてきたのは、個人の団体所属から逆にみてとれる諸団体のメンバシップの異質性である（Stolle and Rochon 1998 : Coffé and Geys 2007）。メンバシップが性別、年齢、エスニシティなどの社会的カテゴリーに照らして、どれくらい多様性を容認しているかということである。もちろんこれは、本来は団体調査の形をとるべきものであって、個人調査では大雑把に団体種別で所属を確認することしかできない。それでも、種別に異質性の高低を比較することはできる。この計測概念のもとでは、異質性が高い団体はまさにそのメンバシップを通してより多くの社会的カテゴリーを交差させる、その意味で橋渡し型社会関係資本であると想定される。

これは興味深いアプローチなのだが、注意しなければならないのは、このやり方で測定できるのは団体ネットワークにおけるブリッジではないということである。つまりこの計測は、諸団体の結束と相互の橋渡しが研究目的である場合には妥当性をもたない。ここで妥当な問いは、例えば次のようなことである。あるいくつかの社会的カテゴリーが当該社会の分断線を構成しているときに、それらの分断線を越えて協同行為を促進するために、どういう種類の団体活動を活発化させる（すなわち社会関係資本に投資する）のが得策か。つまり、そこで問題になるネットワークは、団体ではなく社会的カテゴリーを要素とするネットワークなのである。このように、仮に各要素に分解して測定するにしても、概念的な妥当性の問題はつねについて回る。

社会学では、個人を対象とした通常的な計量的社会調査で社会関係資本を測定することが多く、また、そのための計測概念がいくつか考案されてきた（Van der Gaag, 2005）。

個人的計測
――名前想起法

エゴセントリック・ネットワークへの着目とともに比較的早くから使用されてきた計測概念は、名前想起法 name generator（Burt 1984）である。この方法では、近隣や仕事仲間など特定の間柄にある数名の知人を具体的に挙げてもらい、それぞれ接触の内容、親しさの程度などを聞く。さらにそのリストにもとづき、それぞれの年齢、性別、学歴、職業などの属性、また、知人同士の関係を聞く。

先駆的なE・O・ローマンのデトロイト調査（Laumann 1973）では、このやり方で三人の近親者情報が収集された。B・ウェルマンのイースト・ヨーク調査（Wellman 1979）もこの手法で、同居人以外の親しい人を六人挙げてもらい、彼ら相互のつきあいも聞いている。C・S・フィッシャーの北カリフォルニア・コミュニティ調査（Fischer 1982）では、八種類のイベントについて、それぞれ援助してくれそうな人全員を挙げてもらい、その属性、間柄、接触頻度などを聞いている。一九八五年ＧＳＳ調査（General Social Survey）で初めてパーソナル・ネットワークの質問が組み入れられたときも（Marsden 1987）、半年の間に重要な事柄について相談した人を全員（同居人を含めて）挙げてもらっている。K・E・キャンベルらのナッシュビル調査（Campbell and Lee 1991）は、街区抽出でインタビューし、近隣の地図を描いてもらって、名前を知っている近隣、よく立ち話をする人、家を訪問し合う人などをリストアップしてもらうユニークな方法であった。

これらは名前想起法としては共通でも、エゴセントリック・ネットワーク内のどの人びとの情報を引き出すかという制限のおき方が異なる。とくに関係の条件をどう設定するか、つまり、サポートのような接触の内容で制限するか、あるいは親しさの程度、または地理的な範囲で制限するかなどについて、かなり差異がある。もとよりこの方法は、近親者や地理的に近い人が挙げられやすいというバイアスをもつが、その親しさの条件を強めたり、また、接触の仕方や時間枠を制限したりすることは、抽出されるネットワークの規模に直接影響する。一般にネットワーク規模が大きくなると、属性の異質性が高まりやすい。ただしK・E・キャンベルらの分析（Campbell and Lee 1991）では、年齢と教育の異質性は高まるが、性別と人種構成の異質性は安定しているという。いずれにせよ、方法の類似性とともに、こうした差異に留意しておくことは重要である。

個人的計測
――地位想起法

今日、個人レベルの計測の主流は、N・リンらが社会的資源論のなかで提唱した地位想起法 position generator である（Lin and Dumin 1986）。これは、当該の社会で顕著な地位、つまり職業、仕事単位、階級などに関する地位のサンプルをいくつか示し、そのリストの地位に該当する知人がいるかどうか、いる場合はどんな間柄で、どんな属性の人か、といったことを聞くやり方である。リンらは具体的には、回答者に二〇種類の職業を示し、そのなかに親戚、名前で呼び合うような友人ないし知人で該当する人を挙げてもらっている。ここで想定されているマクロ水準の概念は社会的資源の分布であり、ランダムに選ばれる職業地位はそのサンプル指標である。したがって、ある職業地位の人に知人をもつことは、その職業地位が一般的に指標する社会的資源へのアクセスを示す。もちろん、このアクセスは潜在的なもので、実際には有効に使用できないかもしれないので、別にそのアクセスの実際的使用に関する質問をおくことが多い。

リン（Lin 2001a）は地位想起法を前提にして、アクセス可能な資源特性を捉えるために次の三つの指

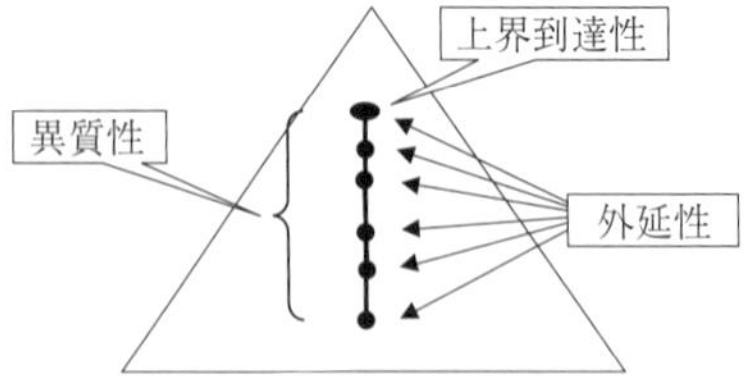

図3－3　社会的資源の分布特性

（出所）Lin（2001a：62［訳 80］）に著者が加筆。

標を提案している（図3-3を参照）。

（1）上界到達性 upper reachability：紐帯によってアクセスできる最高の資源（最高位の地位によって示される）。

（2）異質性 heterogeneity：紐帯によってアクセスできる資源の種類（水準の異なる地位によって示される）。

（3）外延性 extensity：紐帯によるアクセス機会の大きさ（紐帯の数）。

地位達成研究における検証をみると、リンら（Lin and Dumin 1986）は上界到達性と異質性が回答者の現職に一定の効果をもつことを示している。上界到達性の同様な効果は、旧東ドイツにおいても回顧パネル調査データにもとづき確認されている（Völker and Flap 1999）。B・エリクソンは、異質性が回答者の職業や資産に影響することを確認しつつ、そこに文化資本などが媒介する可能性を示している（Erickson, 1996）。

このように、これらの指標は地位達成研究においては有効性をもつとしても、社会関係資本との関係についてはやや慎重な議論を要する。そもそも社会的資源それ自体を社会関係資本と同一視することはできないけれども、リン（Lin 2001a）が示唆するように、他者が保有する資源へのアクセスという点では、個人からみた社会関係資本の重要なプロセスに関わるということはできるだろう。しかし、通常の地位想起法では、問題の他者と回答者自身の、両者を含むネットワークにおける全体的な位置関係まではわからない。その他者は、回答者と同じクリークに属するかもしれない。その場合、そうしたアクセス自体が結束型社会関係資本の蓄積を促進する役割を果たしている可能性がある。あるいはその他者は、回答者が所属しない別のクリークに属するのかもしれない。その場合、彼らの間の紐帯はブリッジを構成して、橋渡し型社会関係資本の蓄積に貢献している可能性がある。あるいはまた、例えば階級概念が社会関係資本の蓄積に関しても有効だと目される社会であれば、回答者と当該他者の職業同類性から階級地位の異同を判別して、両者の紐帯が異なる階級グループにおける社会関係資本蓄積への参入回路たり得るかを分析的に吟味することができるかもしれない。

リンら（Lin and Erickson 2008）は社会関係資本研究における地位想起法の一般的な優位性を確認しているが、先に議論したような測定の妥当性の問題は、やはりここでも重要である。地位想起法にもとづいて、地位達成研究のフレームワークを越えて社会関係資本の蓄積プロセスにアプローチするには、さらに測定ないし分析の工夫が必要なのである。もちろん、この問題は名前想起法においても同様に考慮しなければならない。

個人的計測
——資源想起法

個人レベルの計測として社会学に定着しているものには、上記の二つ以外にも、T・スナイダースらが提唱した資源想起法 resource generator がある（Snijders 1999 : Van Der Gaag and Snijders 2005）。これは、金銭、情報、助言、相談などいく種類かの資源を設定し、それらへのアクセスの有無を聞くやり方で、具体的には三七種類の資源アクセスが細かく設定されている。そのため、紐帯の種類は聞いても、アクセス先の名前までは聞いていない。なぜならスナイダースらは、生活の諸領域において必要なさまざまな資源を社会的紐帯によって調達するための潜在的な回路が一本でもあるか否かが重要だと考えるからである。すなわち、彼らの問題関心は、どの生活領域が人びとの目標達成にとって潜在的に重要なのかを分析することにあるのであって、リンがこだわってきた地位達成はその一つにすぎない。ただし、資源調達力を特徴づける指標はリンのものをほぼそのまま使っている。すなわち、資源のヒエラルヒー的評価にもとづき、以下の三つを提案する。

（1）量 volume：より多くの資源へのアクセスをもつこと。

（2）多様性 diversity：より多様な資源へのアクセスをもつこと。

（3）上方到達性 high upward reach：より評価の高い上位資源へのアクセスをもつこと。

スナイダースらは直裁的に、社会関係資本を潜在的に利用可能なネットワーク構成員がもつ諸資源の集まりと考えており、この考え方にもとづけば、資源を軸にしているだけに測定の妥当性は地位想起法よりもうまく確保されているようにみえる。しかし、地位想起法と違って全体社会の地位システムのような観点がないため、計測概念として社会関係資本の蓄積に関わるマクロな構造に言及することが難しい。やはり、概念規定を含めて、この考えをそのまま受け入れることはできないであろう。

以上三つの方法は互いに排他的であるわけではなく、実際には多かれ少なかれ混合して使用されている。さらにわれわれは第5章で、関係基盤に着目した社会関係資本の計測概念を導入する。これは上記のなかでは資源想起法にもっとも近いが、それにしても混合は工夫次第である。重要なことは何度も述べた測定の妥当性であり、パーソナル・ネットワークとして捉えられる個々の紐帯から社会関係資本の何をみようとするかを、つねに問いかけなければならない。

これまで何度か言及したように、本書では社会関係資本の蓄積プロセスを分析ターゲットにおくことで、この概念の多義性を引き受けながらその分析価値を高めようとしている。個々の紐帯は資本蓄積プロセスをのぞき見るための個人レベルの手掛かりにすぎない。ここではこのことを改めて確認し、次章において、その手掛かりを生かして社会関係資本の蓄積プロセスに迫るための分析枠組みの問題を論じよう。その前に本書における社会関係資本の概念定義を確認しておかねばならない。

7　本書での定義

これまでいくつかの側面から社会関係資本の概念的輪郭を定めてきたが、結局のところ、どこに定義を求めるのがよいのだろうか。本書の基本的スタンスは、すでに膨大な研究蓄積を生んでいる本概念の意義を、社会学理論の構築のために、最大限に引き出すことである。ある意味で元も子もない言い方だが、そのためには、本概念があくまで比喩的概念でしかないこと、そして、それがゆえに本概念がもつ多義性を引き受けるべきであろう。すなわち社会関係資本は、人びとの関係やそのネットワーク、規範、信頼などから成る社会構造が、資本のような働きをする側面をもつ、まさにその側面にスポットライトを当てる比喩的概念である。とはいえ、それは労働力のなかに資本的要素を比喩的に定めた人的資本の概念と同様に、一定の実在性をもっている。したがって計測性があり、何らかの指標測定にもとづいて実証的な推論が可能である。けれども、おそらく最後まで、われわれは資本蓄積プロセスそれ自体を直接観察することはできない。

ここで再び本書の基本的スタンスをいえば、だからこそ、社会関係資本には理論的価値がある。研究対象として直接的に観察不能であることは、決して本概念の無効さを意味しない。重力の働きは、直接観察できなくても、確かにある法則性をもって働いていることを確認できる。同じように、観察不能な社会的プロセスに対しても、理論的推論を用いてアプローチすることはできるのである(7)。科学の発展は、もちろん実証性に裏づけられてはいるけれども、基本的にはそうした理論的推論における新たな着想や一般化をコアとしている。社会関係資本はその意味で、集団やネットワークに関して解明されてきたさまざまな社会的プロセスをとりつなぐ、より一般的な社会的プロセスに関して、新たな発見をもたらすことが期待される。社会関係資本は、第1～2章でみたような多様な研究系譜と論点を包括しながら、一方では資本の比喩として限定性をもっている。逆に言えば、関係・集団学としての社会学のなかから、この比喩に関わる論点を切り取って統合する、そのようなポテンシャリティをもっているのである。

それゆえ肝心なことは、社会関係資本の蓄積プロセスに関してどのような理論的推論をもって研究に臨むかを明示することである。社会関係資本の研究は、そうした理論的推論の競合を推進力として進められることが望まれる。次章では、そうした理論的推論の展開に際して留意すべきことを、従来の社会関係資本研究からいくつか確認していく。とはいえ、概念自体を無定義で話を進めることはできまい。そこでここでは、主としてコールマン（Coleman 1990）に依拠した次の定義を与えておく。

〈社会関係資本　本書の定義〉　社会関係資本とは、行為者に収益を生みだすようなすべての社会構造資源である。

注

（1）ちなみに商業用語としては、資本は企業の資産総額を指す。これには有形固定資産としての資本財、および無形固定資産も含む。
（2）Closure については、グラフ論では閉包という訳が定着しているが、密なネットワークのように密度の程度問題として議論されることもあるため、あえて閉鎖性とした。同じ訳は金光淳も採用している（金光 2003）。
（3）パットナムの主題をより一般的にいえば市民社会の成熟条件の探求である。もともと彼が社会関係資本に着目したのは、イタリア北部と南部の民主主義の機能性や政治参加の差違を、中世のコムーネ共和主義やギルドに遡る歴史的経緯から説明しようとする研究においてであった（Putnam 1993）。その意味で、ボランタリー・アソシエーションの主題化はアメリカ的（トクヴィル的）文脈を前提とする。
（4）パットナム（Putnam 2000）自身が 'dark side' と称して注意を喚起しているものの、議論全体のなかでの位置づけの弱さは否めない。
（5）その後、J・C・ターナーが自己カテゴリー化理論 self categorization theory として、より包括的な枠組みを整備した（Turner et al. 1987）。この一連の議論は、本書最後のシンボルによる連帯の高次化の議論と再びリンクするであろう。
（6）国際銀行が蓄積してきた測定法が Grootaert et al.（2004）にまとめられている。
（7）理論構築におけるこのような理論的推論の位置づけに関する議論としては、拙稿（三隅 2005b）も参照されたい。そこで論じているように、この理論的推論に照らしていえば、いわゆる量的データか質的データかによる経験的推論の違いも相対化される。第6章の実証的展開ではこの点にも留意する。

第4章　社会関係資本の理論的アジェンダ

社会関係資本の概念を社会学理論の鍵概念として整えるには、その資本蓄積プロセスに焦点をおき、それに関わるメカニズムを解明していくことが重要である。これまでの議論でも示唆してきたように、社会関係資本は実のところ、そうした解明課題それ自体にさほど新しい論点を付加するものではない。一見して新しい論点に見えても、よくよく考えれば社会学がこれまでずっと議論してきたことのいいかえに過ぎないことが、少なくない。しかし、それは一定の目的のもとでは意義のあることである。つまり、これまでばらばらに議論されていた諸課題を統一概念のもとに統合するという目的に照らして、社会関係資本の概念は第一義的な価値をもつ。これまでそうした統合は、むしろ開発援助や政治的ガバナンスのような実践的な領域を中心に進んできた。もちろん学問的な統合の動きもあるが、それも一気に学際的な対話に飛躍し、社会学内部での理論的統合がすっぽり抜け落ちてきたのである。本章はその穴を埋めていくための足がかりとすべきアジェンダを示す。

1　社会関係資本による階層研究の展開——資源分配の仕組みとして

前章でみたように社会関係資本の蓄積プロセスはさまざまな社会的資源の活用と資本形態の転換をともなうが、それは基本的には資源分配過程の一環である。このプロセスは、社会学では社会階層として概念化されてきた。したがって、大枠的に社会階層と社会関係資本の関係を捉えることは重要な理論的アジェンダである。実際、社会学における社会関係資本の実証的展開は、社会階層研究を主たる場としてきた。ただし、そこで発展の礎となったのは前述したP・ブルデューの階級論ではなかった。ブルデューの議論は文化資本とライフスタイルに着目した実証的展開をもたらしたが、理論的には補強的位置づけにある社会関係資本がそこにおいて全面にでることはなかった。社会関係資本による実証的階層研究を主導したのは、比較的早くから地位達成に関わる社会関係資本の観点を先取りするような研究を、社会的資源論 social resource theory の形で展開していた、N・リンである（Lin 1999）。

地位達成図式の拡充

リンによれば、社会的資源論の着眼は、戦略的なネットワーク位置や、重要な組織的地位にある社会的紐帯を通して到達できる資源である（Lin 2001a：24-25［訳 31-32］）。定義としていえば、社会的資源とは、ある行為目的のために行為者によってアクセスされ使用される、社会ネットワークに埋め込まれた他者の諸資源である。少なくとも実証研究における操作的定義の水準では、この定義はほぼそのまま社会関係資本に適用される。もちろん、ただ概念のネーミングを変えただけのことではなく、それにともなって全体的な地位達成研究枠組みの一般化が試みられている。すなわち、出身階層による制約に焦点がおかれる階層的課題を含みつつも、より一般的に、精神的充足までも達成目標に加えた生活機会論の図式への展開が示唆されている（Lin 2001a：Chap.13）[1]。

この図式は、地位達成研究以外のさまざまな主題を多分野にわたって関連づけるには都合がよく、現にそうした利点を生かした研究展開もなされている（Lin and Erickson 2008）。ただし、留意しなければならないが、こうした図式の拡張によってただちに社会関係資本による階層研究の理論的可能性が拡大するわけではない。実は本書第6章において、これに類した図式の拡張を取り入れるが、そこでは、後に述べる「埋め込まれ」の議論にもとづいて社会階層と社会構造の関係を問う、という理論的目的をおく。このように、階層研究に社会関係資本をより有効に位置づけるには地位達成図式の拡充が必要だと考えられるが、それは多かれ少なかれ階層研究との位置関係に修正を迫るものである。こうした点も考慮しつつ、ひとまず従来的な地位達成アプローチに則してリンの論点を整理しよう（三隅 2009b：718）。

アクセスの階層性

分析のポイントは三つある。第一は、高地位の仲介者へのアクセスに対する出身階層の制約である。リンは、いくつかの調査結果（Lin et al. 1981a；Lin and Dumin, 1986）をもとに、出身階層が恵まれている人ほどより質の高い社会関係資本にアクセスしやすい、という仮説命題を提示した。そのうち、一九七五年に合衆国ニューヨーク州のアルバニー市で実施された調査データ（二〇～六四歳の男性三九九人）にもとづく分析結果をみておこう（Lin et al. 1981a）。この調査では、初職と最後職の入職時にどういうチャンネルを有効に使ったかを〔個人的仲介，直接応募，制度的チャンネル〕について聞いている。社会的資源は仲介者の職業地位で測定している。

表4-1　初職達成のパス解析（アルバニー調査）

説明／被説明	父教育	父職	本人教育	仲介者地位	R^2
基本モデル					
教育	.382	.320			.41
初職	---	.279	.441		.41
仲介者を付加					
教育	.382	.320			.41
仲介者地位	---	.304	.338		.32
初職	---	---	.301	.414	.53

（注）数値はパス係数。---は非有意。
（出所）Lin et al.（1981a：1173）より。

表4-1は、初職を被説明変数としたパス解析の結果を示している。これをみると、仲介者地位を考慮することによりモデルの決定係数（R^2）は53%に増加し、仲介者地位のパス係数も0.414と大きい。これは次に述べる仲介者効果に関するリンの仮説の根拠になるのだが、ここでむしろ留意すべきなのは、仲介者地位の分散の32%は父教育、父職、本人教育で説明されることである。表には明記されていないが、そのうち本人教育に帰する効果は5%にとどまるので、27%が父教育と父職で説明されることになる。この結果は、労働力参入時に使われる社会的資源は、使用者の出身階層に強く影響されることを示しており、先の仮説を支持する。

この調査は年代が古くアメリカの一都市に関するものなので、二〇〇五年SSM日本調査のデータを用いて改めて吟味しておく。[2] 二〇〇五年SSM調査では、現職の入職経路（現在の従業先にどのようにして就職したか）の質問に付随して、そこで家族・親戚・友人等の紹介を使用した場合は、その人の職業をあらかじめ提示された選択肢のなかから答えてもらっている。前章で述べた測定法に関して確認すると、限定的に資源想起法と地位想起法を組み合

表4-2　現職入職の仲介者が管理・役員・専門職であることに対するロジスティック回帰分析（2005年SSM日本調査）

説明変数	B	有意水準	Exp(*B*)	備考
年齢	.006	.353	1.006	N=990（現職入職で家族・
性別（男性＝1）	.359	.019	1.431	親戚・友人等の個人的仲介
父主職威信スコア	.027	.003	1.027	を使用した有効数．内276
初職威信スコア	.048	.000	1.049	人が管理・役員・専門職の
学歴（4分類）	.334	.000	1.397	仲介を使用.）
定数	-5.790	.000	.003	－2対数尤度＝1078.89
				Cox & Snell R^2＝.090

わせた質問である。**表4-2**は、その職業が〔議員，企業・役所の役職者，専門職・教員〕であるかどうか（そうであれば1、そうでなければ0）を被説明変数とする、二項ロジスティック回帰分析の結果を示している。小林盾が示唆するように本人学歴の効果が大きいのだが（小林 2008）、それでも、父親の主たる職業の威信スコア、すなわち出身階層が、有意な効果を残存させている。この結果は先のリンの仮説を傍証する。これが初職入職であれば、その効果はより強いと推測される。

仲介者の媒介効果

第二の仮説命題は、地位達成過程で仲介者を使用することの効果に関するものである。この仮説にはさらに二つの分析側面がある。一つは、労働市場への参入に際して、職業安定所や直接応募などのフォーマルな方法ではなく、インフォーマルに仲介者を利用することが、入職先の職業威信を相対的に増加させる効果である。これについてリンは、インフォーマルな経路は社会的に弱い立場の人びと（女性、低学歴、非熟練など）に用いられやすいため、その効果は相対的に不利に表れるという（Lin 2001a：93［訳 120］）。

わが国の最近の研究をみてもこの点は同じである。入職チャンネルとしての仲介者使用の効果は、いくつかの研究（蔡・守島 2002：石田 2003）をみる限りむしろ逆方向、すなわち、職業威信等を引き下げる方向で認められる。小林盾は、先ほどと同じ二〇〇五年ＳＳＭ調査データを用いて、対象者全員の初職と、転職者の現職についてこの効果を検討している（小林 2008）。その結果、仲介者による参入が、求人に直接応募するような直接参入と比べて、同等かそれ以下の威信増効果しかもたないことを確認している。この点は、一九九五年ＳＳＭ調査データを分析した佐藤嘉倫でも同様である（佐藤 1998）。このように、さまざまな入職チャンネルのなかで仲介者使用がもつ強みについては、結果は総じてネガティブである。(3) そのなかで石田光規は、転職におけるインフォーマルな仲介はむしろセーフティネット的な文脈においてポジティブな効果を発揮するのではないか、ということを興味深く論じている（石田 2008）。

いま一つは、より高い地位の仲介者にアクセスすること（ないしそのチャンネルをもっていること）が入職先の職業威信等を増加させる効果である。この側面についてリンは、行為の成功は社会関係資本と正の関係にあるという仮説命題を提示し、仲介者地位と達成地位との正の関連を示す調査結果をいくつか引いている（Lin 2001a）。その一つが先のアルバニー調査であり、表4-1で言及したように、仲介者地位の本人初職に対する規定力の強さがこの仮説を支持するとされる。そもそもの仲介者地位と本人地位の単純相関をみても、初職では0.648、最後職では0.679と高い。また、上層ホワイトの比率が初職については本人21.3％に対して仲介者は39.3％、最後職については本人37.1％に対して仲介者は52.2％となっており、より高い地位の仲介者に接触する一般的傾向を示している（Lin et al. 1981a：1170）。ただしこれは、達成地位が仲介者の地位水準を超えにくいことを同時に示している。

表4-3　ログリニア分析による仲介者職効果の吟味（2005年SSM日本調査）

モデル	適合度			モデル比較			
	G^2	df	p	基線	ΔG^2	Δ df	p
H1：[XY][XZ][YZ]	2.824	8	.945	---	---	---	---
H2：[XY][YZ]	4.727	12	.966	H1	1.903	4	.754
H3：[XY][XZ]	81.669	12	.000	H1	78.845	4	.000
H4：[XZ][YZ]	513.498	12	.000	H1	510.674	4	.000
H5：[X][YZ]	579.187	16	.000	H2	574.459	4	.000
H6：[Z][XY]	147.357	16	.000	H2	142.630	4	.000

（注1）X：初職，Y：現職，Z：仲介者職
（注2）初職と現職はISCO-88にもとづく「管理・専門・技術」「事務・販売・サービス」「労務・農林」の3分類。
（注3）仲介者職は「役職者・専門職」「自営・店主」「一般従業者」の3分類．もともと複数回答だが，この並びでより左側の回答を優先して択一回答に変換した．ただし変換ケースはごく少数である。

リンが整理しているように（Lin 1999）、仲介者地位の達成促進効果は、地域や政治経済体制の違いを越えてかなり普遍的にみられる。調査法や分析法の違いはあるが、ヨーロッパでは旧西ドイツとオランダについてこの仮説を支持する方向の結果が報告されており（De Graaf and Flap 1988；Wegener 1991）、旧東ドイツについても同様の報告がある（Völker and Flap 1999）。アジアでも、台湾（Hsung and Sun 1988）、シンガポール（Bian and Ang 1997）、さらに非資本主義圏の中国について（Bian 1997）、同様の結果が報告されている。ただし、これには同類結合バイアスが混入しやすいので、仲介者の純粋な地位効果を識別することは意外と難しい（Mouw 2003）。

その点で、二〇〇五年SSM調査における先の入職経路の質問は仲介者との親しさは関係ないので、実は、同類結合バイアスを免れやすい質問になっている。そこでこのデータを用いて、初職×仲介者職×現職の三重クロス集計表によるログリニア分析を行い、仲介者職×現職の独自の交互作用を吟味してみよう。**表4-3**がその結果である。

適合度および尤度比検定の結果から判断すると、モデルH2が採択される。すなわち、すべての交互作用を含むモデルH1を基線にして比較すると、[XZ]=0（モデルH2）と仮定しても問題ないが、[YZ]=0（モデルH3）と仮定すると観察値予測力が有意に落ちるので、仲介者職Z×現職Yの交互作用は無視できない効果として残る。性別を加えた分析でも、この二次の交互作用は有意であった。やや粗い職業分類による分析ではあるが、この結果は、仲介者地位の達成促進効果に関するリンの命題をわが国においても傍証する。

弱い紐帯の効果

第三の仮説命題は、紐帯の性質、とりわけ弱い紐帯 weak tie の効果に関するものである。周知のように社会学において弱い紐帯に注目を集めたのはM・S・グラノヴェターの労働市場研究であった（Granovetter 1974）。これは、合衆国マサチューセッツ州ボストン郊外で、専門職・技術職・管理職の男性、しかも過去五年内の転職経験者に限定して行われた転職調査である（個人面接一〇〇人および郵送調査一八二人）。面接サンプル中、知人を通じて職を得た五四人について当時のその知人との関係を尋ねたところ、「頻繁に会う（少なくとも週二回以上）」が16.7%、「ときどき会う（年二回以上、週二回未満）」が55.6%、「めったに会わない（年一回以下）」が27.8%という結果だった。具体的には、大学時代の古い友人や、かつての同僚や雇い主だった人等が多く、知り合った時期は（面接サンプル六六人中）二年以内30.3%、三～七年以内39.4%、八年以上前30.3%であった。なかには偶然の再会や、共通の友人がきっかけとなって紐帯が復活したケースもある。そして八割以上が、そうした弱い紐帯の仲介者ただ一人を媒介にして、転職していた。ただし高収入職の情報をもたらしたのは仕事関係のつきあいがある紐帯であった。

弱い紐帯は、身近な交際圏では入手できない異質な情報や資源へのアクセスを可能にする。とりわけその資源異質性が、より質の高い社会関係資本へのアクセスを可能にするとき、利用者にとって弱い紐帯の手段的効用が増す。このように個人の観点からみれば、弱い紐帯は社会移動の機会をもたらす重要な社会的資源なのである(4)。

N・リンらはアルバニー調査データによって、紐帯の弱さは仲介者地位を高め、間接的に達成地位を高める、という仮説を検討している（Lin et al. 1981b）。ここで「弱い」紐帯は間接知人（友人の親戚、親戚の友人等）、「強い」紐帯は直接の親戚・友人・近隣を指す。その結果、紐帯の強さは仲介者地位と負の相関を示し、なおかつ、紐帯の強さの達成地位に対する（負の）直接効果は弱いことが示された。また、前者の負相関については出身階層が高い場合、天井効果に制約されて相関が弱くなることが示された。

しかしながら、転職における弱い紐帯の効用は必ずしも結果が一貫していない。日本では渡辺深が、一九八五年にリクルート社が首都圏で実施した転職者の実態調査データを用いた分析を行っている（渡辺 1991）。留置法により収集された二〇～五四歳の男性六四八〇サンプルのうち、転職経験者は八一二人、そのうち四四三人が人的なつながりを用いている。渡辺はまず先の仮説を、［弱い紐帯→豊富な情報→望ましい転職結果］という因果関係で捉えなおす。ここで紐帯の強さは当時の仲介者との面会頻度、情報は転職先の会社情報の収集が十分だったかどうかの自己評定で測定される。そのうえで、転職の結果である現職年収、会社帰属意識、職務満足度に対して紐帯の強さが有意な正の効果をもつこと、また、情報収集度に対しても紐帯の強さは有意な正の効果をもつことを報告している。弱い紐帯の仮説とは逆に、強い紐帯が望ましい転職結果をもたらすというこの結果は、二〇〇五年ＳＳＭ調査でも石田光規が転職後の満足感に関して確認している（石田 2008）。この結果について渡辺は、わが国において強い紐帯がもつ「保険メカニズム」が転職に際しても働き、それが仲人的な保証や信頼の機能を発揮しているのではないかと考察している（渡辺 1991：12-13）(5)。

埋め込まれの論点

地位達成研究への社会関係資本の組み込みは、それによってミクロ水準における個人の社会関係資本への投資と、マクロ水準の地位達成プロセス（不平等生成メカニズム）とをリンクできるので、一見してミクロ・マクロ・リンクの試みのようにみえる。けれどもここで問われているのはあくまで個人の地位達成と、その集積である不平等生成メカニズムの社会学的事実性であって、社会関係資本それ自体のミクロ・マクロ・リンクではないのである。社会的紐帯のネットワークによって力ある人物へアクセスできることは、概念的には、社会関係資本とは区別されなければならない。仲介者の高い地位（他者がもつ資源量）は、それ自体が社会関係資本ではない。問題はある人びとに「社長さん」とのコネを生み出すネットワーク過程であって、そのために吟味すべきなのは社会関係資本への投資であり、地位達成過程ではない。また、力ある人物は、どういう社会ネットワーク環境に身をおくことによって、その力を得たり、強めたりしているのかも重要な社会関係資本の問いである。しかし、これも地位達成過程の問題ではない。

要するに、これまでの研究では主に地位達成過程から社会階層と社会関係資本の関係を捉えてきたが、そこにどういう理論的価値が付加されたかが不明なのである。それでは階層研究において社会関係資本が独自の理論的価値をもつことはないのだろうか。その足がかりとなるのは、グラノヴェターが経済の社会構造への埋め込まれ embeddedness として集約した、市場と社会構造との本質的関わりに関する問題提起であろう（Granovetter 1985）。これは地位達成研究の文脈では「制度的連結」の視点の組み込みとして具体的に考えることができるが（Breiger 1995：佐藤 1998）、一般に制度的連結は決して機械的なものではなくパーソナルな人間関係にもとづいて作動する性質のものなので、それを社会関係資本のプロセスとして捉えなおすことはできるかもしれない。そこに見込まれる社会関係資本は、契約の非契約的要素のように、一定の経済取引を可能にする信頼や規範のインフラ的条件のようなものになるだろう。あるいはまた、社会関係資本の制度化というよりは、人的資本の社会関係資本への転換、さらに好条件の就職による経済資本への転換といった、資本の転換プロセスの制度化が重要な視点になると思われる(6)。

以上のような視点から新たな階層研究の視角を探っていくことが、階層論的な理論的アジェンダとして気づかれることである。先ほどリンの第二命題に関してインフォーマル経路の相対的不利を論じたが、まさにそこでの社会関係資本と市場との関わりこそ、もっと丹念にみるべき分析課題ともいえる。そして、そこにはより本質的な主題が関わっていることに注意しなければならない。それを一言でいえば、市場の機能性を支える、ないし阻害する社会関係資本、という主題である。この主題のおきどころを階層研究のなかに探すとき、重要な概念として浮上するのが機会の平等／不平等である（三隅 2009b）。どこまでブルデューに依拠するかは別として、社会関係資本は一見して機会の平等を損なうものである。だとすれば、これは関係・集団の学として社会理論を組み立てる際に大きな壁となるだろう。この主題については第６章で実証的なアプローチを試みるが、そのためにもここで本質的な階層論的アジェンダとして、付加的に確認しておきたい。

2　結束型社会関係資本の蓄積——規範のメカニズム

社会関係資本の蓄積プロセスを考えるとき、第一義的に焦点とされてきたのは結束や連帯が生み出す創発的特性である。実際、初期のJ・S・コールマンやR・D・パットナムを始め社会学や政治学における多くの研究が、結束型社会関係資本を前提にして議論を展開してきた。この古典的主題が、社会関係資本の名の下に装いを新たに登場するときの特徴は、実証性である。すでにみたようにコールマンは、家庭や地域の社会関係資本が、教育監督を通して子どもの人的資本に転換される側面に着目し、教育社会学で実証的展開を刺激した。社会学から隣接分野に視野を広げてみても、この主題に関する実証研究はきわめて活発である。主要な分野としては、社会関係資本が民主主義の土台を条件づける側面に着目する政治学、国際開発援助に際して社会関係資本が持続可能な開発を条件づける側面に着目する開発経済学、貧困のみならず社会関係資本が健康を条件づける側面に着目する社会疫学が留意される。近年急速に発展したマルチレベル分析のおかげで、生態学的相関の問題を回避しながら、集合レベルの諸変数（通常はそこに社会関係資本が指標化される）の効果を吟味しやすくなった。この統計学の方法的革新が、とりわけ二〇〇〇年代以降、この種の研究を加速している。(7)

公共財としての結束

結束型社会関係資本の幅広い実証研究の展開は、学際研究や実践的政策論を求心する概念としての社会関係資本の特徴をよく示している。ただし、そこでの学際や比較が学術的意味をもつためには、結束や連帯が創発的効果を生み出すメカニズムの探求が焦点とされなければならない。例えばネットワーク閉鎖性が常に監督効果を発揮するかといえば、そうではない。それを有効に生み出すプロセスの解明は社会関係資本の重要な理論的課題である。ところが多くの実証研究では、まさにこの部分がブラックボックスとされるか、あるいは関連要因を経験的に探る形がとられるだけで、膨大な研究量に比してプロセス自体の理論化が進んでいない。そこでここでは、この点で重要な示唆を提示しているコールマン（Coleman, 1990）に則して、いくつかの理論的課題を整理する。

コールマンが団体行為の議論に際して示唆するように、社会関係資本は他の目的のための活動の副産物であることが多い。社会関係資本による利益の多くは、それを創出する行為を行った人以外の人が受領する。だから、その利益を目的とした直接投資が少なく、副産物的な側面が強くなるのである。このように投資主体と収益主体がずれることから、資本概念として疑問が提出されていることは3章ですでに述べた。けれども、そうした活動から生み出されるのが公共財であり、それがゆえにその活動に参加していない人にも利益をもたらすとすれば、これをやや特殊な資本蓄積として考えることはできる。社会関係資本はそれから恩恵を受ける誰かの私的財産ではない、ということである。

結束や連帯がある種の公共財として一定の行為を促進したり抑制したりする効果をもつためには、M・ヘクターが明示的に論じるように、それなりの合理性を要件とする（Hechter 1987）。彼がいうには「高水準の連帯は、成員自身が消費したいと望む共同財 joint goods の生産を、存在理由にする集団に限定される。（…しかも）フリーライダー問題があるので、永続的な連帯を達成できる集団は、排除可能な財を生産できる集団」である。かくして「集団は、補償もなしに、成員が集団に対する義務に従っている程度に応じて連帯的である」（Hechter 1987：39［訳 46］）。連帯をこのように集合的行為の観点から捉えるとき、集団成員の積極的な義務遂行の合理性を支えるのは、当該集団がもつサンクションの実効性である。サンクションの実効性は、サンクションが実際に行使されたときの効き目（これには見せしめ効果も含まれる）の問題もあるが、そうした直接的なことだけではない。むしろ、実際には行使されることなく、けれども集団成員に予期的に脅威ないし報酬を与えるような規範的な働きにこそ、実効的サンクションのポイントがある。いいかえれば、ある行為の実行や抑制がしっかりと規範化されていれば、場合によっては見せしめすら不要であり、サンクションを最大限に効率化できる。

サンクションの効率化を最大限に条件付ける社会規範の生成は、公共財的な結束型社会関係資本の蓄積プロセスにおいて、その蓄積に関わる諸資源の創出や維持のための諸行為を統制するメカニズムの要である。そして、社会規範の生成はそれ自体として、結束や連帯の創発的特性の重要な側面である。そこで以下では、社会規範の生成プロセスの説明に関するコールマンの議論を追うことにしよう（Coleman 1990, 1987）。彼の説明は、厳密には関係-社会構造系ではなく、行為-社会構造系の交差的なマイクロ・マクロ・リンクになるが、むしろそのよい例解として詳しくみておく価値がある。

外部性と規範

コールマンは規範の正当性の根拠を外部性に求める。規範は、どんな行為がある人びとの集合にとって適切で正しいかとみなされるかを特定し、その執行はサンクション（報酬ないし罰）の行使によってなされる。それでは、ある特定の行為に関して規範が存在するのはどのようなときか。彼によれば、それは、社会的に定められるその行為の制御権を、当の行為者ではなく、他の人びとが保有しているときである。もちろん、他の人びとが当該行為の制御に関心をもつことが無

表４-４　２人囚人のジレンマ

A1＼A2	寄付する		寄付しない	
寄付する	18+6 =24	12−9=3 / 12−9=3	9+3 =12	6 / 6−9=−3
寄付しない	9+3 =12	6−9=-3 / 6	0	0 / 0

（出所）Coleman（1990：252［訳 389］）に著者が加筆。

条件でいつも起こるわけではない。そこで重要なのが、当該行為の外部性 externarity である。外部性とは、あるイベントが、それを制御する人びとにとって重要であるだけでなく、それを制御しない人びとにとっても外的な重要性をもつ場合である。外部性には正の外部性と負の外部性がある。外部性は、それを被る行為者の間に、その原因行為に対する利害関心を生み出す。負の外部性ならばその行為をいかに制限するか、正の外部性ならばその行為をいかに奨励するか、という利害関心である。こうした利害関心が、規範を生み出す基盤（いわば需要）となる。

表４-４の二人囚人のジレンマ・ゲームを考えてみよう。寄付金三ドルごとに儲け一ドルを生む共同プロジェクトがあり、各プレイヤーにはそのプロジェクトに対して九ドルを寄付するかどうかという選択肢が与えられている。ただし、得られた総資産は寄付したかに関係なく二人で均等分配される。例えば、双方が寄付すれば寄付金が一八ドル集まり、そこから六ドルの儲けが生まれるので、総資産は二四ドルになる。各プレイヤーの純益は、総資産を折半した一二ドルから寄付金九ドルを差し引き、三ドルである。他のセルも同様に考えればよい。プレイヤーは合理的であり、自分の利益を少しでも多くすることしか考えないとしよう。彼らは表４-４の利得行列は見えているが、互いにコミュニケーションはとれない。

こうした通常のゲームのルールのもとでは、ゲームの解はともに「寄付しない」という右下のセルになる。なぜなら、どちらのプレイヤーからみても、「寄付しない」という選択は、相手の出方に関係なく自分に有利な状況をもたらす優越戦略だからである。逆にいえば右下のセルは、いったんそこにたどり着くとどちらのプレイヤーにとっても、自分が手を変えてそこから抜け出す誘引がない状況、すなわちナッシュ均衡である。この安定したゲームの解は、しかしながらパレート最適ではない。もし双方がともに手を変えてともに「寄付する」という左上セルに移行できるならば、それは双方にとってより有利なことだからである。この左上のよりパレート最適な状況が見えているのに、個人的な合理性だけではそれを実現できない。この矛盾がゆえに囚人のジレンマは、社会秩序論においてしばしば議論の焦点となってきた（海野・盛山 1991）。

現実社会の囚人のジレンマ状況を考えるとき、プレイヤー間に何らかのコミュニケーションが可能な状況は少なくない。このとき、協力行為（この場合は「寄付する」行為）の規範化に向けてどういう可能性が開けるだろうか。囚人のジレンマでは互いの行為が互いに外部性をもつため、規範を設定しようとする誘因が当事者すべてに対して働く、という見方もある（Ullmann-Margalit 1977）。つまり囚人のジレンマでは、受益圏と受苦圏の重なり（舩橋ほか 1985）として皆が同じ条件下にあり、パレート最適の実現をそれぞれが自らの利害問題として等しく共有することができる（三隅 1989）。この、いわば平等な外部性が、協力行為の規範化を促すというのである。しかしコールマンの考えでは、表4-4のような状況では規範は必ずしも必要ない。よりパレート最適な社会状態が存在し、しかも、行為の制御権の互いの交換をどちらからでも提案できるからである。端的にいえば、コミュニケーションができるのであ

表4-5　ペアワイズの交換では社会的最適を実現できない3人ジレンマ

他の寄付者数	任意の行為者にとって	
	寄付する	寄付しない
0	(9+3)/3−9=−5	0
1	(18+6)/3−9=−1	(9+3)/3=4
2	(27+9)/3−9=3	(18+6)/3=8

ゲームの解

社会的最適状態

（出所）Coleman（1990：256［訳 395］）に著者が加筆。

れば通常の経済交換で片はつく。

コールマンにとって規範の発生条件として重要なことは二つある。第一に、ある行為がある人びとの集合に対して共通の外部性をもつこと、加えて第二に、ペアワイズの交換では社会的最適状態が実現しないことである。

表4-5は、先ほどの二人囚人のジレンマを三人に拡張したゲームで、任意の行為者からみた寄付行為の合理性を、他のプレイヤーの行為選択を変化させながら検討している。明らかに、他のプレイヤーの選択に関わりなくつねに「寄付しない」が有利なので、合理的なプレイヤーはこの優越戦略に従い、全員が「寄付しない」状況がゲームの解になる。ところがこの解はパレート最適ではなく、全員が「寄付する」ならばそれが全員にとってよりましな状況である。ゲームの解はナッシュ均衡なので、これから脱出するには通常のゲームのルールを越えて、何らかのコミュニケーションが必要である。つまり、社会的最適状態を実現するためには三人の合意が必要なのだが、ペアワイズの交換はつねに第三プレイヤーの行為選択に条件付けられるから、そのためには寄付するかどうかを決める権利を他の二人が握る形、つまり規範による行為統制が必要である。もっとも、ペアワイズの交換の積み重ねで結果的にはこれと同じ行為統制を達成できるかもしれない。しかし、多人数のN人ゲームに拡張して考えれば、そし

てさらにサンクションをめぐる二次のフリーラーダー問題まで考えれば、取引費用は膨大なものになるので、規範の需要はますます高まる。

規範生成のロジック

コールマンに習って、規範から利益を得る行為者（規範の受益者）と、規範が向けられる行為者（ターゲット）が一致する場合を内向規範 conjoint norm、両者が別の人びとである場合を外向規範 disjoint norm とよぶことにしよう。囚人のジレンマは内向規範の問題であり、そもそもの規範の必要性ということを含めて基本的には対処が容易であった。規範の生成がより実質的に問題になるのは外向規範である。外向規範では、受益者にとっては（権利を獲得するので）状態が良くなるが、ターゲットにとっては（権利を失うので）悪くなる。通常はその権利行使の行為を止めさせるために取引費用が発生するが、規範はその取引費用を減じる。しかしそれにしても、規範創出のコストを補うに足る規範の合理的根拠が必要である。コールマンはそれを以下のように説明する（Coleman 1990：Chap.25 790-792：三隅 2001）。

まず、彼の集合行為モデルを簡単に導入しよう。n人の行為者とm個のイベントを考える。そして行為者iのイベントjに対する制御を c_{ij}（i=1,...n、j=1,…m）で表す。ただし、行為者についての総和は1とする。また、行為者iのイベントjに関する利害を x_{ji}（i=1,...n、j=1,…m）で表す。ただし、イベントについての総和は1とする。イベントjの価値を v_j とすると、行為者iが制御するイベント総価値（資源）は、

$$r_i = \sum_{j=1}^{m} c_{ij} v_j \quad \cdots (4.1)$$

で定義される。そうすると、式（4.1）を資源制約条件とする効用最大化問題として、この行為システムの挙動を分析できる。[8] もっとも、これは外部性のない市場を前提としているので、外部性を組み込まなければならない。ただし外部性は市場の外側で働く要因なので、cやxに直接それを反映させるのは適切ではない。そこで次の二つのレジーム比較として分析する。外部性をもたらすイベントをｍとし、そのイベントに正の利害関心をもつターゲット行為者を１としよう。

〈レジームａ〉

行為者１の各イベントに対する利害関心はそのままで、他の行為者（潜在的な規範の受益者）のイベントｍに対する利害関心を０とする。このときの行為者１の価値総量をr^a_1とすると、$x_{m1}r^a_1$は、行為者１がイベントｍに対する制御を守るために投入できる価値総量を表す。

〈レジームｂ〉

行為者１のイベントｍに対する利害関心を０とし、他の行為者の各イベントに対する利害関心はそのままとする。このときの行為者 i（i≠1）の価値総量をr^b_iとすると、$\sum_{i=2}^{n} x_{mi}r^b_i$は、外部性を被る行為者たちがイベントｍの制御のために投入できる価値総量を表す。

すると、外部性を被る行為者たちが規範創出のコストを考慮して、なおかつその合理性を認める条件は、次の式（4.2）で与えられる。

$$\sum_{i=2}^{n} x_{mi} r^{b}_{i} > x_{m1} r^{a}_{1} \quad \cdots（4.2）$$

ターゲット（行為者1）は式（4.2）右辺の価値を上回るサンクションがなければ、イベントmに対する制御を放棄しようとしない。そのため外部性を被る側の行為者の側では、皆が負担しあって、なおかつマイナスにならないだけの価値を保有していなければ、規範創出のために価値を投入する合理性がない。

前提条件としての社会関係

以上が、外向規範の創出を支える合理性についてのコールマンの説明である。これまで、内向規範から一貫して行為者間のコミュニケーション可能な状況を想定してきたが、そもそもそのためには行為者間に一定の社会関係が存在していなければならない。実はこれこそ、サンクションをめぐる二次のフリーラーダー問題の克服とともに、効果的な規範の創出のためにコールマンが指摘する重要条件なのである。一般に、規範創出のためのインフラともいえる社会関係の意義としては、以下がある。

（1）コミュニケーションにより、単独では不可能な共同行為によるサンクション行使が可能になる。

（2）社会関係は、対称な場合も非対称な場合も、何らかの義務と期待でとり結ばれている。この義務の不履行（それによる脅し）や返済によって、サンクションが継続的な実効性をもつ。

（3）フリーラーダーが予想される状況でなされる反対の貢献的行為に対して、人びとから正のサンクション（賞賛、激励、感謝など）が付与されることによって、熱意過剰が増幅されることがある。とくに社会関係のネットワークが閉鎖的であれば、賞賛はわずかな費用で大きな報酬となりうる。

（Coleman 1988b）。

かくして、規範は一定の（インフラ的な）社会関係資本に条件づけられて創出が促進され、創出された規範は何らかの結束型社会関係資本の蓄積を条件づける。結束型社会関係資本がすべて規範の創出を条件とするかどうかは、規範の内容や資本の形態をどう特定して議論するかを含めて、少し慎重な検討を要するであろう。仮にそこに同値関係が成立するならば、規範で社会関係資本の蓄積を説明するという論理構成はトートロジーに陥ってしまう危険性がある。規範を媒介した結束型社会関係資本の蓄積――この理論的アジェンダについては、本書第６章において立ち戻る。そこでは、結束型社会関係資本としての連帯に着目し、その蓄積に際して一般化された互酬性の規範との関係を検討することになるだろう。

3　橋渡し型社会関係資本の蓄積――ネットワーク・メカニズム

社会関係資本の蓄積プロセスにおいて、社会ネットワークが構造的に生み出す創発的特性は、むしろ橋渡し型社会関係資本として注目されてきた。この議論を先駆的に行ってきたのはM・S・グラノヴェターの弱い紐帯 weak tie の理論である。個人の助けになった紐帯が弱いか、強いかは、それ自体はたいして意味をもたない。そのことに理論的に興味をもたれるのは、弱い紐帯がある種のネットワーク構造特性を表すからである。弱い紐帯は、少なくとも社会関係資本論の枠内でそれを考慮するときには、個々の紐帯の性質ではなく、それに関わるネットワーク構造特性に

弱い紐帯の強さ

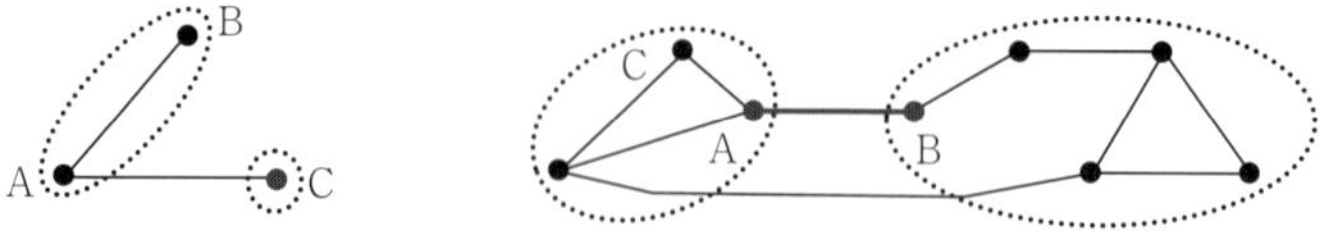

図4-1　ブリッジの説明

注意を喚起するものとして理解しなければならない。グラノヴェターは、そうした構造的視点から弱い紐帯の強さを論じている（Granovetter 1973）。

強い紐帯をもっともよく説明するのは同類結合原理である。この原理に則して考えると、友だちの友だちは、友だちになりやすい。このことは、相互行為量が感情的結合を強化するとしたG・ホマンズ（Homans 1950）や、認知的不協和を応用したT・ニューカム（Newcomb 1953）の対人的バランス理論などからも説明できる。いま、任意の三人、Aさん、Bさん、Cさんがいるとしよう。同類結合原理からして、もしもA-B間およびA-C間に強い紐帯があるとき、B-C間に紐帯がないことはあり得ないと仮定することは、妥当である。第2章で言及したブリッジの概念（ネットワーク内の2点をつなぐ唯一のパスとなる線）を用いれば、この仮定のもとで次のことがいえる。孤立した二者関係を除き、すべての強い紐帯はブリッジではない。それに対して、すべてのブリッジは弱い紐帯である。

図4-1左図は三者関係を例示しているが、ここにおいて線ACは{A, B}と{C}をつなぐ唯一の紐帯、すなわちブリッジである。しかし、もしABとACが強い紐帯なら仮定よりBCも連結するので、ACはブリッジにならない。実際にはこの三者関係は、図4-1右図のように、もっと大きなネットワークの一部になっているかもしれない。このように複雑に関係し合うネットワークを想定すると、局所ブリッジ local bridge で考えるのが現実的である。二点AとBの間の紐帯が局所ブリッジであるの

は、AとBのどちらにも紐帯をもつ第三の点が存在しない場合である。すなわち、AとBをつなぐパスは複数あってよいが、AとBの間に直接紐帯以外に長さ2のパスが存在しない場合である。直接紐帯ABを取り除いたとき、AとBを結ぶ最短パス長がnのとき、紐帯ABをn次の局所ブリッジという。局所ブリッジは次数が高いほど重要である。図4-1右図において、線ABは5次の局所ブリッジである。しかし、もしABとACが強い紐帯なら仮定よりBCが連結するので、長さ2のパスA-C-Bが存在し、ABは局所ブリッジではない。このことをふまえていうと、弱い紐帯だけが局所ブリッジになりうる。

本章第1節で触れたようにグラノヴェターは、弱い紐帯が、転職（社会移動）の機会をもたらす重要なチャンネルになっていることを発見した（Granovetter 1974）。これはネットワーク構造の観点からみれば、社会移動を通して業界内ネットワークのなかのクラスターを橋渡しする弱い紐帯がはりめぐらされ、それがある種の社会統合をもたらしているとみなしうる。こうした「弱い紐帯の強さ」を主張するために、彼はH・J・ガンスの古典的な都市コミュニティ研究（Gans 1962）を興味深く引用する（第1章のアーバニズムの議論を想起されたい）。ガンスが研究対象としたイタリア系労働者が集住するウェスト・エンドでは、凝集的なコミュニティが存在しながら、都市再開発に対抗する組織形成に失敗した。これは、クリークは多数存在するのに、地域全体はモザイク的に分断され、フォーマルな組織や職場がそれらを連結する弱い紐帯を形成する場にならなかったことが原因だというのである。

構造的空隙　弱い紐帯の理論を包摂しながら、より明示的にネットワーク構造の視点から橋渡し型社会関係資本のメカニズムを論じたのが、R・S・バートの構造的空隙 structural holes の理論である（Burt 1992）。彼は、二〇〇一年の論文では、社会構造は一種の資本であり、それによっ

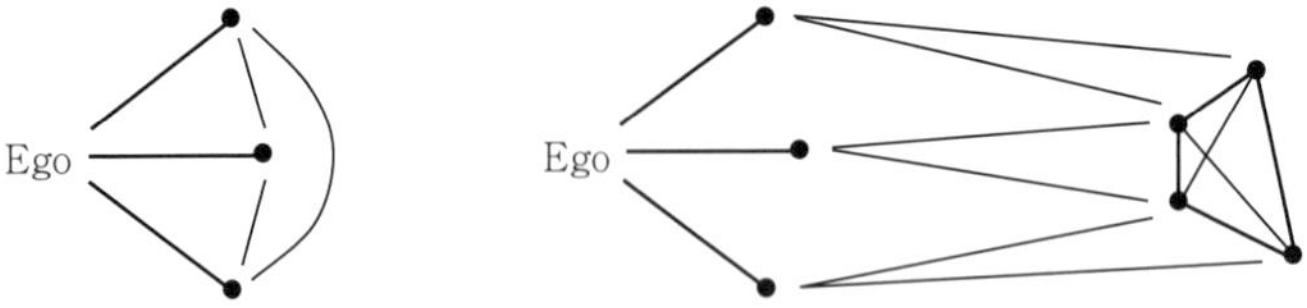

直接結合による冗長　　構造同値による冗長

図4-2　冗長の２つの基準
（出所）Burt（1992：18［訳 12］）に著者が加筆。

て個人や集団が競争優位を創出しうるものとして緩やかに社会関係資本をとらえているが（Burt 2001：32［訳 245］）、基本的には投資―リターンを強く意識した概念化を行っている。バートがそこで着目するのが情報利益 information benefits である。情報利益に富むネットワークをもつプレイヤーは、次のような仲介者をもつ（Burt 1992：15-17［訳 8-11］）。第一に、役立つ情報が流れていそうな場所に地位を得ている者、第二に、その場所に流入するないしそこから流出する情報について信頼を提供できる者。第一基準を満たすのは、サイズが大きく、多様に分散したネットワークなのだが、難題は、そのなかでいかにして非冗長な（重複しない）紐帯を仲介者との間で確保するかである。

　仲介者たちが同じ人に収斂し、同じ情報利益しかもたらさないとき、その程度が強いほど、その仲介者たちは冗長である redundant という。**図4-2**に示すように冗長には二つの基準がある。左図は直接結合の基準で、仲介者が互いに強い紐帯で結ばれている場合である。右図は構造同値の基準で、仲介者たちが共通の仲介者をもつ場合である。いずれの場合も、一人の非冗長なコンタクトを確保するために、三人の維持コストを払っていることになる。したがって、非冗長な仲介者たちをうまく分離しなければならない。構造的空隙は、まさにそこに生まれる。個人的な視点からいえば、個人が情報の伝播に関わることで競争優位を獲得できるのは、彼／彼女が構造的空隙に橋を架けるような関係をもっている場合である。したがって問題は、構造的空隙の最適化として述べることができる。

バート（Burt, 1992 : Chap.2）に従って構造的空隙の計測を説明しよう。行為者iからjへの関係の強さを表す何らかの計測値として、関係変数 z_{ij} を考える。**図4-3左図**をみよう。ここで p_{iq} は、すべての直接関係の中で、qとの関係に投資された時間と労力の割合、すなわち、$p_{iq}=\frac{(z_{iq}+z_{qi})}{\sum_j (z_{ij}+z_{ji})}$（ただし $i \neq j$）とする。また、m_{jq} は、jがもつ最も強い紐帯に比べたときの、qとの紐帯の強さ、すなわち、$m_{jq}=\frac{(z_{jq}+z_{qj})}{\max (z_{jk}+z_{kj})}$（ただし $j \neq k$）とする。そうすると、iがもつ直接関係全体でみたときに、jとの関係が冗長であるその割合は、次の式（4.3）で与えられる。

$$\sum_q p_{iq} m_{jq} \qquad q \neq i,j \qquad \cdots（4.3）$$

逆に非冗長な部分、つまりネットワークの効果的サイズは、次の式（4.4）で与えられる。これは直接結合の基準に則した構造的空隙の指標といえる。

$$\sum_j [1-\sum_q p_{iq} m_{jq}] \qquad q \neq i,j \qquad \cdots（4.4）$$

構造同値の基準に則した構造的空隙の指標は、バートの言葉を借りれば、制約 constraint として、以下のように考えることができる。図4-3右図を

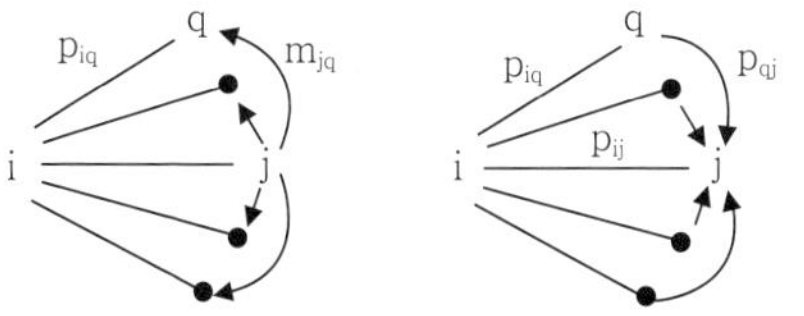

図4-3　冗長性と制約の計測
（出所）Burt（1992 : 52［訳47］）。

みよう。ここで、以下の式（4.5）の値が大きいことは、qへの投資がjに巡り戻ってきてjとの関係への投資を増幅させ、それにより投資機会が制約されている状況を表す。いいかえれば、jとqの間に構造的空隙を作り出すのが難しい状況である。

$$p_{iq}p_{qi} \quad \cdots（4.5）$$

制約は、iが費やす時間と労力のうち、直接・間接にjに係わる部分の割合、すなわち、

$$p_{ij}+\sum_q p_{iq}p_{qi} \qquad q \neq i,j \quad \cdots（4.6）$$

で与えられる（バートは、投資の非効率と機会費用の二重の制約を表すために、式（4.6）の二乗値を最終的な制約の指標として提案している）。

弱い紐帯と構造的空隙

弱い紐帯との関係でいうと、弱い紐帯が情報利益を生むといういい方はできなくもない。しかしバートの議論をふまえて注意しなければならないことは、その原因は紐帯の性質ではなく、紐帯が橋渡しする構造的空隙だということである。弱い紐帯の議論はともすれば、非冗長な紐帯、すなわち情報利益を生み出すブリッジは、強いよりも弱い紐帯でありやすい、というただそれだけの話で終わってしまう（Burt 2001：盛山 1985）。構造的空隙は、弱い紐帯が指標するネットワーク構造特性を明示する。そしてそれが意義をもつのは、それが情報利益の形で橋渡し型社会関係資本の蓄積を条件づけるからである(9)。

以上の議論が示唆するように、橋渡し型社会関係資本にアプローチするためには、社会ネットワークの視点が不可欠である。そして、社会ネットワークのどのようなメカニズムがその資本蓄積を促進した

り、制約したりするのかを、明らかにしなければならない。ネットワーク・メカニズムを媒介した橋渡し型社会関係資本の蓄積——この理論的アジェンダは弱い紐帯と構造的空隙という興味深い主題を生み出してきた。暫定的にでもソシオセントリック・ネットワーク・データが得られる場合、実証的にも、構造的空隙の観点は橋渡し型社会関係資本の蓄積に関わるネットワーク・メカニズムを明示的に浮かび上がらせるであろう。けれども通常的なパーソナル・ネットワーク・データを用いる場合、弱い紐帯を局所的に捉えることはできても、構造的空隙を捉えることはできない。この方法論的制約が悩ましいところである。

実は「橋渡し」の着想は、少し見方を変えればＰ・Ｍ・ブラウの社会分化論（Blau 1977）にも息づいている。社会を構成する諸々の社会的カテゴリーの分断と連結という視点である。本書では次章において、このブラウ的視点を社会関係資本の概念に接合し、それによってパーソナル・ネットワークにもとづいてソシオセントリックなネットワーク・メカニズムを推論する方法を提案する。

４　結束型と橋渡し型の調整問題

信頼の解き放ち理論

これまで、社会関係資本の基本的な蓄積プロセスとして結束型と橋渡し型をみてきたが、基本的に両者は相容れない性質をもっている。結束のメカニズムは、ウチとソトの境界づけを明確に作りだし、一定の排外性を生み出しながらメンバーのウチへのコミットを促す仕組みをともなう。橋渡しのメカニズムは、ウチの境界を崩して他集団の資本蓄積プロセスに回路をつなぐ。これは成員全体に利益をもたらすかもしれないが，ブリッジとの位置関係に応じて内部の不平等を生みだし，結束に二重の緊張を持ち込む。橋渡しが拡充すれば結束が崩れる蓋然性が増し，結束が崩れれば橋渡しの価値は薄れる。けれども橋渡しがなければ新たな資源を取り込むことができず，結束型社会関係資本をうまく蓄積できないこともある。(10)両者は，互いに相反するベクトルをもちつつ互いを必要とするような，パラドキシカルな関係にある。

山岸俊男の信頼の解き放ち理論（Yamagishi and Yamagishi 1994；山岸 1998）は，一見してこれとパラレルなパラドクスを，社会関係資本の重要要素とされる信頼 trust の視点から説明している。

山岸のいう信頼は，「相手の人格や行動傾向の評価に基づく，相手の意図に対する期待」のことであり，それは「相手の損得勘定に基づく相手の行動に対する期待」としての安心と区別される。彼はまた，他者の行動が自分に何らかのリスクをもたらす可能性を社会的不確実性といい，信頼が意味をもつのは社会的不確実性が存在している場合のみだとする。「社会的不確実性の低い状態では安心が提供されるが，信頼は生まれにくい。これに対して社会的不確実性の高い状態では，安心が提供されていないため信頼が必要とされる」（山岸 1998：50-51）。ただし，社会的不確実性への対処としては，他者を信頼することだけでなく，特定の他者とコミットメント関係を築くことも有効性をもつ。コミットメントとは，それ以外の関係から得られる利益を犠牲にしても，当該の他者との関係を続けることである。自ずとそこには機会費用がともなう。もっとも，信頼で対処するときも，相手が信頼できるかどうかの調査費用などの取引費用がかかる。したがって，コミットメント関係の維持は，その機会費用が，信頼の取引費用を上回る場合には不合理だといえる。

ところがコミットメント関係にいる人は、それ以外の他者を容易に信頼することができなくなり、いわば「安心の呪縛」に囚われる。山岸によれば、この呪縛から抜け出すには、他者一般に対する信頼のデフォルト値とでもいうべき一般的信頼が重要である。一般的信頼の高い人は、決して騙されやすいお人好しではない。一般的信頼の高い人は、見知らぬ他者の信頼性を判断するために適切に情報処理を行う能力に長けているからである。より進化論的にいえば、社会的不確実性の高い社会環境では、このような情報処理能力と一般的信頼が「共進化」する。かくして、一般的信頼こそが安心の呪縛から人びとを解放する手だてとなる。これを山岸は信頼の解き放ちと称した。

この議論の力点は、市場の機能性が社会構造に依存する度合いないし仕組みの違いにあって、一般的信頼はいわばコネなしで円滑に取引がなされるためのメディアという意味あいが強い。極論すれば、市場は信頼社会でこそ機能し、安心社会では社会構造に則して分断される形でしか存在し得ない、という話である。ある意味で市場制度の基礎的なあり方として複数均衡が想定されるので、そうしてみれば、信頼社会の合衆国と安心社会の日本という文化進化論的な枠組みが多少なりともリアリティを帯びる。このような解き放ち理論の枠組みにどこまで与するかは別として、コミットメント関係と一般的信頼は、結束型と橋渡し型の調整問題を特定化するための一つの有力な概念装置となりそうである。

ただし、信頼の概念もこれまた幅広い。経済学よりの社会関係資本の議論では、信頼は市場における自由な経済取引を効率化するインフラのような位置づけである。端的にいえば、信頼は取引費用の軽減に関わるメディアとして経済資本の蓄積を促進する。F・フクヤマは、社会関係資本は信頼が社会に広く行き渡っていることから生じる能力だとし、その根拠を信頼の取引費用軽減効果にみる（Fukuyama

1995）。山岸が言うように信頼の見極めに関わる費用はあるとしても、社会全体に信頼が行き渡っていればさほど慎重に見極める必要がなく、その費用は低く抑えられる。そのためその費用は、市場取引において発生する交渉や合意、場合によっては訴訟による取引費用に比べると格段に小さい、というのである。フクヤマの信頼概念は、山岸のいうコミットメント関係にも認められる普遍的なメディアである。もちろん、この取引費用に関わる普遍的な信頼は、結束型にせよ橋渡し型にせよ、社会関係資本の蓄積に等しく関わる。したがって前述したような両者のパラドキシカルな関係を説明する概念とはなりえない。(11)

経験的には、一般的信頼と個別的信頼を測定概念として区別して、両者の力関係を検証する形で信頼の解き放ちの現状分析を行おうとする研究が展開してきた。しかしこれは結束型と橋渡し型のパラドックスをいいかえただけで、取引費用の軽減ということを越えて両者の信頼メカニズムの相違を理論的に説明するところまではいっていない。

ネットワーク・ダイナミクス　かくして、結束／橋渡しのパラドクスを安心／信頼の視点から解き明かすことは、現状では難しいようである。考えてみれば、市場の機能性を基礎づけるインフラ的な信頼のような話は、デュルケム流には有機的連帯の問題であって、基本的には社会全体の結束型社会関係資本の視点から考慮するのが適当であろう。それに対して橋渡し型社会関係資本は、一定の結束型社会関係資本を蓄積している社会ネットワーク構造を所与として、ブリッジの構築によって経済や政治をより効果的に機能させるような戦略的思考を強く含んでいる。もちろん信頼はそうした戦略的な社会過程においても重要な役割を果たすのであろうが、どこにどうブリッジを構築するのが全体として社会関係資本の蓄積を効率化させるのかを説明するものではない。

この点の説明は、ネットワーク・ダイナミクスの研究においてようやく理論的なアプローチが開かれてきているところだと思われる（Buskens and Rijt 2008）。(12) その際に一般的な指針となる議論をバートが整理しているので、ここではそれをみておこう（Burt 2001）。

バートは、前述した情報利益の概念を、コールマンが社会関係資本の一形態とする情報潜在力 information potential（Coleman 1990：310［訳 485-486］）に結びつけながら、結束／橋渡しのパラドクスを構造的空隙と閉鎖性の調整問題として包括的に捉えようとした。構造的空隙は、冗長でない複数の情報源を分断する形で存在するものであり、それがゆえにそれぞれの情報源は互いに重複せずに別々の情報利益を生む可能性がある。一方、コールマンは社会関係資本の源泉として閉鎖性、すなわち、互いに監視が行き届く密なネットワーク条件を強調した。実際に個人の戦略的視点からみても、間接的紐帯は劣化しやすいので、閉鎖性は信頼のおけるコミュニケーション・チャンネルを確保するために重要である。また、サンクションが効果的に働くため、密なネットワークの内部で取引すれば信頼のリスクが低減する。こうした閉鎖性があればこそ、構造的空隙に埋蔵されている付加価値は高まる。

つまり、**図4-4**に示すように、凝集的な集団のパフォーマンスは、集団成員のネットワークの閉鎖性だけでなく、むしろそれがどれほど豊富な構造的空隙を含んでいるかによって条件づけられる。このとき重要なことは、どの集団も閉鎖性が高いときに初めて、この構造的空隙の効果は発揮されることである（Burt 2001：52［訳 272-273］）。

後にバート（Burt 2005）は、より積極的な統合論を一種のネットワーク変動論として示唆した。構造

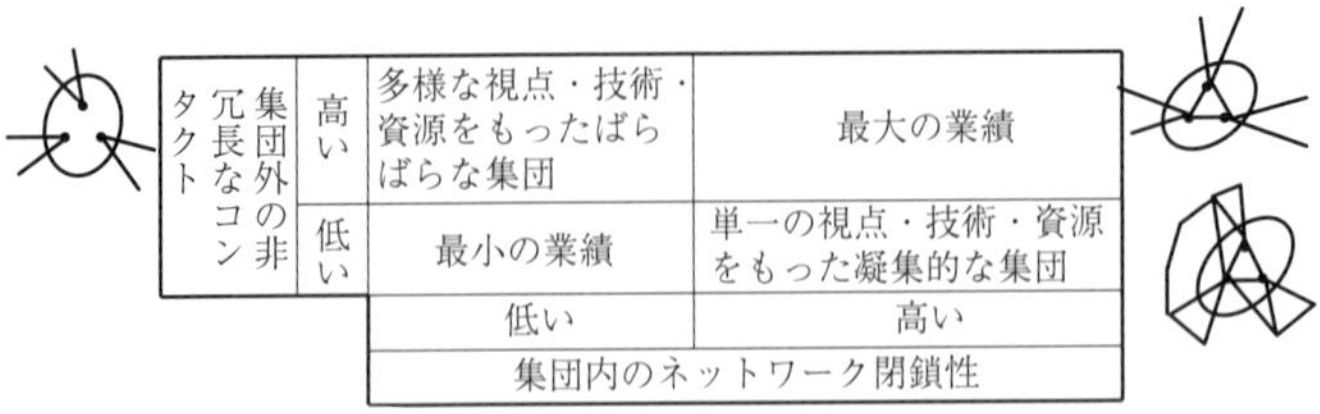

図 4-4　ネットワーク閉鎖性と構造的空隙

（出所）Burt（2001：48［訳 266］）。

的空隙を仲介する仲買 brokerage には信頼や協力的加担が必要だが、それを提供するのは閉鎖性である。こうして集団内条件である閉鎖性と集団間条件である仲買は相互補完的に、社会関係資本の蓄積に相乗効果を発揮する。ただし、仲買は集団をよりよい均衡社会状態へ導く道筋を作るが、それが生み出す優位は一時的かつ局所的である。情報潜在力は時間とともに低下するし、成員間の競争で同じ集団間にブリッジが次々に掛けられればその価値は低減する。したがって、仲買によってよりよい社会状態が実現してもそれは暫定均衡のようなものであり、すぐに次の最適社会状態を求めて新たな仲買が模索される形で、不断のネットワーク・ダイナミクスが展開するのである。

　要するに、全体としての社会ネットワークのなかに構造的空隙を有効に生みだし、なおかつそこで有利な位置を獲得するための紐帯の掛け替えをめぐる競争が、ネットワーク構造に直接関わるような諸個人の行為を動機づける。それが創発的に生成するネットワーク・ダイナミクスを分析するのである。このバートの指針は、結束型と橋渡し型の調整問題をある種の最適混合としてうまく特定化している。

　けれども、バートの議論からすればそのダイナミクスは、やはり冒頭に論じたような結束型と橋渡し型のパラドックスがゆえに、安定均衡をもちえない。それ以前に、この調整問題を全体社会レベルで、例えば本章のはじめに議論した資源配分問題との関係で論じようとすると、バート的な最適混合がもつリアリティに疑問がわく。とりわけそうしたマクロ・レベルで結束型と橋渡し型の両立を可能にするような社会的仕組みは、他にないものだろうか。本書の以下ではそれを、ネットワーク・ダイナミクスとは異なる視点から、すなわち関係基盤の観点から考えてみたいと思う。

注

（1）社会関係の階層的制約は、古くから同類婚や差別的交際（同類結合）として議論されてきたことであり、その系譜のなかで Homans（1950）や Lazarsfeld and Merton（1954）、あるいは第1章でみた Blau（1977）等の、興味深い理論化の視点が提示されてきた（McPherson et al. 2001）。その意味で社会的資源論それ自体がとくに目新しい視点ではなく、むしろそれを地位達成の枠組みにおくことで先の系譜との理論的接合がみえにくくなった問題の方が大きいかもしれない。ここでのリンの社会関係資本論への展開に際しても、その点の配慮は弱い。

（2）Social Stratification and Mobility（社会階層と移動）全国調査の通称である。本調査の詳細は佐藤・尾嶋（2011）を参照。なお、本書における一連のＳＳＭ調査データ（二〇〇七年一二月公式版）の使用に関しては、二〇〇五年ＳＳＭ調査委員会の許可を得た。

（3）リンはその不利のなかでも紐帯の性質が達成促進効果をもつ可能性などを論じるが、これは労働市場のマッチングの問題に関わることなので、当然ながら企業側の視点も重要である。世界的に社内縁故 employee referral を重視した採用人事はよくみられるが、企業の社会関係資本の観点からその機能性を論じた研究として Fernandez et al.（2000）は興味深い。

（4）この調査研究では、転職の方法としてフォーマルな方法、人的なつながり、直接応募の三つを比べたとき、転職後の職務満足度や収入が高いのは人的なつながりを用いた場合であった。すなわち、「非常に満足」の比率はフォーマルな方法30％、人的つながり54％、直接応募53％であり、年収千五百ドル以上の比率はフォーマルな方法30％、人的つながり46％、直接応募19％である。このように転職については、インフォーマルな仲介者効果が認められやすいが、すぐ後でみるようにその効果が弱い紐帯と強い紐帯のどちらで強いかは一概にいえない。

（5）Y・ビアンも中国の職探しにおける強い紐帯の機能性を指摘しており、アジア的な関係文化の特徴が示唆される（Bian 1997）。中国文化圏の「關係」guanxi についてはLin（2001b）や Hwang（2000）等を参照。

（6）拙稿（三隅 2008a）はこうした資本転換プロセスを想定しながら、「学校経由」の意味を投資-蓄積-回収という社会関係資本的な分析フレームで吟味している。

（7）社会関係資本の各分野における研究動向について本書で詳しく紹介することはできないが、幸い優れた専門書やレビューには事欠かないのでそちらを参照されたい。著書をいくつか紹介しておくと、稲葉ほか（2011）、Hsung et al.（2009）、Lin and Erickson（2008）、Castiglione et al.（2008）、Kawachi et al.（2008）、宮川・大守（2004）、Hooghe and Stolle（2003）、Grootaert and van Bastelaer（2002）、佐藤（2001）等。また主要論文を集めたリーディングスとして Ostrom and Ahn（2003）、野沢（2006）も参考になる。本書末尾の文献案内もみよ。

（8）効用関数としては、Cobb＝Douglas 型として、$U_i = c_{i1}^{x_{1i}} c_{i2}^{x_{2i}} \cdots c_{im}^{x_{mi}}$ を仮定すればよい。もともとの Cobb＝Douglas 生産関数 $P = K^{\alpha} L^{\beta}$ は、Kが資本、Lが労働である（$\alpha + \beta = 1$）。

（9）弱い紐帯から構造的空隙へ視点を移すと、個人の戦略的行為からみても、情報利益だけでなく、バートが統制利益 control benefits とよぶ、構造的空隙における行為者の位置を活用した漁夫の利的な立ち回り戦略が視野に入ってくる（Simmel 1908）。

（10）古典的にはR・K・マートンがローカル／コスモポリタンという対概念によって論じたリーダーシップの問題（Merton 1957）とパラレルである。

（11）いずれにせよ社会のインフラ的要素としての信頼は、山岸的にいえば国レベルの社会的不確実性の水準に応じた適応戦略のような大つかみな話なので、基本的には混合戦略的な均衡を想定すべきである。

（12）関係‐社会構造系のマイクロ・マクロ・リンクをめざす本書では、この種の行為‐社会構造系の扱いが手薄になってしまった。社会関係資本は交差的マイクロ・マクロ・リンクを促す概念として重要だと考えるが、そうした統合は先の課題であり、当面は立ち後れている関係‐社会構造系の理論を整えることが急務だと考えている。行為‐社会構造系の社会学理論的な趣旨でネットワーク・ダイナミクス研究の動向をみるには佐藤・平松（2005）などを参照。また、関係‐社会システム系の交差的マイクロ・マクロ・リンクとしてはグラノヴェターの埋め込まれの議論があるが、これについては経済学サイドでも、社会構造を単なる外部性としてではなくどう経済学理論にとり込むかという課題として展開されつつある（Demange and Wooders 2005：Dutta and Jackson 2003）。ただし、そこで社会関係資本の概念と出会うことはほとんどない。

第Ⅱ部　社会関係資本論の展開

第5章　関係基盤による社会関係資本研究プログラム

これまでの議論を通して、社会関係資本の蓄積プロセスに関わる社会構造の諸特性とその理論的含意を概観してきた。これらをすべて含む統一理論は可能かもしれないが、これもすでに何度か述べたように、研究目的をしぼって限定的な理論統合を試みる方が現実的であり、また生産的だと思われる。本書の目的は、関係論的社会学理論の統合のために社会関係資本の概念的性能を高めることである。これ自体かなり大きな目的なので、そこにアプローチするにはどういう研究が有効であるかを、よく検討しなければならない。とはいえ社会関係資本の概念それ自体がその問い対する自明の解答を有しているわけではないので、本概念に則してある種の研究プログラムを考える必要がある。それは理念的には、従来の関係論的社会学の諸理論をどのような形で社会関係資本の概念のもとに統合するかという構想をにらんだものであるべきだし、できる限りその構想を具体化するものであることが望まれる。本章ではそうした研究プログラムを例解する。

1　社会関係資本の研究プログラム

合理的選択理論を越えて　実は、研究プログラムやパラダイム論として社会関係資本論が理論的に進むべき方向性を示した研究はいくつかある。そのうちもっとも体系立っているのはH・フラップらの研究（Flap 1999, 2002 : De Graaf and Flap 1988 : Flap and Völker 2004）であろう。フラップらは、社会関係資本が社会ネットワークの創出とその効果に光をあてる点を評価しながら、研究プログラムとしては、経済人モデルを軸にする合理的選択理論と、一方で構造効果の優位性を軸にする構造主義ネットワーク論の統合をめざすべきことを宣言する。その骨格となる理論的仮定は以下である。

（1）行為者が頼ることができる社会ネットワークと他者の資源は社会的資源であり、行為者が生活条件を改善ないし保全するための独自な手段となる。

（2）社会ネットワークは単に合理的選択の制約条件ではなく、投資対象となりうる。それは、それなしでは到達できない目標（生活機会）を可能にするという意味で、手段的価値をもつからである。

（3）一方の提供者は、目先の報酬よりは将来を見越して、他者のために資源を使う。

こうしてフラップらは、この理論に則してネットワーク構造に規定された人びとの目標追求行為を分析する、いわば、社会構造に埋め込まれた合理的選択とでもいうべきスタンスを提示する。[1]

合理的選択理論を明示的に組み込んだこの研究プログラムは、順当であり、また有力だと目される。実際、地位達成の枠組みで社会的資源論の拡張を目指すN・リンの方向性も一部これに重なる（Lin

2001a：Chap.13：Lin and Erickson 2008）。フラップらは主に実証研究を想定しているが、前章で今後の展開に期待したネットワーク・ダイナミクスのモデル研究もこのプログラムと整合するものであるから、今後両者の対話から大きな理論的成果が生まれる可能性は高い。

本書でも基本的にはこのプログラムを考慮して、合理的選択論との接点を確保したいと思う。しかしその一方で、もっと関係・集団の学としての社会関係資本論にこだわりたい。資本概念に則して人びとの合理的選択（すなわち行為-社会構造系）を前提にすべきところはあるにせよ、メインフレームはあくまで関係-社会構造系のマイクロ・マクロ・リンクにおきたいのである。それが社会関係資本の理論的価値を高めるために不可欠であることは、これまですでに何度か述べてきた。本章の課題は、このアプローチをどう具体化するかを議論することである。

三つの留意点

そのために留意すべき三つのことを確認する。

（1）　概念の多義性を生かす推論法

第３章でわれわれは、社会関係資本は行為者に利益を生みだすようなすべての社会構造資源と定義した。この定義は、もともとのＪ・Ｓ・コールマンの定義（Coleman 1990）がそうであったように多義性の問題を抱えるが、その反面、社会関係をとりまく諸々の文脈を照射する利点がある。例えば、事業の資金繰りに困っていた人のためにその友人が百万円を集めてくれたという援助イベントを観察したとき、この二人の具体的な関係ということ以上に、社会関係資本は次のような援助イベントの説明要因に目を向けさせる。その関係を信頼や互酬性の規範からみたときの一般的性質、彼らが自らを含む社会ネットワークのなかで占める位置、そのネットワークを凝集性や階層性からみたときの性質、等々。つまり、友人が百万円を集めてくれるということを可能にした社会関係資本の蓄積プロセスの分析である。

R・サンドファーらはやはりコールマン流の定義を尊重しつつ、次のように提案する（Sandefur and Laumann 1998）。社会関係資本は、利益 benefit、すなわち、ある特定の目標達成においてある形態の社会関係資本が行為者にとって固有の有用性をもつ、まさにその観点から定式化されるべきだと。そうした利益として彼らは、情報、影響ないし制御、連帯の三つが重要だという。先の例でも、友人の援助行為がなされるまでにこれら三つの利益がさまざまに生じて蓄積されたであろうことは、容易に考えられる。だとすれば、それらの利益に着目して、社会構造がどのような形態の社会関係資本の蓄積を介してそれを生むに至ったかを、遡って問うことができる。コールマンは社会関係資本を「機能」とみるが、それはプロセスを機能的結果から逆に辿る視点、つまり利益に着目して社会関係資本の蓄積プロセスを遡って探求する視点を示唆している。この趣旨でいうとサンドファーらの提案は、機能的結果である利益を特定することで機能主義的推論の拡散を防ぐ、という意義をもつ。つまり、多様な社会的メカニズムの関与を認める概念的多義性を受けとめながら、利益の性質の方からより直接的なメカニズムを絞り込むようなスタンスである。

（2）　ソシオセントリック・ネットワークの視点

そうしてより直接的なメカニズムを考慮して社会関係資本の蓄積プロセスを分析するためには、社会ネットワークの凝集性やクリークのあり方、そしてそのなかでの個人の位置関係を捉えることが不可欠である。第3章や第4章の測定問題のところで触れたように、社会学における社会関係資本の測定はエゴセントリック・ネットワークをベースにした個人的計測が主流であった。そこでは、知人同士の関係を聞いて少しでもソシオセントリックなネットワーク構造情報を引き出す工夫がなされてきたが、それは極めて断片的な情報にとどまる。地位想起法はマクロな計測視点を有しているが、あくまで階層地位の分布を代表する職業を示して、それらの職業地位の人びととの紐帯の有無を聞くだけなので、この紐帯情報を集計すれば何らかのソシオセントリック・ネットワークが姿を現すわけではない。

構造効果を想定した集計的計測も、アソシエーション数、社会活動や集合行為イベントの数や規模、あるいはまた犯罪率などが指標になることが多く、ソシオセントリック・ネットワークが直接測定されることはない。あるとすれば、それはソシオメトリーで典型的にみたように、特定の集団や団体ないしそれらの連合体を切り取ってその内部のネットワークを研究対象とする場合である。けれども厳密にいえば、この場合でも連合体の外に繋がるブリッジ（それによる橋渡し型社会関係資本の蓄積）を見落とす可能性がある。つまり、当該の連合体ネットワークを含むより大きなソシオセントリック・ネットワークを捉えていないのである。

ソシオセントリック・ネットワークの推測のためには、原理的には、全体社会における紐帯の分布が想定され、そこから紐帯を無作為に抽出するようなことが必要である。しかし、それを可能にする母集団情報をわれわれは持っていないし、サイバー空間まで考慮すればそもそも母集団を確定すること自体が不可能である。つまり、ソシオメトリックな対象の限定をかける以外にソシオセントリック・ネットワークを測定することはできない。しかしそれでもなお、社会関係資本の蓄積を司るのは、第一義的にソシオセントリック・ネットワークのメカニズムなのである。したがって社会学理論として社会関係資本の性能を増すためには、全体社会レベルのソシオセントリック・ネットワーク構造に多少なりともアプローチする手だてがほしい。

（3）「資本」であるがゆえの計測性と蓄積性

上述の留意点に則して理論と測定論の溝を埋める工夫をするとき、安易に「資本」としての性質を犠牲にすべきではない。典型的には持続可能な開発援助という開発経済学の応用から示唆されるように、社会構造がプロジェクト成功（地元の人びとの協力・参加の調達）の鍵をにぎるという主張は、社会関係資本の概念によって二重に強化された。第一に「資本」としての計測性と蓄積性、第二にそれにもとづく外部（開発援助主体）からのコントロール可能性である（佐藤 2001）。この性質ゆえに本概念は政策論の主舞台に登り得たのであるし、文理を越えて学際的関心を集めたのである。

本書は、社会学における社会関係資本の理論化を志向するものであるが、理論として磨かれた本概念が上記のようなコンテクストから離脱してしまうことを望むものではない。本書が「資本」蓄積プロセスに着目し、そのプロセスが展開する主たる場としてソシオセントリック・ネットワークの測定にこだわるのは、そのためである。

2　関係基盤による研究プログラム

以上を考慮したうえで、本書は関係基盤という概念装置を導入する（Misumi 2008b）。

関係基盤の概念　人間関係を取り結ぶことは、エゴをとりまく他者との結合／分離の布置再編を意味する。一定の時間や諸資源の制約のもとで特定他者との結合を強めることは、相対的に、それ以外の他者との分離を強めるからである。しかし個々のつきあいの変化がすぐさま全体的な絆の再編をもたらすかといえば、決してそうではない。われわれの社会は、その変化の影響を緩衝する社会的仕組み、個人側からいえば特定他者とつきあうことの機会費用を減ずる仕組みを、いろいろな形で工夫している。例えば、何らかの共同目標のための共同行為への参加によって、同時に複数他者との結合を強めることができる。認知的には、特定他者との特定の関係を根拠にして、ある種のメンバシップの拡張を行うことができる。また規範的には、特定他者との信頼関係が、別の他者から信頼を得るために効果的に働く場合がある。これらいずれの場合も、エゴが結合を望む他者たちと何らかの共通のつながりをもっているか否かは重要である。そうしたつながりがあれば、共同目標をみつけやすく、メンバシップを拡張しやすく、また、信頼を得やすいからである。

関係基盤とはまさにそうしたつながりのことで、日本では従来「縁」と称されてきたものに近い。しかし「縁」は第一義的に結合原理であるのに対して、関係基盤はそのネットワーク的な意味を強調する。すなわち、それは以下のように定義される。

〈関係基盤 net-base の定義〉　さまざまな属性は、それを共有する人びとからなる潜在的なソシオセントリック・ネットワークを指標する。そうした指標機能をもつ属性を、関係基盤という。

いま「平成元年A高卒」で毎年親睦を重ねているグループがいるとしよう。「平成元年A高卒」は彼らを結ぶ関係原理である、と同時に潜在的には、その集まりに参加しない当該同窓生全員を含むより大きなネットワークを指標する。指標するとは、具体的には「平成元年A高卒」という属性が、その集まりの案内状を誰に出すべきかの最大範囲（ソシオセントリック・ネットワーク）を定義する、という意味である。また、潜在的とは、仮に音信不通の人でもその属性を共有する限りいつでもその集まりに参加し、紐帯をアクティブにできる、その可能性をもつという意味である。関係基盤は、このような潜在的ネットワーク指標としての「縁」（共有属性）の性質を切り取るための概念なのである。

それでは、関係基盤と社会関係資本の関係はいかなるものであろうか。それを以下に三つの論点から考えよう（Misumi 2005a：7-8）。

第一に、紐帯やそのネットワークは関係基盤に照らして認知され、理解され、形づくられる。

関係の認知基盤

社会関係は、状況の類型的意味づけにかかわる観念である。辞書的には行為者間の反復的な相互作用にもとづいて定義されることが多いが、本来的にはむしろ相互主観的状態の類型化認識である。つまり、互いに相手のことをどうみているか、相手に対してどういう感情をもっているかということ、具体的には、敵か味方か、上か下か、好きか嫌いか、友だちか他人か、といった類型化である。社会関係資本の重要要素とされる信頼も、この意味では類型的意味づけの一種に他ならない。ともあれ、こうした類型化に際して、関係基盤は不可欠な手掛かりとなる。もちろん、この類型的意味づけは、それと期待される行動とを対応づける規範的知識のもとで実質的な意味をもつので、関係基盤は単なる類型の印ではなく、こうした規範的知識を含む類型的意味づけのインデックスなのである。

行動規範は多かれ少なかれ特定の属性関係や制度上の地位関係に対応づけられるが、その対応関係がどれほど定型的ないし明示的であるかは経験的問題である。その程度は、当該の社会がどういう関係基盤にもとづくどういう社会関係を重要なものとみなすかに依存する。例えば年齢階梯を重視する社会では、年齢がさまざまな制度上の地位と結びつき、年齢に則した行動規範がフォーマルな形で発達するだろう（例えば成文化され、強力なサンクションが整備される）。このような関係基盤の制度化はしばしば資源分配と連動する。したがって、当該社会においてどのような関係基盤が有効なインデックスとなっており、それらがどのような形で社会階層に関係づけられるかを探ることは、資本形態の転換を含めて社会関係資本の蓄積プロセスのマクロな仕組みを分析するために有効である。(2)

重要なことだが、関係基盤として年齢を重視する社会では、社会ネットワークも年齢集団を基礎として発達しやすい。極端なイメージとしては、同年齢のソシオセントリック・ネットワークで社会が輪切りされるような状況である。このとき、エゴが同年齢の有力な他者と紐帯をもつことは、当該ネットワークにおける結束型社会関係資本の蓄積から利益を引き出すために重要であろう。また、年齢の異なる他者と紐帯をもつことは、橋渡し型社会関係資本の趣旨で、エゴが属さないネットワークで蓄積されている社会関係資本から利益を引き出せる、その蓋然性を高めるであろう。もちろん、現実の状況はもっと混在的であるし、加えて血縁、性別、エスニシティ、同窓、同郷といったさまざまな関係基盤にもとづくネットワークがこれに交差する。したがって、当該社会において有効なインデックスになっているいくつかの関係基盤が、全体としてどのような布置関係にあるかを探ることは、社会関係資本の蓄積プロセスを水路づける社会構造の分析のために有効である。

第二に、社会関係資本における投資は、何よりも関係基盤への投資である。従来、社会関係資本における投資としては大きく二つが示唆されてきた。一つは団体やアソシエーションまたはイベントに参加するようなやり方、いま一つは他者との紐帯を強めたり増やしたりするやり方である。どちらも一定の資源や時間（機会費用）の投入が必要であり、その点では大きな違いはない。しかし社会関係資本の蓄積プロセスの観点からみると、とくに第二の紐帯への投資に対しては議論の余地がある。

関係基盤への投資

確かに紐帯の強化は、他者が提供しうる資源を引き寄せるという意味で、投資として意味をもちそうである。しかし資本の蓄積をそのようにダイアド関係で閉じて考えるのであれば、社会的交換の概念で十分であろう。そこで社会関係資本が意味をもつのは、その投資の効果を、投資者と投資された他者のネットワーク関係、さらにはそれらのネットワークを含むより包括的なネットワーク構造の視点で捉えるときである。語弊を恐れずにいえば、そうしたダイアド交換を可能にした背景的な社会構造の分析にこそ、社会関係資本の理論的価値がある。個々の紐帯レベルで何が起こったかは、分析の窓口にすぎないのである。

投資された他者は、多くの場合は等価交換の趣旨からではなく、けれどもその投資に刺激されて自分が関与する関係基盤に働きかけ、その基盤上のネットワークを活性化するだろう。それが影響利益や情報利益を生みだし、投資者にも利益がもたらされる。もちろん、そうした働きかけを行うかどうか自体が信頼や一般化された互酬性の規範に条件づけられるので、社会関係資本の蓄積プロセスは最初の投資時点で始まっている。もし投資者が、そのプロセスを円滑に進行させることを合理的に考えるならば、自分と投資先の相手が共有する関係基盤や、相手しかもたない関係基盤が何かといったことを慎重に考慮するだろう。自分とその相手との日常的関係は表出的であるかもしれない。それでもなお、そこに手段的目的が重なったとたんに、紐帯の背後にあるネットワーク構造が主題化されるのである。この意味でも、投資として照射されるべきものは紐帯ではなく、関係基盤なのである。友情は、（期せずして）当該の二人が共有する関係基盤への投資になっていて、それがその基盤上のネットワークにおける社会関係資本の蓄積を促している。だからこそ、いざというときに、その関係基盤を基軸にしてより包括的に社会関係資本の蓄積プロセスを活性化できるのである。

この点で、ネットワークが個人的危機の状況のなかでいかに使われるかを社会人類学的に研究したD・M・ボスウェルが興味深い（Boswell 1969）。彼はアフリカの都市ルサカにおいて、死別イベントに人びとがどのように動員されるかを観察した。そして次の点を強調する。

「親族の絆は持続的であるが、実際の関係性は活動を休止し、ライフ・サイクルの一定段階もしくは特殊な状況において復活されるにすぎない。……過去の多数の成員との連結は、環境の変化によって活性化されない限り、活動停止の状態であり続けるであろう。……それにもかかわらず、いつでも全社会的ネットワークの成員は危機的状況に対処するために動員される位置に潜在的に置かれている」（Boswell 1969：288, 295–296［訳 206–209］）。

この論点は、集合意識の高揚のために聖と俗のリズムが重要であることを論じたE・デュルケムの宗教分析を想起させる（Durkheim 1912）。社会関係資本の蓄積プロセスにおいても，これと同じようなリズムを考慮することが重要であろう。(3) そして関係基盤の重要な意味あいもここにある。すなわち，俗の期間に紐帯が潜在化してしまっても，関係基盤を共有していればその復活が容易であるということだ。

とはいえ，いざというときに基盤上のソシオセントリック・ネットワークがうまく活性化されるためには，常時ある程度の活性水準が平均的に保たれている必要があるかもしれない。(4) ここでも関係基盤は効率的な社会的装置として働く。すなわち，一般にある関係基盤を共有する人はたくさんいるので，いつも誰かが基盤投資をしていて，それが基盤上のネットワークをあちこちで部分的に活性化させ，全体的な活性度を比較的高いレベルで保持するのである。これは意図せずして協同作業に貢献しているようなものである。

投資効果の促進

第三に，投資は相互作用を活発にすることで社会関係資本の蓄積を促進する。ある関係基盤への投資はその基盤上のネットワークを活性化させると述べたが，それは直接的には，投資が当該の関係基盤を共有する人びとの間の相互作用を活発にし，それが基盤上のソシオセントリック・ネットワークにそって展開することを指す。この投資の波及効果は，以下の形で社会関係資本の蓄積を促す。

第一に，相互作用が活発になることで，ネットワークを構成する個人間の信頼や結合欲求，あるいは互酬義務が増す。これがさらに相互作用を強め，それだけでなく，信頼度の高い情報，効果的な影響，積極的な連帯のように，質の高い利益をもたらす。

第二に，間接的紐帯の劣化を防ぎ，全体に弱い紐帯を活用しやすくなる。例えば，個人 x から情報や支援の要請が生じ、xと紐帯をもつyがそれに応じられないとき、ソシオセントリック・ネットワークが活性化していればより容易に、同じ基盤上にいて対応可能なzから提供を期待できる。関係基盤が一般的で歴史が長ければ、それだけソシオセントリック・ネットワークの規模は大きくなり、概して密度は低く、構造的には孤立点を含めて小規模クリークが無数に含まれる構造になる。すなわちバートのいう構造的空隙が数多く含まれやすいので、上の例でいえばxとzの紐帯が非冗長なブリッジとなって、同じ関係基盤上にありながらほとんど見知らぬ人たちからなるクリークにアクセスし、そこから希少な利益を引き出すことができるかもしれない。こうして、眠っていた弱い紐帯が顕在化して、ソシオセントリック・ネットワークのなかに散在している潜在的利益を結びつける回路が増加するとともに、(聖と俗どちらの時期も)ネットワーク全体の活性度が上昇する。

第三に、ある関係基盤上にいる諸個人の属性の多様性に応じて、投資効果は複数の関係基盤に波及しやすくなる。一般に個人は社会的存在として多くの属性をもち、少なくともそのいくつかは有効な関係基盤となっている。そのなかの一つの関係基盤に着目するとき、その基盤にメンバシップをもつ諸個人の属性が同質的であれば、そこでの相互作用が他の関係基盤に波及することは起こりにくい。問題の関係基盤上のネットワークの成員は、自分がメンバシップをもつ他の関係基盤上のネットワークにも属する、そうしたネットワークの重複度が高くなるからである。それに対して、当該の関係基盤にメンバシップをもつ諸個人の属性が多様であれば、ネットワークの重複度が低くなり、相互作用の展開が別の関係基盤上のネットワークに波及することが起こりやすくなる。

これは機会費用の低減と関係する。つまり、個人は、ある一つの関係基盤に投資することで、それとは異なる関係基盤へのチャンネルを確保できる。いいかえれば、特定他者との関係にコミットしたとしても、その他者が自分とは異なる多様な属性を有しているならば、必ずしも機会費用は増大しないのである。こうして、特定の関係基盤に投資してそこでの結束型社会関係資本の蓄積を促しながら、同時に、別の関係基盤とのあいだで橋渡し型社会関係資本の蓄積を刺激することが可能になる。結束型と橋渡し型の緊張関係については第4章で論じたところであるが、関係基盤に着目することで、この両者を両立させる社会的仕組みを明示化することができる。

研究プログラムの趣意

社会関係資本の研究プログラムのために関係基盤の概念を導入した目的は、関係基盤が社会関係資本の蓄積の場としてある、その度合いやあり方を問うことである。そのためには関係基盤上で発生している利益が重要な手掛かりになる。先にサンドファーら（Sandefur and Laumann 1998）に言及して確認したように、社会関係資本の蓄積が直接的に生み出す利益としては、情報利益、影響ないし統制利益、連帯利益などを想定できる。これらのいわばメゾ・レベルの利益（厳密にはその付加価値性）に関わる要因としてネットワーク構造、一般的信頼、一般化された互酬性の規範などが着目されてきたことは、既に述べた。本書は、社会関係資本概念の多義性を受け入れる立場として、これらの概念的優劣を論じることはしない。むしろこれらはすべてが資本蓄積プロセスに関わるものとして総体的に捉えるべきだと考える。そのための有望な研究プログラムが合理的選択と融合したネットワーク・ダイナミクスにあるであろうことは、何度か指摘したところである。けれども、本書はそれとは異なる関係基盤による研究プログラムを提唱する。その意図は、局所的で個別的なメカニズムの積み上げだけでは見えてこない資本蓄積プロセスの全体像を浮かび上がらせたい、という点にある。

少し悲観的にいえば、社会関係資本はこのままでは単なる比喩的概念として研究が廃れていく可能性が大きいと考えている。前途有望なネットワーク・ダイナミクスの理論にしても、社会関係資本の概念のもとでなければ展開できないというものではない。少なくとも社会学において本概念が生き残る可能性は、本概念がもたらした次の効用をわれわれがどれだけすくい取ることができるかにかかっている。すなわち、社会構造が資本的にみえるメカニズムをもつという比喩的視点のもとで、これまで関係論的社会学で議論されてきたさまざまなことを統合する、という効用である。第１章および第２章でみたように、関係論的社会学の歴史は分厚く、第３章および第４章でみたように社会関係資本の概念や論点のほとんどは、その歴史のどこかに容易に遡ることができる。本書が本概念の多義性を尊重するのは、それが多面的な関係論的社会学の歴史の上に立っていることを重視するゆえである。

けれども一方で、個別的なメカニズムは従来の関係論的社会学が明らかにできることであり、社会関係資本はそれらが寄り集うための旗印にすぎない、というつもりはない。むしろ本書は、社会関係資本が独自にもっている、社会関係のマイクロ・マクロ・リンク理論を切り開く可能性に迫ろうとしている。残念ながら従来の膨大な社会関係資本の研究のなかに、こうした理論構築を明示したものは見あたらない[5]。そこで本書は、独自に関係基盤による研究プログラムを立てることでその先導を企図しているのである。

さて、利益を手掛かりにするとしても、前述のメゾ・レベルの利益は、少なくとも標準化された計量的調査によって直接計測することが困難である。個人を対象としたサンプリング調査を想定するならば、現実的なのはマイクロな個人レベルでこれらの利益の結果を捉えることであろう。つまり、社会関係資本を個人レベルでみたときの直接・間接のリターンないし「配当」の計測である。これは実際にはさまざまな形態をとるので、一意的にこの個人的リターンはこのメゾ・レベル利益の所産であると対応づけることは、難しいだろう。また、情報利益が影響利益を増し、それがいくつか組み合わさって連帯利益を生むといった具合に、資本蓄積のプロセスは一元的ではあるまい。したがって個人的リターンから資本蓄積プロセスに遡って推論できることは限られている。その最低限の推論の余地を確保するためにとられてきた従来の方法は、リターンを運んだ社会的紐帯の情報をおさえる方法である。

この方法に依拠する点は従来のパーソナル・ネットワーク研究と同じであるが、われわれはそこに明白な理論的仮定をおく。すなわち、以下である。

〈関係基盤論の理論的仮定〉 個人レベルのリターンは、それを運んだ紐帯が属するソシオセントリック・ネットワーク上で社会関係資本の（何らかの）蓄積がもたらした結果である。

この仮定にもとづき、そこで作動した個別的な資本蓄積プロセスに迫るよりは、それらプロセスを条件づける社会構造に焦点をおく。そのための概念装置が、紐帯が帰属する関係基盤なのである。

この分析図式によって、社会関係資本の蓄積プロセスを想定したパーソナル・ネットワークや構造効果の類推的分析がやりやすくなると考えている。従来の研究は、その蓄積プロセスをブラックボックスに入れたまま、関連概念を手がかりに社会関係資本を断片的に指標化し、それら指標を独立変数として、社会関係資本の結果と目される従属変数を説明する形が多かった。けれども、社会学における社会関係資本の理論的価値を定めるには、その蓄積プロセスの解明を主題におかなければならない。そのための有望な方法はネットワーク分析なのであるが、それが有効性を発揮するのはソシオセントリック・ネットワークの分析であり、その計測上の制約から分析水準は中間集団レベルにとどまる。全体社会レベルの社会関係資本のマクロな仕組みに多水準的にアプローチするためには、個人ベースのサンプリング調査やインタビュー調査によって収集されるパーソナル・ネットワーク・データの活用が、不可欠なのである。先に述べた利点はまさにその点、つまり、社会関係資本の蓄積プロセスに関わるマクロ構造の推論を、個人のパーソナル・ネットワークにもとづくマイクロ・マクロ・リンクとして展開できる可能性を示唆している。

3　関係基盤の構造を捉える

以上の研究プログラムに則して、著者が測定法の開発とともに概念のフォーマライゼーションを目論んで行ったパイロット調査がある。以下、それにもとづいて、関係基盤の構造を捉える分析フレームワークを試論しよう（Misumi 2008b）。

関係基盤の構造特性

ここで想定されている社会関係資本の例として、やや特殊だがわかりやすいのは団体参加である。団体のメンバシップは、そのすべてのメンバーから成るソシオセントリック・ネットワークを指標する関係基盤である。そのネットワークでは、メンバーの活動や貢献（すなわち投資）に応じて一定の価値が蓄積されている。多くの場合、実際に蓄積プロセスが活性化しているのはその部分ネットワークであろう。しかし、今はそれに関与していない成員であっても、同じ関係基盤を共有する者として比較的わずかな投資によりそのアクティブ・ネットワークに紐帯をつなぐことができる。それは幽霊会員や新規の加入者でも可能だが、その場合はそれなりにより大きな取引費用が発生する。紐帯をつなぐためにより多くの情報収集や親交時間や仲介が必要だったりするからである。

これらのコスト軽減に際して、当該の団体メンバシップと他の関係基盤との関係は重要である。M・グラックマンは、二つ以上のコンテクスト（近隣、仕事の同僚、親同士、同一宗教など）によって連結する多重的関係 multiplex relations と、そのうち一つの関係のみで連結する単一的関係 simplex relations を区別している。そして、多重的関係の重要な性質は、ある一つの関係がもつ諸資源が他の関係において転用して使われることを可能にする点だと述べる（Gluckman 1967）。まさにこの議論が示唆するように、もし当該の団体メンバシップが他の複数の関係基盤と重層していれば、成員はさまざまな縁に訴えて紐帯をより少ないコストで効果的につなぐことができるだろう。同時に、関係基盤の重層性は、互いに複数の縁でつながっていることから成員たちの帰属感を揺るぎないものにし、それによって結束型社会関係資本の蓄積が促進されるであろう。

これが、社会関係資本の蓄積プロセスを条件づける関係基盤の構造特性の第一、すなわち、関係基盤の重層性である。

以上は明らかに共同財の供給（Hechter 1987）を類推しているが、当のヘクターやネットワーク閉鎖性（Coleman 1990）の議論が示唆するように、収益性の高い結束型社会関係資本へのアクセスは限定される傾向がある。しかしそれでもなお、そのアクセスは、当該の関係基盤を共有する人びとに厳密には限定されない。上の例では、ある人が団体に加入せずに、そのなかのアクティブ・ネットワークにアクセスすることは可能である。そのためには、そのネットワークの誰かと何か別の関係基盤を共有していればよい。こうして二つの異なる関係基盤のつなぎ目になるこの二人の紐帯は、ブリッジとして、橋渡し型社会関係資本の蓄積を促すであろう。これにはもう少し説明がいる。

第３章で触れたH・コッフェら（Coffé and Geys 2007）は、個人の団体所属からみてとれる諸団体のメンバシップ異質性に着目して橋渡し型社会関係資本を測定しようとした。そこでわれわれは、この測定の妥当性は、異質性が高い団体はそのメンバシップを通してより多くの社会的カテゴリーを交差させる、その意味で橋渡し型社会関係資本であるという理論的仮定に依拠することを確認した。実はこの議論は、社会的カテゴリーを関係基盤におきかえれば、われわれのここでの議論とパラレルである。一般的には、さまざまな社会的カテゴリーに関する成員の異質性が高ければ、つまり、さまざまな関係基盤に関わる人びとが成員であれば、その団体基盤上の密なネットワークが他の密な基盤ネットワークとのあいだに構造的空隙を生む蓋然性は高い。なぜなら、成員の異質性が高ければ、その空隙を橋渡しするための関係基盤をもつ成員は少数しかいないはずなので、その橋渡しは非冗長なブリッジになりやすいと考えられるからである（Burt 1992）。

議論は、複数の関係基盤ネットワークを含むより大きなネットワークに及んでいることに注意されたい。すなわち、関係基盤の構造としては、そうした複合的ネットワークの視点からみた個々の基盤ネットワーク間の連結を問題にする必要がある。この連結は、橋渡し型関係資本の蓄積を促し、複合ネットワーク全体でみたときの付加価値を増大させうる。ただし、それぞれの関係基盤ネットワークにおいては、連結のあり方によっては連帯や閉鎖性が崩れて結束型社会関係資本の蓄積が滞ることもありうる。したがって、関係基盤の視点からみると、結束型と橋渡し型の調整問題はそれ自体がマイクロ・マクロ・リンクとしての問題構成をもっていることがわかる。いずれにしても、こうした関係基盤の連結性は、社会関係資本の蓄積プロセスを条件づける関係基盤の第二の構造特性として注意しなければならない。

調査データと分析フレーム　以上二つの関係基盤の構造特性を、著者が実施したパイロット調査にもとづいてもう少し具体的に説明する。この一連の調査で著者は、関係基盤想起法 net-base generator とでもいうべき個人ベースの社会関係資本の測定を試みた。

第一調査は二〇〇三年一二月に、九州大学の低年次科目において受講学生一三六人に対して実施した文字通りのパイロット調査である（以下「学生調査」と称する：章末資料1参照）。そこでは次の三点についてパーナル・ネットワーク情報を得ている。すなわち、①親しい三人について、②その人たちとの縁（共通の関係基盤）、および、③その人たちからの金銭的ないし精神的援助の有無。関係基盤はあらかじめ一二種類にカテゴリー分けし、それ以上詳しくは聞いていない。したがって、例えば、高校同窓の縁であることはわかっても、何高校かまではわからない。そのため関係基盤としての「高校同窓」はさまざまな高校同窓の集合である。厳密には、どの高校同窓も関係基盤として同じような働きをすると仮定することになる。

第二調査は、福岡市民を対象にして二〇〇四年九月に実施した質問紙調査の一項目である（以下「市民調査」と称する：章末資料2参照)。計画サンプル六〇〇人を選挙人名簿から二段無作為抽出し、郵送調査（一部は学生が訪問回収）によって有効サンプル一二〇を得た。この質問では援助の内容を金銭面、精神面、情報面に分けて、家族・親族以外の親しい一人（Xさん）、および、その人の紹介で知り合った一人（Yさん）について、それぞれ三種類の援助の有無を聞いている。関係基盤は一四種類にカテゴリー分けし、回答者とX、および、XとYの縁（共通の関係基盤）をそれぞれ聞いている。この質問でも関係基盤の詳細は聞いていない。

どちらの調査も個人的なリターンに着目しているが、学生調査はとりわけ直接的な紐帯によるリターン窓口を捉えようとしているのに対して、市民調査は間接的な紐帯（その意味で弱い紐帯）によるリターン窓口を捉えようとしている。このように着眼点は異なるけれども、分析フレームは共通している。それは、第2章でみた二部グラフの考え方を援用して、紐帯を個人の側からではなく、関係基盤の側から集計するという分析フレームである。

この分析フレームの焦点は、K個の関係基盤を縦横に配置したK×K行列（これをRとする）であり、この行列Rの中身をどの紐帯に着目して埋めるかにある。単純な例を示そう。われわれは先の質問から、回答者と友人の紐帯がどの関係基盤にもとづくかを、次の行列Aで表すことができる。行に回答者（I人）、列に関係基盤（K個）を配置し、回答者iと友人の紐帯が基盤kならば$a_{ik}=1$、そうでなければ$a_{ik}=0$として、各要素を埋める。こうしてできるI×K行列Aを所属行列とみなす。例えば、回答者と友人が高校同窓の縁であるとき、その紐帯は高校同窓基盤に「所属する」とみなすのである。このとき$R={}^{t}AA$を計算すれば（${}^{t}A$はAの転置行列）、R（K×K行列）はすべての回答者と友人との紐帯を通して

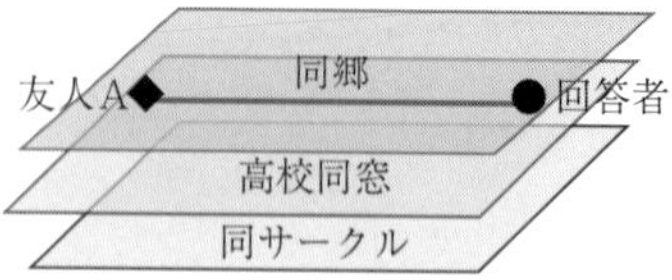

図5-1　関係基盤の重層性
（出所）Misumi（2008b：53［Figure 1］）を加筆のうえ再掲。

各関係基盤が互いにどのようにリンクするかを表す。

関係基盤に「所属する」のは紐帯であって、回答者個人ではないことに注意してほしい。先の例でいえば、学生はもとより市民の多くは高卒の属性を有しており、調査ではそのなかから友人関係があるケースのみを抽出しているので、個人属性として関係基盤への所属を考えることは適切ではない。この点での混乱を避けるために、個人と関係基盤との直接的な関係に言及するときには、「個人は（紐帯を通して）関係基盤に回路をもつ（回路が開かれている）」という言い方をする。

関係基盤の重層性

一本の紐帯が複数の異なる関係基盤に所属するとき、その紐帯は重層的であるという（**図5-1**）。重層的な紐帯は、複数の関係基盤に基礎づけられている点で、より堅固である。もちろん分析の焦点は、個々の紐帯ではなく、関係基盤の重層性である。これは、関係基盤が開いている回路の性質を、その回路を構成する紐帯の重層性から捉えた性質である。つまり、より重層的な紐帯をより多く回路としてもつ関係基盤は、重層性が高い。

基盤の重層性は次の方法で計測できる。まず、行・列ともに関係基盤を配置したK×K行列Mをつくる（学生調査ではK＝12、市民調査ではK＝14）。そのうえで、すべての回答者—友人紐帯の総数Tとし、各紐帯tに対応する行列M_tを考えよう。M_tの要素は、紐帯tが社会関係基盤kに所属し、なおかつlに所属していれば（k, l）要素を1とし、所属していなければ0とする。これにより各紐帯の重層性を表す

表５-１　重層性行列 M と重層性の指標：学生調査

	①	②	③	④	⑤	⑥	⑦	⑧	⑨	⑩	⑪	⑫	重層度	重層範囲
①親　戚	5	0	0	0	0	0	0	0	0	0	0	0	0	0
②同　郷	0	51	23	34	4	4	0	2	0	2	1	0	1.37	7
③小中校同窓	0	23	48	22	2	1	0	2	0	1	0	0	1.06	6
④高校同窓	0	34	22	107	10	10	0	1	1	1	0	0	0.74	7
⑤予備校同窓	0	4	2	10	24	3	0	0	0	1	0	1	0.88	6
⑥大　学	0	4	1	10	3	227	4	3	1	5	2	1	0.15	10
⑦アルバイト先	0	0	0	0	0	4	11	0	0	1	0	0	0.45	2
⑧趣味サークル	0	2	2	1	0	3	0	11	0	0	0	0	0.73	4
⑨ボランティア等	0	0	0	1	0	1	0	0	1	0	0	0	2	2
⑩メル友・ネット	0	2	1	1	1	5	1	0	0	10	0	0	1.1	6
⑪間接紹介	0	1	0	0	0	2	0	0	0	0	8	2	0.63	3
⑫その他（寮）	0	0	0	0	1	1	0	0	0	0	2	5	0.8	3

（注）表中央部の行列要素は、当該の重層組み合わせに該当する紐帯数を、すべての回答者―友人紐帯について数え上げたもの。主対角線は紐帯数に等しい。
（出所）Misumi（2008b：53［Table 2］）を加筆のうえ再掲。

T個の行列を得る。これらの M_t を t について加算したものが、基盤の重層性を表す行列 M である。M の主対角線は紐帯数をカウントしているだけで、重層性には関係しない。そこで、主対角線を除く行和をとり、それを紐帯数で割ったものを各基盤の**重層度**とする。また、重層性の広がりをとらえるために、M の各要素を０-１で二値化したときの主対角線を除く行和をとり、これを各基盤の**重層範囲**とする。学生調査についてこれらの指標の計算結果を示したのが**表５-１**である。

市民調査においても、直接紐帯と間接紐帯を別々に考えればこれと同様に、それぞれ重層性行列 M を作って指標を計算できる。市民調査の質問では直接・間接とも友人一人に限定しているので、紐帯が所属する関係基盤はそれぞれ一つの多重回答変数として示される。それを変数 A_{OX}、A_{XY} としよう。これらの変数について、それぞれ自分自身とのクロス集計表（$A_{OX}\times A_{OX}$、$A_{XY}\times A_{XY}$）

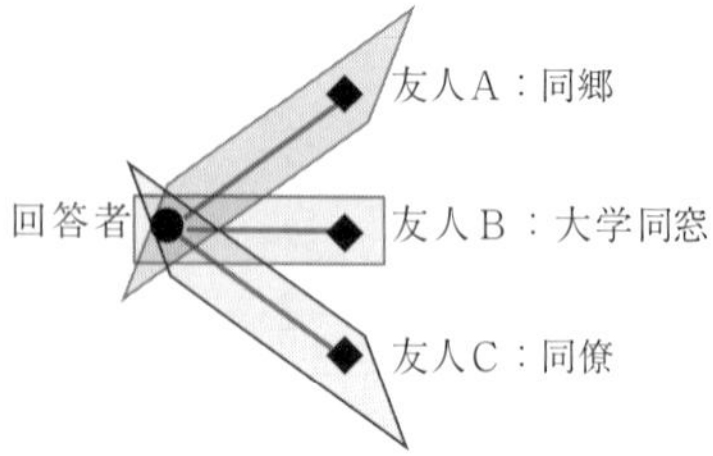

図5-2　関係基盤の連結性

（出所）Misumi（2008b：54［Figure 2］）を加筆のうえ再掲。

をつくれば、それが各々の重層性行列を与える。

関係基盤の連結性

連結性は、それぞれ異なる関係基盤に所属する複数の友人紐帯が、回答者を媒介して互いに連結する側面をとらえる（**図5-2**参照）。関係基盤kに所属する紐帯をもつ回答者に着目するとき、彼らの友人関係がばらばらの関係基盤に散らばっているほどkの連結性は強く、逆にそれらが同じ関係基盤k上に集中しているほどkの連結性は弱い。このようにある関係基盤の連結性の強さは、それが指標するソシオセントリック・ネットワークが、他の関係基盤が指標するネットワークとのあいだに連結点（ここでは回答者）をより多く有していること、その意味での開放性を表す。一方、連結性の弱さは、そうした連結点をもたない意味での閉鎖性を表す。

市民調査ではさらに、いまみた回答者媒介の連結性ではなく、友人媒介の連結性をみている。両者の違いは**図5-3**をみればわかりやすい。回答者の視点からみると、回答者媒介の連結性（**図5-3a**）のポイントは、自らが連結点として異なる関係基盤ネットワークに直接アクセスできるという選択性にある。一方、友人媒介の連結性（**図5-3b**）のポイントは、友人Aを連結点として直接アクセスできない関係基盤ネットワークへのアクセス機会を拡大できる点にある。このように両者とも、他の関係基盤への連結チャンネルの作られ方（開放性/閉鎖性）をみている。けれども、それが社会関係資本の蓄積プロセスに及ぼす影響を、投資・回収の異なる観測点（チャンネルとの関係における回答者の異なる位置）から

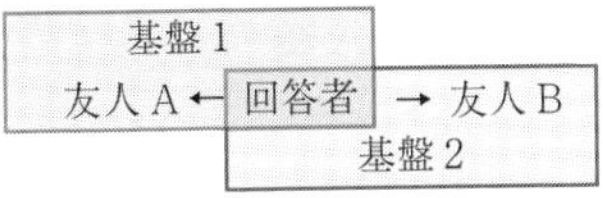

図５-３ａ　回答者媒介の連結性

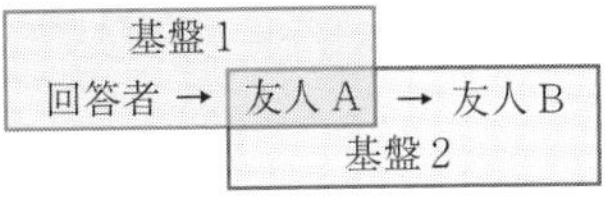

図５-３ｂ　友人媒介の連結性

（出所）Misumi（2008b：55［Figure 3］）を加筆のうえ再掲。

捉えているのである。すなわち、以下のように整理できる。

〈回答者媒介の連結性〉　社会関係資本に対する連結チャンネルの効果を、まさしくそのチャンネル部分に観測点をおいてみた場合。

〈友人媒介の連結性〉　社会関係資本に対する連結チャンネルの効果を、その利用者部分に観測点をおいてみた場合。

このように、関係基盤の連結性がもたらす連結チャンネル効果については、一般に連結点と回答者の位置関係に応じて個人的リターンが異なると思われるので、上記の区別に注意が必要である。

学生調査を想定して、回答者媒介の連結性の計測を説明しよう。まず、Ｎ人の回答者ごとに、行・列ともに関係基盤を配置したK×K行列C_nをつくる。C_nの要素は、三人の友人紐帯による基盤kとlの連結の有無を調べ、連結が一つでもあれば(k, l)要素を1とし、まったくなければ0とする。これにより回答者ごとの連結性を表すＮ個の行列を得る。これらのC_nをnについて加算したものが、基盤の連結性を表す行列Cである。このように、各々の組み合わせの連結をもつ回答者の人数をカウントすることになるので、Cの主対角線は紐帯の数に関わらず当該基盤に回路がある回答者数、すなわち回路数を与える。この回路数は連結性には関係しないので、主対角線を除くCの行和を求め、それを回路数で割ったものを各基盤の**連結度**とする。また、連結の広がりをみるために、Cの各要素を０-１で二値化したとき

表5-2　連結性行列 C と連結性の指標：学生調査

	①	②	③	④	⑤	⑥	⑦	⑧	⑨	⑩	⑪	⑫	連結度	連結範囲
①親　戚	5	2	2	1	1	4	0	0	0	0	0	0	2	5
②同　郷	2	32	19	25	6	27	1	2	0	2	1	0	2.66	9
③小中校同窓	2	19	40	31	6	30	3	2	0	1	1	0	2.38	9
④高校同窓	1	25	31	77	14	61	7	5	1	2	4	0	1.96	10
⑤予備校同窓	1	6	6	14	21	19	0	0	0	1	0	1	2.29	7
⑥大　学	4	27	30	61	19	119	8	7	1	5	5	3	1.43	11
⑦アルバイト先	0	1	3	7	0	8	10	1	0	2	0	0	2.2	5
⑧趣味サークル	0	2	2	5	0	7	1	9	0	0	0	0	1.89	5
⑨ボランティア等	0	0	0	1	0	1	0	0	1	0	0	0	2	2
⑩メル友・ネット	0	2	1	2	1	5	2	0	0	6	0	0	2.17	6
⑪間接紹介	0	1	1	4	0	5	0	0	0	0	7	1	1.71	4
⑫その他（寮）	0	0	0	0	1	3	0	0	0	0	1	3	1.67	3

（注）表中央部の行列要素は、各組み合わせの連結をもつ回答者の人数。主対角線は回路数に等しい。
（出所）Misumi（2008b：55［Table 3］）を加筆のうえ再掲。

の主対角線を除く行和を求め、これを各基盤の**連結範囲**とする。学生調査についてこれらの指標の計算結果を示したのが**表5-2**である。

市民調査では友人媒介の連結性が計測される。先ほどと同様に、紐帯の関係基盤所属を示す多重回答変数を、直接紐帯について A_{OX}、間接紐帯について A_{XY} としよう。このとき連結性行列 C は、$A_{OX} \times A_{XY}$ クロス集計表にもとづいて考えることができる。このクロス表そのものが C ではないのは、それが関係基盤の重層をともなう連結とそうでない連結を区別しないためである。例えば直接紐帯O-Xが「同郷」に所属し、それが間接紐帯X-Yによって「近隣」に連結する場合、これには次の二通りがある。

(a)　O—［同郷］—X—［近隣］—Y（重層なし。近隣はXとYのみの共有縁）

(b)　O—［同郷、近隣］—X—［近隣］—Y（重層あり。近隣は三者の共有縁）

友人媒介の連結性は、直接アクセスできない関係基盤へのアクセス機会の拡大がポイントなので、その意味で(b)は連結ではない。なぜなら、Ｏは重層によって「近隣」へのアクセス機会をすでに有しているからである。ところが $A_{OX}\times A_{XY}$ クロス集計表にはＯ-Ｘの重層性の情報が反映されない（A_{OX} では重層性がある場合は別の紐帯としてカウントされる）ので、このどちらに該当するかを判別することはできないのである。この判別は $A_{OX}\times A_{OX}\times A_{XY}$ という三重クロス集計表をつくってチェックしなければならない。このチェックによって、重層性によるみかけの連結を差し引いたものが、求める連結性行列 C である。

資本蓄積との関係

さて、以上のような関係基盤の構造特性が社会関係資本の蓄積プロセスにおいてもつ効果を推論するには、何らかの形で投資の収益性を測定する必要がある。ここでの分析フレームでは、それは次のような単純なやり方で計測化できる。まず、回答者の何割が関係基盤 k の友人をもっているかを、関係基盤 k の被投資率とみなすことができる。要するに友人がいれば投資しているとみなすわけだが、これは厳密には、友人関係があることは何らかの投資（時間・労力・金銭の投入や信頼を得る努力など）をともなう、という仮定にもとづく。その投資の収益性は、実際に援助が発生した割合でみればよい。関係基盤 k についてその割合を紐帯数でみれば、有効紐帯率のような指標を得る。また、回路数でみれば有効回路率をみることができる。紐帯数も回路数も基盤 k が回答者との間に開いている回路の量を計測するが、同一関係基盤の友人が二人以上いるとき、紐帯数はその個々をカウントし、回路数はそれらを一本に束ねてカウントする。

投資も回収も、個々の紐帯についてではなく、関係基盤を単位としてみている点に注意してほしい。

つまり、ある関係基盤（それが指標するソシオセントリック・ネットワーク）が、一定の投資を受けることによって、社会関係資本を蓄積させて何らかの利益を生む、そのプロセスの出入り口を量的に捉えようとしている。

こうして投資の収益性を測定できれば、関係基盤の構造指標との相関をみるのは容易である(6)。ただし、再度注意しておくと、ここでみているのはあくまで、例えば高校同窓という関係基盤が、個別的な高校による違いを越えて、他の関係基盤との関係でおしなべて有する構造特性である。そこでの連結性は、特定の高校と特定の企業との連結関係を測定しているのではない。けれども、仮に高校はおしなべてそうした連結関係を企業ともちやすいならば、われわれの連結性はそれを反映するはずである。

これと関連する代表性の問題として、仮に投資の収益性に重層性や連結性が効果を示したとしても、その統計的な有意性を吟味することはできない。市民調査はランダム・サンプリング調査であるが、もとより関係基盤のサンプリングではないので、厳密には統計的推測が成り立たない。しかし、ランダムに選ばれた個人的リターンの窓口からみえる関係基盤の構造特性という趣旨では、それなりに偏りの少ない推論になり得ているだろう。先に「おしなべて」といったのも、そうした意味での代表性の理解にもとづいている。

しかし統計学的な限界があることは否めないので、本章の分析フレームは関係基盤概念の明確化の目的にとどめておく。次章の実質的な議論では、この分析フレームに拠りながらもよりフレキシブルに分析法を探っていく。その前に、関係基盤の概念的な議論をもう少し続けよう。

4　シンボルとしての関係基盤──連帯論序説

関係基盤の概念を導入する目的として、実はもう一つ重要なことがある。連帯のマイクロ・マクロ・リンク理論の構築である。われわれは連帯利益を社会関係資本が生み出す付加価値として捉え、その生成メカニズムについては、M・ヘクターに従って共同財の生産という観点から一定の説明が可能であることを示唆してきた。けれども、連帯の仕組みは、同時に集合行為とは異なる合理的選択理論に馴染みにくいメカニズムを含んでいる。関係論的なマイクロ・マクロ・リンクの側面である。

連帯の問題

われわれはすでに第1章でA・シュッツに拠りながら、友情や〈われわれ〉関係は日常生活の現実を超越する現象であり、シンボルという間接呈示関係の助けを借りて個別的な人間関係から類比的なやり方でのみ把握できるものだ、という捉え方をした。社会関係は本来的に理念的であるから、関係論的なマイクロ・マクロ・リンクの課題は第一義的に個人の認識の問題として存在する。個人の外部世界の認識のなかに〈われわれ〉関係が如何にして現れうるかということである。先のシュッツの議論、あるいはより初発的にG・H・ミードの一般化された他者の概念は、この側面での創発性問題に一定の説明を与えている。ただしそれらは、この課題のもう一つの側面をうまく説明しない。それは、もっと直接的に社会的な創発性問題、すなわち、なぜある人びとはある特定の〈われわれ〉関係認識を共有するに至りうるのか、という問題である。ここではこの後者の問題に引き寄せて、連帯をめぐる議論を再整理してみたい(7)。

心理学の系譜でこの問題に関連するものとして、K・レヴィンの場の理論（Lewin 1951）から展開した集団凝集性 cohesion の議論がある。ここで凝集性は「成員を集団にとどめようとするあらゆる諸力がもたらすもの」（Festinger et al. 1950）とされるが、なかでもそうした力として注目されたのは成員間の魅力 attraction である。レヴィン自身は、集団内の魅力や評判などの対人的諸力がつくる生活空間というゲシュタルト的概念を提唱したが、その後の実験研究では操作化の難しさからすべての二者間の対人魅力の平均が代用されることが多かった。いずれにしても、そこでは以下のプロセスが想定される。成員間魅力は欲求充足のための相互作用を促進し、それが相互的な欲求充足の機会をもたらすとき集団が形成される。集団形成は成員間の相互依存を強め、それが欲求充足を高め、凝集性が増す。この説明は、共同財に集団形成の源泉を求めるヘクターと重なる部分をもちつつも、ポイントを成員間の関係についての個人心理の変化、すなわち感情的なアタッチメントにおいている。

これに近い観点からの社会学的議論はT・パーソンズにみられる（Parsons 1951）。彼によれば連帯は、成員相互の対人的紐帯と、成員-集合体の関係の、双方を含み制度化された忠誠 loyalty である。ここで対人的紐帯は、他者が報酬の組織的システムの源泉となり、関係が制度化された役割関係システムに埋め込まれている、そのような自他の表出的統合とされる。この議論はやはり感情的アタッチメントに着目しているが、成員間魅力のみならず、アタッチメントの客観的対象としての集合体への忠誠に注意を喚起する点で重要である。

これらの感情論的アプローチ（Markovsky and Lawler 1994）によれば、人びとが集団に参加し留まるのは、彼らがその集団と成員たちに感情的なアタッチメントをもつからである。けれども、依然として疑問は残る。第一に、成員間魅力と成員‐集団間魅力の関係、あるいは、それらと〈われわれ〉関係の共有をとり結ぶメカニズムはいかなるものか。第二に、集団の規模は問題ではないのか、というよりも、連帯は常に集団を前提にせざるを得ないのか。

この第二の疑問については、われわれがひとまず脇においた合理的選択理論をみても、実は釈然としない。M・ヘクターは集団を前提に、成員が補償もなしに集団に対する義務に従う程度によって、連帯の水準をみる（Hechter 1987）。彼によれば、高水準の連帯の条件は、成員が望む排除可能な（ただ乗り抑止のため）共同財の生産にある。したがって、M・オルソンの古典的命題（Olson 1965：木村 2002）からしても、大規模集団では何らかの補完的な仕組みがなければ高水準の連帯を維持することは難しい。J・S・コールマンはシステムの凝集性について、類似した観点を示している。すなわち、システムの凝集性は、人びとの利害が交換関係を形づくり、さらに人びとがただ乗り（その外部性）の統制に関する利害にもとづいて振る舞う、その程度に規定される（Coleman 1990）。このように集団はシステムに一般化されているが、規模の制約を受ける点は同じである。

適正規模の拡張

要するにこれらの議論によれば、共同財という協力誘因とただ乗りの外部性、この両者が合理性を担保する社会関係資本（規範、信頼、サンクション）が、連帯利益を生む。それは基本的には結束型の社会関係資本であり、その収益性が高い集団には自ずと適正規模がある。一方で、いま一つ考慮しておきたいことは、集団は共同財の供給に失敗しているときでも（だからこそ逆に）連帯が強まることがある、という事実である（Markovsky and Chaffee 1995）。これは集団間関係や、より広い社会的コンテクストに、集団連帯を位置づけてみるべきことを気づかせてくれる。

われわれは第1章でデュルケムに言及した際に、有機的連帯の生成は一定の連帯すなわち道徳的紐帯を条件とすることを論じ、彼の連帯論の主題がこの道徳的紐帯の崩壊と再生であることを論じた（松田・三隅 2004）。彼が処方箋として論じた中間集団（職業集団）の再編は、連帯を分断するけれども、それは道徳的紐帯の（人為的な）生成・維持が現実性をもつための、適正な単位設定の問題として受け止めることができる。この趣旨でいうと先にみた感情論的アプローチや合理的選択理論的アプローチはどちらも、適正単位の連帯の議論にみえる。そこで問われているのは道徳的紐帯であり、デュルケム的な連帯のタイプでいえばむしろ機械的連帯である。

道徳的紐帯の基礎水準が向上した後の有機的連帯の生成については、もはやそれを分業（の正常化）に期待することは難しいであろう。グローバリゼーションが貫徹して分業が容易に国家の枠を越え、一方では家族や地域を分解して浸透する今日的状況では、そういわざるを得ない。そこで現代的な連帯の問いは、道徳的紐帯が適正単位を越える仕組み、これをすなわち有機的連帯の生成を促す仕組みとして、その中核におく必要がある。しかもわれわれとしては、この本来的に理念的な問いを、実証に耐える形で定式化したい。

そのための手掛かりを、B・マルコフスキーらの議論（Markovsky and Lawler 1994）に求めよう。彼らは連帯と凝集性に共通する中心要素として、到達可能性 reachability に着目する。これは、直接および間接の誘引的結合 attractive bonds によるネットワーク成員の近接性を指す。そのうえで連帯を次のように簡潔に定義する。行為者の集合は到達可能性が高いとき、凝集的であり、なおかつクリークが少ない（構造一体性 unity of structure が高い）とき、連帯的である。この構造的定義は、社会的ないし心理的な規定因と結果の混在を排除すること、および、「行為者の集合」として下位集団が埋め込まれた大規模集団を視野におくことをねらったものである。

さらに、社会的アイデンティティ論との接合という重要な展開がなされる（Markovsky and Chaffee 1995）。社会的アイデンティティ論は、成員間魅力ではなく、共有された自己同定にもとづく集団メンバシップに着目することで、集団内の凝集性問題を、集団間関係のコンテクストに移すことに成功した（Hogg and Abrams 1988）。そこでは、集団メンバシップの共有がゆえに個人が惹かれ合う社会的誘引が、個性や差異によって個人が惹かれ合う対人的誘引と区別される。J・C・ターナーらはこの集団メンバシップをさらに自己カテゴリー化として一般化し、集団形成は、ある個人が一人以上の他者と共有するカテゴリーに自己カテゴリー化していること、なおかつ、そうして形成される集団性にすべての関連行為者は自覚的であることを、必要十分要件とするという（Turner et al. 1987）。

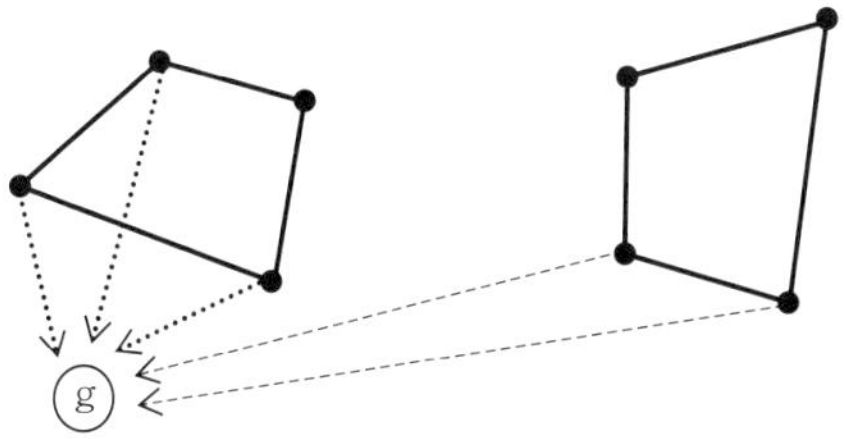

図５-４　社会的誘引による同定結合

（出所）Markovsky and Chaffee（1995：263［Figure 2］）に著者が加筆。

こうして**図５-４**に示すように、集団メンバシップの共有、あるいは、ある共通のカテゴリーへの自己同定を社会的誘引として、同定結合 identity bonds が形づくられ、それにより大規模集団における到達可能性が高められる。

連帯のシンボル論

社会的アイデンティティ論はあくまで集団形成を主題としているが、著者はこれをより抽象的な集合体の連帯に拡張できると考える。つまり、A・シュッツに拠りつつシンボル共有による社会的誘引を考える。なおかつ、関係基盤はしばしばシンボルとなることから、関係基盤論をその実証的アプローチの足場とする。これは形式的には集団メンバシップをシンボルにおきかえれば済むのだが、ポイントは、シンボルの間接呈示は高次の抽象度レベルで働くことである。そこには、拙稿（三隅 2010：54-55）で論じたように、そしてまた本書第1章でも言及したように、ある種の段階性を想定し得る。

間接呈示関係の段階構造はシュッツ自身の議論から読みとれるが、より明示的にはT・J・ファラロらによる連帯の構造同値的な定式化が参考になる（Fararo and Doreian 1998）。いま、Sを異なる構造レベルをつなぐメンバシップ関係とし、連帯的紐帯をSS^{-1}で定義する（S^{-1}はSの逆写像）。そうするとaとbの二人の連帯を$aSS^{-1}b$と表すことができる。これを、同じ王への忠誠により連帯する二人を表しているとしよう。そうすると、征服などによりこの王がシンボルとして間接呈示する王国が、より高次の王国に関係づけられ、その高次のレベルで二人が連帯を保つとき、そのことは$aS_1S_2S_2^{-1}S_1^{-1}b$といった具合にメンバシップ関係を段階的に増やすことで表される。この段階構造の仕組みでは、断続なしに、上位の連帯を下位で支える連帯に、あるいは逆に下位の連帯を正当化する上位の連帯にたどりつくことができる。

けれどもこうした連続性は一つの仮説にとどまる。B・アンダーソンは国民としての連帯の要件を、想像の共同体の視点から次のように説明する（Anderson 1983）。その構成員は、大多数の同胞を知ることもなく、それでいて各人の心の中には共同のコミュニオン（聖餐）のイメージが生きているのだと。国民の典型的シンボルは、無名戦士の碑なのである。ここに示唆される間接呈示の段階的構造は明らかに断続を含む。そして、むしろその断続にこそ、具体性および偶然性から超越するシンボルの仕組みが示唆されている。

抽象的なシンボル共有は、最低限の到達可能性を幅広く未知の人びとの間にもたらす。その形で、全体社会レベルで有機的連帯の可能性を切り開く。しかし上述のように、シンボルによる間接呈示が高次化する際の連続と断続は、簡単に答えがでない問題である。実際、この問題について経験的な吟味を行うことが、次章の主要課題の一つになる。

最後に、シンボル結合による凝集性および連帯と関係基盤の構造的特質との関係について、議論を補充しておこう。Ｂ・マルコフスキーらは連帯を弱める要因について論じている（Markovsky and Chaffee 1995）。彼らの構造的定義からして、それは直接的には、ネットワーク構造を維持する絆の弱体化ないし切断を指す。例えば図５-４において、長い波線で示した二本の線が切断されれば、このネットワークは二つの部分ネットワークに分断されて連帯は低下するであろう(8)。このとき、もし成員間に複数種類の関係があれば、それは連帯を脅かす諸力に対する耐性を増す(9)。関係基盤論に則していえば、ネットワークがより強固に凝集的であるためには複数のシンボル的関係基盤の重層性が重要だといえる。一方、ネットワークが構造的一体性を高めて連帯を増すには、一つの強力なシンボルが網羅的に成員間を連結させる形の他に、いくつかの多様なシンボルが交差的にシンボル連結を生み、それによって構造的一体性が保持される形も考えられる。この後者のとき、ネットワークがより連帯的であるためには、個々のシンボル的関係基盤の連結性が高いことが条件となる。

このようにして、関係基盤の重層性と連結性はともに、凝集性・連帯の促進を条件づける。次章で連帯の高次化を議論する際には、とりわけ連結性の役割に注目する。

注

（1）参考にフラップらがこのプログラムのもとで掲げる探求課題は以下である（Flap 1999）。とくにc）とd）を中心に本書のプログラムとリンクするところは多い。

a）社会関係資本の主要要素の探求：人びとの社会的資源のなかでとくに有効なネットワーク特性は何か。また、それと他の資源条件および諸制度との関係はいかなるものか（社会ネットワークはときに制度的制約の回避手段として価値をもつが、一方、ある種の制度は社会関係を安定化させて社会ネットワークの機能を促進する）。

b）社会関係資本の資本形態の探求：公共財的に幅広く役立つ形態と、特定の目標達成に役立つ形態。他の資本形態、とくに人的資本との代替ないし補強関係。

c）社会関係資本の創出・維持メカニズムの探求：意図的に創出されるものと、他の目的の活動の副産物との実質的違い。社会的紐帯の構築や再編の投資‐リターンに照らした意味あい。そこで生じる時間的ずれと割引率の問題、紐帯維持のコスト（機会費用）の問題、知り合う機会の空間的・制度的・時間的制約の問題、これらの問題を調整する仕組み。とくに、一般化された互酬性や信頼との関係。

d）社会関係資本の分布構造の探求：社会関係資本に関わる社会的資源の多元的分布の構造、また、他の資源分布との関係（資源の分配と所有権譲渡との関係）。社会的資源の流れを規定する社会集団のネットワーク構造（とくに各集団の閉鎖性と集団間の交差）。

（２）このあたりの関係基盤の制度化をめぐる議論は、役割の制度化とパラレルである。一般的には、関係基盤がある程度制度化されたところに社会学者は役割を発見するのであろう。その意味で関係基盤論は役割論を包摂するような理論的位置関係にある。

（３）ボスウェルの議論は、研究者がある一時点で測定したネットワーク情報に頼りすぎることの問題に、注意を喚起する。それはどうしても活性化している紐帯情報を拾い上げやすいからである。この点で資源想起法はイベントに際して復活した潜在的紐帯の情報も確認できる強みがある。

（４）松田・三隅（2004）はデュルケムの議論に則して、道徳的紐帯が一定水準なければ、分業が有機的連帯を生成することができないことを数理モデルで解析的に示している。この分析はここでの議論にとっても示唆的である。

（５）社会関係資本に関わる個別的なメカニズムを無理に全体社会レベルにシフトさせて議論しようとすると、そこにありうる創発性を見落としやすい。パットナムが定着させた生態学的な社会関係資本の実証研究（Putnam 2000）は、概してその点の配慮が弱いと見受けられる。信頼のメカニズムを文化論ないし文明論にシフトさせたFukuyama（1995）や山岸（1998）も、示唆に富む試みではあるが、そうした創発性への疑問を残している。

（６）ここで用いたデータにもとづく実際の分析結果に関心がある読者は、拙稿（Misumi 2008b）を参照されたい。

（7）連帯は、資本主義体制のグローバル化と国家の摩擦のなかで、一九九〇年代から主題として急浮上してきた。とりわけ福祉国家に関わる思想と制度の問題としては田中（2006）、武川（2007）やRosanvallon（1995）、一般理論的にはDoreian and Fararo（1998）が参考になる。これらは優れたレビューを含むので、連帯をめぐる全体的な議論はこれらに委ね、以下では本論に関連する議論のみを再整理する。

（8）逆にいえば、全体が分断されても、部分の連帯は残る。デュルケムが示唆する集合意識の時間的リズムの重要性を考慮すれば、日常ではそうした部分的連帯が入れ替わり立ち替わり息づいていて、非日常の全体的な盛り上がりに向けた準備状態となっていることが重要かもしれない。関係基盤は、そのための紐帯の切断と掛け直しを効率化する。

（9）マルコフスキーらもこの関係の性質を重層性とよぶ。

■資料１【学生調査質問文】

あなたが現在親しくつきあっている人を３人、思い浮かべてください(ご両親とキョウダイは除きます)。下のように、思い浮かんだ順にＡさん、Ｂさん、Ｃさんとします。３人思い浮かばないときは、残りの記号の左［　］に×印をつけてください。

（1）さて、これらの人とはどういう縁になりますか。人の●と該当する縁の●を線で結んでください。該当する縁が２つ以上あるときは、すべて線で結んでください。

（2）あなたはこの数年間に、Ａ～Ｃの人から金銭面や精神面で援助してもらったことがありますか。ある場合は、その人の左［　］に○をつけてください。

（3）あなたはこの数年間に、Ａ～Ｃ以外の人から、金銭面や精神面で援助してもらったことがありますか。ある場合はその人とあなたとの縁を、該当する縁の右［　］に○印をつけて教えてください。(複数あるときはいくつでも○)

	● 親戚の縁…………………………………	［　　］
	● 同郷の縁…………………………………	［　　］
	● 小中学校同窓の縁………………………	［　　］
Ａさん ●	● 高校同窓の縁……………………………	［　　］
	● 予備校の縁………………………………	［　　］
	● 大学のクラス、サークルの縁…………	［　　］
Ｂさん ●	● アルバイト先（学外）の縁……………	［　　］
	● 趣味サークル（学外）の縁……………	［　　］
	● ボランティア活動等（学外）の縁……	［　　］
Ｃさん ●	● 携帯メールやインターネットを通じた縁‥	［　　］
	● 家族や友人の紹介による縁……………	［　　］
	● その他……………………………………	［　　］
	(具体的に：	

■資料２【市民調査質問文】

あなたが現在もっとも親しくつきあっている人を１人、思い浮かべてください（両親、キョウダイ、親戚を除きます）。その人をＸさんとします。

（１）あなたはここ数年の間に、Ｘさんから直接、①金銭面（お金の貸借や保証人など）、②精神面（親身な相談など）、③情報面（自分や家族の仕事・進学・生活設計にかかわる重要な情報）で助力を得たことがありますか。

①金銭面での助力……　１．ある　２．ない　３．わからない
②精神面での助力……　１．ある　２．ない　３．わからない
③情報面での助力……　１．ある　２．ない　３．わからない

（２）それでは、Ｘさんの紹介で知り合った別の人（Ｙさんとします）から、同じくここ数年の間に①～③の援助を得たことがありますか。

①金銭面での助力……　１．ある　２．ない　３．わからない
②精神面での助力……　１．ある　２．ない　３．わからない
③情報面での助力……　１．ある　２．ない　３．わからない

（３）あなたとＸさんはどういうご縁ですか。下欄の縁の中であてはまる番号をすべて書き出してください。また、ＸさんとＹさんをつなぐ縁についてご存じでしたら、同様にあてはまる番号をすべて書き出してお教えください。

ａ）あなたとＸさんの縁……［　］［　］［　］［　］［　］［　］
ｂ）ＸさんとＹさんの縁……［　］［　］［　］［　］［　］［　］

1．同郷の縁 2．小中学校同窓の縁 3．高校・予備校同窓の縁 4．大学同窓の縁 5．同じ職場の縁 6．同業者団体などの縁	7．仕事の取引先の縁 8．近隣の縁 9．自治会・PTA・婦人会・老人会などの縁 10．ボランティア、生協運動などの社会活動の縁	11．趣味サークルの縁 12．メールやインターネットで知り合った縁 13．家族・親戚の紹介による縁 14．その他の縁 99．わからない

第6章　関係基盤から捉える社会関係資本

本章では、関係基盤の概念図式にもとづいて、社会関係資本の蓄積プロセスに関わる多水準推論を、個人のパーソナル・ネットワークから実証的に展開してみたい。マクロ・レベルの資本蓄積を考えるとき、現実的な問題として、また理論的にも重要と思われる課題が二つある。第一に、個別的な社会ネットワークに則した社会関係資本の蓄積プロセスが、社会階層と相互規定して資源の不平等分配に関わる側面を解明すること。これはもともとのブルデューやコールマン、そしてその後のリンやバートらの議論との関係を保持するために不可欠な問題側面である。第二に、そうした資本蓄積プロセスが他方では、公共財的な社会的資源、究極的には全体社会レベルの連帯の創出や維持に関わる側面を解明すること。これはパットナムやヘクター、そして社会的アイデンティティ論等との関係を保持するために不可欠な問題側面である。以下ではこの二つの問題側面を視野におき、そこに第4章で整理した理論的アジェンダを織り込みながら、関係基盤の図式による関係論的マイクロ・マクロ・リンク分析を例解する。

1　関係基盤のローカル・メカニズム

失業を支える社会構造

第一の課題，すなわち，個人のパーソナル・ネットワークや社会参加は，関係基盤の構造に条件づけられた社会関係資本にどのように媒介されて，マクロな社会レベルでの資源分配にどのように影響するのか，という課題から取り組もう。一般に，このようなマクロな資源分配に則した社会関係資本の意義は，大きく次の二つのコンテクストで問うことができるだろう（Misumi 2005a : 8）。

a）市場機会の拡大：市場的な資源分配に則して考えられるもの。

b）セーフティネット：市場の機能不全や資源再分配に則して考えられるもの。

そうすると，これらと緩やかに対応する形で，手がかりとする個人的リターンを以下の二つに類別しておくことは有用である。

α）物質的充足：生活の物質的・経済的安定や向上につながるもの。

β）精神的充足：生活の文化的ゆとりや精神的安定につながるもの。

4章で論じたように，社会関係資本と社会階層は微妙な位置関係にある。この関係を相対化しながら分析を進めるためには，狭い意味での階層研究に止まらず，すでにいくつかの研究（Lin 2001a : Chap.13 : Flap and Völker 2004）が示唆した生活機会の視点に歩み寄り，上記のようなより一般的な枠組みを想定することに意義がある。

はじめに、第一の課題に関わる関係基盤の個人を基点としたローカルなメカニズムを、谷富夫が行った沖縄の社会構造と移動生活史の研究（谷 1989）の二次分析によって考察する（三隅 2004, 2009c）。谷の研究は、那覇において「過剰」とみえる失業・無業に着目し、それを日常化（正常化）しているメカニズムを興味深く問いかけている。そして、世代内移動と地域移動（Uターン）に着目した生活史を収集し、沖縄型環流というべき移動パターンを析出してその類型的分析を展開している。その論点は以下の二つに整理できる。

(1) 那覇には卸小売・サービス業を中心とした零細事業所から成るインフォーマル・セクターがある。それは沖縄経済の弱さだが、一方そこにこそ、若年層の失業を実質的に「半失業」にくいとめる仕掛けがある。

(2) 那覇では若年層の本土就職・出稼ぎが多い反面、本土職場での定着率がきわめて低く、しかも離職者は失業が待ち受けていることを承知で帰島する。典型的には以下の移動パターンである。

[本土（進学）就職→二、三年で離職→U・Jターン→（失業）→出稼ぎ]

これは単純な労働市場モデルでは説明できない、一種の文化型ともいえる特異性である。

こうした仕掛けと移動パターンを解明するために、谷は、「テーゲー主義」を沖縄の人びとに共有された文化的基盤として据えつつ、①自力主義、②相互主義、③家族主義（情緒的・規範的）という三つの要因を組み合わせて、沖縄型還流の類型化を試みた。その結果、この三要因が揃った家族主義的自営業に、沖縄的生活様式の典型的な職業的表現を見いだした。これは、手職を生かし、資金を家族に依存し、仕事紹介を親戚・友人・知人に依存し、けれども人に雇われたり会社組織に属したりはしない、そうした職業的な生活様式である。一方彼は、他の要因が欠落するなかで、友人・知人ネットワークを頼りに相互主義のみで食いつなぐ自営被傭に、相互主義的半失業の典型を求めた。

さて、ここで問題にしたいのは次の点である。谷の分析では、家族主義的自営業と相互主義的半失業の分岐、あるいはまた相互主義的半失業における生活安定度（定職化への見通しを含む）の相違が、突きつめていえば本人の手職の有無と家族の資金援助能力の有無に帰着される。しかし谷の厚みのある生活史を読み比べていると、相互主義的な職獲得過程そのものに、職業経歴の分岐や相違を生む要素が示唆される。それは一つには、相互主義を形づくる社会ネットワークの「質」の違いであり、いま一つは、それと関連した社会ネットワークの利用の仕方における違いである。すなわち、社会関係資本への投資と利益回収のパターンが、そうした分岐や相違を規定しているということである。沖縄的成功の典型である家族主義的自営と半失業の典型である自営被傭は、ともに相互主義を要件としているだけに、両者の相互主義の違いを問うことは社会関係資本の蓄積プロセスの実験計画的な比較検証として、たいへん意義深い。そしてこの二次分析は、社会関係資本の蓄積に関わる関係基盤のローカル・メカニズムのよい例解でもある。

前章で述べたように関係基盤は、それに対応するソシオセントリック・ネットワークを指標する本来的に集合的な概念であるが、個人側からみてもその意味は明瞭である。つまり、個人がある関係基盤を有していることは、彼／彼女が当該基盤上のネットワークへとりつなぐチャンネルをもっていることを指標する。かくしてわれわれは次のようにいう。個人がある関係基盤にもとづいて誰かと対人的関係をつくることは、彼／彼女が当該の関係基盤に対応するネットワークへのチャンネルを選別的に開くことを意味する。そして彼／彼女は、そのことを通じて間接的に関係基盤に投資しているのであり、それによって当該ネットワークにおける社会関係資本の蓄積を促進させているのである。

こうして、個人を窓口にして社会関係資本の投資と回収を押さえながら、その間の資本蓄積プロセスを、当該個人をとりまく関係基盤の特徴から推論することがここでの課題である。逆にいえば、個人を基点とした関係基盤のローカル・メカニズムを明示することが、その推論の直接的な手掛かりとして重要である。

比較ナラティブ分析

そのメカニズム析出のために、ここではP・エーベルが提唱した比較ナラティブ分析 comparative narratives という手法を活用する（Abell 1987；三隅 2000）。これは、行為の時間的連鎖をグラフ化して比較分析する手法で、ここ二〇年あまりに目覚ましく発達した質的データ分析、なかでも系列分析 sequence analysis の一種である（Abott 1995）。とはいえさほど汎用的な方法でもないので、谷が家族主義的自営の典型として報告したYさん（事例18）のケースで手続きを概説しながら、分析結果を考察しよう（詳しくは三隅［2004］を参照）。

はじめに、移動に着目したYさんの生活史をもとにナラティブを作る。これは、行為を単位とする出来事の（逆行しない）時間的連鎖の記述であり、ある行為が別の行為を導く lead to 関係を切れ目なく確定できなければならない。[1] さらに、関係基盤のローカル・メカニズムを析出するために、以下の工夫を加える。[2]

（1）行為者を関係基盤によって類別する。

（2）行為を、行為フェイズ、資本投下フェイズ（社会関係の構築・維持）、資本回収フェイズ（社会関係を媒介にした就職・仕事斡旋・資金調達・住居提供・相談など）に三分類する。

（3）　関係構築・維持、そのさし控えや瓦解を、「行為」に含める。

以上にもとづき、導く関係に則して行為を逐次的に記載するナラティブ表を作る。Yさんの場合を**表6-1**に示す。行為者は自分自身（A）、血縁者（F）、友人・知人（R）、集合的な公的主体（P）で表記を使い分け、さらにそれぞれを関係基盤の違いによって番号で細分する。各細分カテゴリーには異なる複数の行為者が含まれることがあるが、それは同じ関係基盤として区別しない。行為は、一般行為（a）、投資（r）、回収（c）で表記を使い分ける。行為記号は、左上添え字で行為を行った行為者を示し、右添え数字で行為の通し番号を示す。例えば、${}^{A}a1$ はAによる一般行為が一番めになされたことを、${}^{AR1}r4$ はAとR1による共同投資行為が四番めになされたことを、また、${}^{F2}c17$ はF2からの資本回収（それに相当するF2の行為）が一七番めになされたことを、それぞれ示す。

このナラティブ表を、行為を頂点、導く関係をそれらをつなぐ線として、有向グラフで表したのが**図6-1**である。グラフの座標は、行に行為者、列に時間をとったフレームとし、さらに上に導入した三つのフェイズで分割する[3]。また、フェイズを越える行為連鎖を浮かび上がらせるために、フェイズごとに行為者を設定する。

次のステップとして、一定の数学的ルールにしたがってグラフの縮約を行う。縮約は、形式的にはグラフの構造を保持しながらいくつかの行為をひとまとめにすることであるが、それは同時に、意味的にいくつかの行為をより抽象的な行為カテゴリーに類別することである。縮約にはいくつかの方法があるが、ここで用いる相互行為モードの縮約は、言葉で説明すると次の通りである。

表６-１　Ｙさんのナラティブ表

【行為者】
Ａ：Ｙさん
F1：Ｙの両親（タテ血縁基盤）
F2：Ｙのキョウダイ（ヨコ血縁基盤）
R1：中高校友人（同郷学縁基盤）
R2：大学友人（異郷学縁基盤）
R3：職場友人（職縁基盤）
Ｐ：公的主体（企業・役場・団体）

【行為】
ａ：行為フェイズ
ｒ：社会関係資本投下フェイズ
ｃ：社会関係資本回収フェイズ

時間	行為前提	なされた行為
1954		^{A}a1：Ｙ誕生
	^{A}a1	^{AF1F2}r2：Ｙは家族関係をつくる
	^{A}a1	^{A}a3：Ｙは地元中・高校（名護高校）進学
	^{A}a3	^{AR1}r4：Ｙは野球部で学友関係を構築
73	^{A}a3	^{A}a5：Ｙは京都産業大学経済学部に進学（推薦）
	^{A}a5	^{AR2}r6：Ｙは少林寺部・寮で学友関係を構築
	^{A}a5	^{AF1F2}r7：Ｙは休暇のたびに帰省、兄弟も遊びに来る
	^{A}a5	^{AR1}r8：京都観光につめかける同級生と交流
77.3	^{A}a5	^{A}a9：Ｙは卒業、就職未定のままＵターン
		^{P}a10：名護市役所が求人
77.5	^{A}a9, ^{P}a10	^{A}a11：Ｙは名護市役所の試験を受けるが失敗
		^{P}a12：ハム会社が新聞で求人
77.12	^{A}a11, ^{P}a12	^{A}a13：Ｙはハム会社営業部に仮採用就職
	^{A}a13	^{AP}a14：会社が本採用しないためＹは組合に参加して闘争
	^{AP}a14	^{AR3}r15：Ｙは組合仲間と交流
	^{AP}a14	^{AP}a16：裁判闘争の末に組合委員長だったＹは解雇
	^{AF1F2}r7	^{F2}c17：兄が販売店共同経営をもちかける
79.8	^{AP}a16, ^{F2}c17	^{AF2}c18：Ｙは兄と那覇で販売店開業
	^{AR1}r8	^{AR1}r19：Ｙは高校野球部同級生と模合、青年会メンバーシップも保持
	^{AF2}c18, ^{AR1}r19	^{AF2R1}c20：高校同級生の紹介で仕事獲得
	^{AF2}a18, ^{AF1F2}r7	^{AF1F2}r21：Ｙは週末は名護へ、那覇の親戚づきあいはなし
	^{AR2}r6	^{AR2}r22：遊びに来る大学友人と交流
	^{AR2}r15	^{AR3}r23：Ｙは組合仲間としばしば交流

（出所）三隅（2004：22）の表を一部修正して再掲。

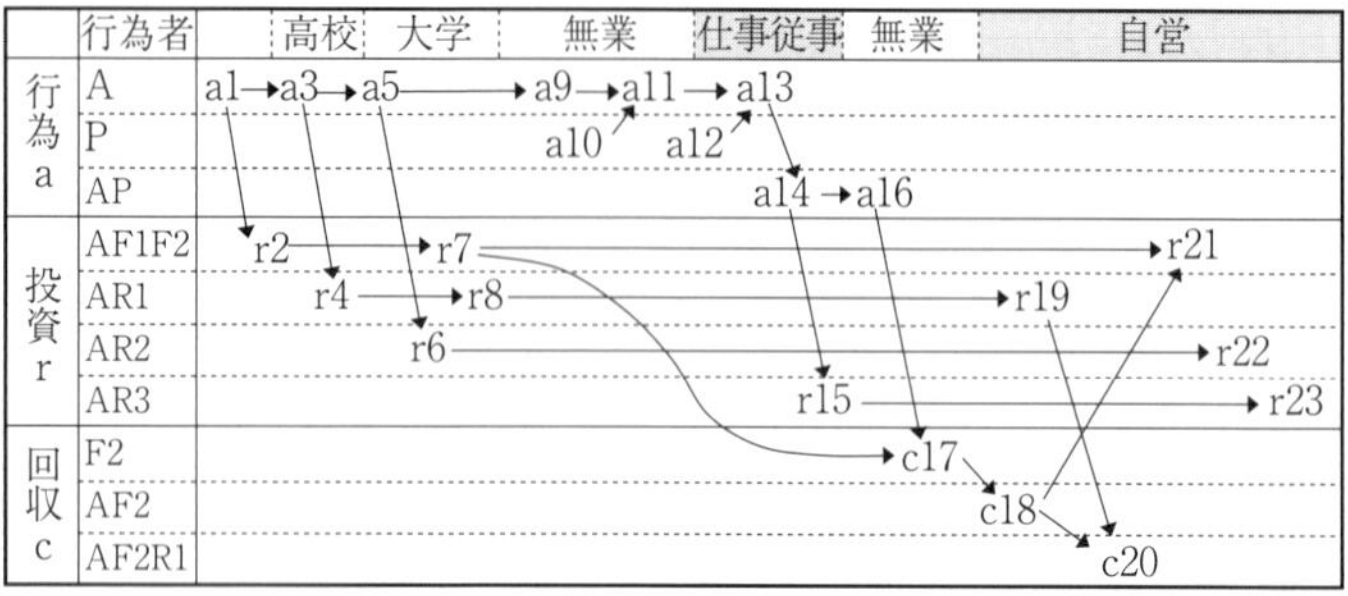

図6-1　Yさんのナラティブ初期グラフ
（出所）三隅（2004：23）の図を一部修正して再掲。

〈相互行為モードの縮約ルール〉　パスで連結された任意の行為者の両端行為を，そのパス上のすべての行為者の行為を含めて，ひとまとめにする。ただし，そこに含まれる行為のどの二つの間にもパスがなければならない。ある行為が同時に複数のまとまりに含まれてもよいが，縮約行為の間に包含関係が成立してはならない。

ただしここでも，もとのエーベルの方法にはない以下の制約を導入する。

（4）　縮約において行為，投資，回収のフェイズを越えて，複数の行為をひとまとめにすることはしない。

これにより，二つの端点行為が異なるフェイズにある場合はもちろん，仮に両端点は同一フェイズでも両端点をつなぐパス上に一つでも他のフェイズに位置する行為があれば，まとめあげは禁止される。この制約はグラフの単純化を大きく妨げるけれども，これによってフェイズ構造，すなわち社会関係資本の投資―回収パターンを保持しながらグラフの単純化を進めることができる。

図6-1のグラフにこの縮約を施した結果を，行為のまとめあ

表６-２　Ｙさんのナラティブ縮約表（相互行為モード）

	包含行為	抽象的行為内容		包含行為	抽象的行為内容
^{A}A1	a1, a3	出生、中学・高校生活	^{A}A8	a9, a11, a13	大卒業後Ｕターン、職探し
$^{\mathrm{AF1F2}}$R2	r2, r7	家族関係構築・維持	^{AP}A9	a14, a16	ハム会社と闘争、解雇
$^{\mathrm{AR1}}$R3	r4	高校友人関係構築・維持	$^{\mathrm{AR3}}$R10	r15, r23	闘争仲間づくり・交流維持
^{A}A4	a5	京都産業大学生活	$^{\mathrm{AF2}}$C11	c17, c18	兄の誘いで那覇で自営販売店
$^{\mathrm{AR2}}$R5	r6, r22	大学友人関係構築・維持	$^{\mathrm{AR1}}$R12	r19	高校同級生と交流を深める
^{P}A6	a10	名護市役所求人	$^{\mathrm{AF2R1}}$C13	c20	高校同級生の仕事紹介
^{P}A7	a12	名護のハム会社求人	$^{\mathrm{AF1F2}}$R14	r21	実家と交流、那覇親類とは距離

（出所）三隅（2004：23）。

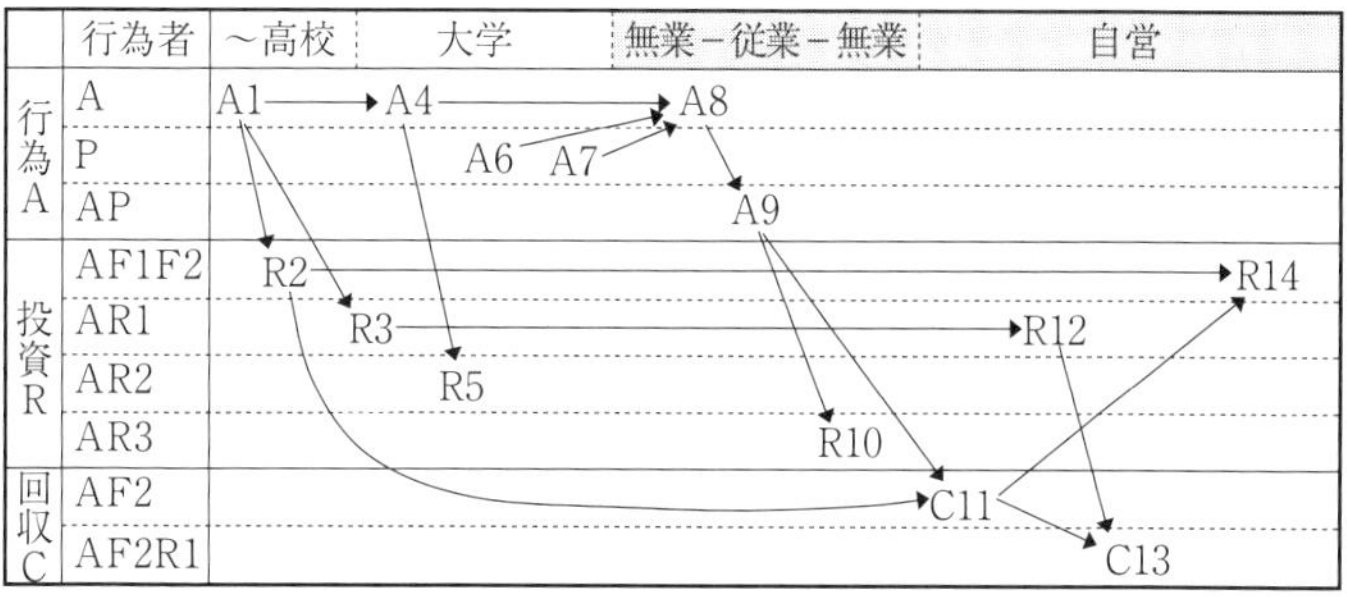

図６-２　Ｙさんのナラティブ縮約グラフ

（出所）三隅（2009c：157）の図を一部修正して再掲。

げの意味を示すナラティブ縮約表として**表6-2**に、また、縮約グラフとして**図6-2**に、それぞれ示す。

累積的蓄積パターンの発見　他の事例を掲載する余裕はないが、このYさんのケースを相互主義的半失業の諸ケースと比較するとき、いくつかのことが気づかれる（三隅 2004：11, 2009c：157）。第一に全体的な共通点として、職業経歴の早期では公的な職業紹介を頼りに自力で職獲得を行い、後になって、思春期に構築（投資）した同郷学友基盤や血縁基盤が社会関係資本を蓄積させるパターンがある。そのなかでYさんの特徴として、異なる関係基盤に対する投資からの回収ルートが累積的に重なるパターンがある。具体的には図6-2の以下の部分をさす。

[ヨコ血縁基盤]（$^{AF1F^{2}}R2$）→（$^{AF^{2}}C11$, $^{AF2R1}C13$）←（$^{AR1}R3$, $^{AR1}R12$）[同郷学縁基盤]

実質的にはこれは、Yさんがキョウダイとの共同出資で自営業を始め（$^{AF^{2}}C11$）、そこに高校同級生が仕事を持ち込んでくる（$^{AF2R1}C13$）という累積的な重なりである。二つの異なる関係基盤に関わるソシオセントリック・ネットワークが、Yさんを介して連結し、双方からの資本回収がYさんの起業と事業展開を焦点として累積的に流れ込んでいる、といえるだろう。それだけではない。Yさんの高校同級生が得意先を紹介するとき、彼らを介して同郷学友基盤と連結する他の（Yさんがチャンネルをもっていない）関係基盤が活用されている。これらはわれわれが関係基盤の連結性として議論したことであり、ここではその特性によって橋渡し型社会関係資本の蓄積が促進されたと推論される。

実は、他の事例でも自営業を試みたケースがあり、その際に社会関係資本を活用しているのだが、その活用は起業までで開業後の仕事面での活用は認められない。それ以外の事例も資本回収が断続的であったり、内容的にまったく別のバイト口の紹介等で累積性がなかったりと、厳密にはYさんのパターンとは異なる。したがって、関係基盤の連結性を活用した「相互主義」と「家族主義」の相乗的かつ累積的な補完関係の構築が、相互主義的半失業と家族主義的自営を分岐させる一因として示唆される。

以上、関係基盤のローカル・メカニズムを析出し、そこから社会関係資本の蓄積プロセスを推論するという分析手続きを例解した。これは一例ではあるが、関係基盤の連結性というマクロな視点につながる一般的特性に着目している点で、示唆に富む。このような形のマイクロ・マクロ・リンクを意識した分析は、計量的なパーソナル・ネットワーク調査データに限らず、質的調査データによっても可能である。むしろ、社会関係資本は時間軸にそった社会過程であるから、質的調査のほうが必要かつ信頼性のあるデータを得やすい。ただし、質的データの特徴を生かしながらそのような分析を行うためには分析法の工夫がいる。以上はその方法論的な例解でもある。

谷の議論を、最初に設定した生活機会論的な枠組みでみれば、相互主義的半失業を支える「相互主義」は社会関係資本のセーフティネット機能、家族主義的自営を支える「家族主義」と「相互主義」は社会関係資本の生活機会の拡大機能という、位相の違いがある。先の分析結果は、この社会関係資本機能の位相分化に関係基盤の構造が関係していることを、示唆している。次章ではこうした関係基盤のマクロな布置連関に、分析の焦点をシフトする。

2　社会関係資本の基盤構造

友人関係基盤の布置連関　橋渡し型社会関係資本の測定法として、諸々の社会的カテゴリーのメンバシップ異質性に着目したH・コッフェらの方法（Coffé and Geys 2007）が、関係基盤に着目する本書の方法と近いことをすでに述べた。具体的にそこで彼らが着目したのは、性別と年齢という二つの社会的カテゴリーであった。しかし、何を主要な社会的カテゴリーとみるべきかは、対象社会の状況とともに研究目的に依存する。われわれの理論枠組みでは、社会関係資本の蓄積に関して意味ある社会的カテゴリーは関係基盤として捉え得るものでなければならない。したがって重要な問いは、なぜある社会では社会関係資本の蓄積に関して関係基盤Aではなく関係基盤Bが顕在的なのか、といったことである。逆にいえば、こうした関係基盤のマクロな布置連関を、社会関係資本の機会構造を推論する手掛かりとして分析することが重要である。

都市化社会では人びとをとりまく社会関係のなかで親族関係よりも友人関係の比重が増すことを、都市社会学や社会人類学の多くの研究が示してきた。もちろん、関係基盤として親族の重要性が消滅したわけではなく、先の沖縄のケースや第1章でみたB・ウェルマンの議論が示唆するように、これは血縁と非血縁の両基盤の使い分けにおける相対的な比重の問題である。いずれにしても、関係基盤としての友人関係と社会関係資本の蓄積との関係を問うことは、人びとの生活機会をマイクロ・マクロ・リンク的に捉えるために重要である。ここでは通常的な個人ベースのサンプリング調査データにもとづいて、この分析を行いたい。もとより個人レベルで社会関係資本の純益を厳密に定義し、測定することはできないが、関係基盤に関して推論できる集計レベルの投資―利益関係とその階層差に迫ることはできる。以下、拙稿（Misumi 2005a）にもとづいてその例解を示す。データは、与謝野有紀氏（関西大学）を代表として2004年に近畿地区で実施した「くらしと社会についての学術調査」（近畿調査とよぶ）である。[4]

まず、社会関係資本の投資を三つの側面から計測する。第一は、過去五年間を平均したときの年賀状（家族連名を含む）配布数である。年賀状配布は、主に友人関係基盤および職場関係基盤への軽微な投資とみてよいだろう。第二は、近隣関係基盤への投資である。これは、七項目にわたる近隣づきあいの頻度を主成分分析によって総合得点化した（寄与率61％）。第三は、団体・行事への参加による各種関係基盤への投資である。具体的には、七つの団体・行事への参加頻度を因子分析（バリマックス法）にかけ、三因子を析出した。[5]結果の詳細は省略するが、第一の社会参加因子はサークル・社会活動関係基盤への投資を、第二の地域参加因子はフォーマルな側面での地域関係基盤への投資を、また、第三の同窓参加因子は同窓関係基盤への投資をそれぞれ測定していると考えられる。

一方、社会関係資本の回収は、いくつかの想定イベントに関する予期的回収先として測定する。ここでは、比較的大きな負担と責任をともなう次の二つの支援イベントについて、血縁以外の頼り先の有無をみる。

・お宅で急ぎ百万円が必要なとき、その全額を個人的に貸してくれそうな人。
・あなたや配偶者の職探しのとき、働き口の紹介やその手助けをしてくれそうな人。

頼り先は近隣、職場（同僚や上司）、友人・知人を区別する。

世帯の階層的地位は、学歴（既婚者は夫婦のより高い方の学歴）、主たる家計維持者の職業威信、世帯収入によって計測する。実際には、家族のライフステージと定住性の影響をコントロールするために、対象者年齢と調査地での居住年数を加えて因子分析（バリマックス法）を行い、先の階層三変数の負荷量が大きい階層性因子を析出して、その因子得点を用いる。この階層性因子と投資との関係をみると、年賀状と0.38（男性0.46）、同窓参加と0.15（男性0.24）の有意な相関がある。また、回収との関係を、階層性の高低に分けてクロス分類表でみると、働き口紹介について職場に頼り先ありの比率が高階層28％に対して低階層16％と有意な差がある。ただし、近隣に頼り先ありの比率は、低率ながら低階層12％が高階層6％を有意に上回る。この最後の逆傾向は示唆的であるが、総じて高階層は、仕事関係基盤と同窓関係基盤を中軸に高い投資と回収を示すことを確認できる。

社会関係資本の階層的機会構造

この非血縁関係資本と社会階層との共変関係を解きほぐすために、より多い投資がより豊富な予期的回収と対応するような有効投資傾向に着目し、その階層差を調べる。有効投資傾向は、投資の高低二水準×頼り先有無の2×2クロス表におけるオッズ比で定義する(6)。その結果を表6-3に示す。最初に頼り先の種類をひとまとめにした「非血縁」欄で全体的特徴をみると、第一に、有意な有効投資傾向は百万円貸借よりは、働き口紹介においてより顕著である。また第二に、働き口紹介における有効投資傾向は、高階層よりも低階層の方が顕著である。したがって、先ほど低階層における社会関係資本の相対的な水準の低さに言及したが、それはどうやら資本蓄積の効率性の問題ではない。この確認のうえで、より詳細に階層的な特徴を整理しよう。

高階層では年賀状と同窓参加に高投資がみられたが、表6-3をみると、前者は働き口紹介に結びつ

表6-3　有効投資傾向（オッズ比）の階層比較

	投資方法	百万円貸借(頼り先有無)				働き口紹介(頼り先有無)			
		非血縁	近隣	職場	友人	非血縁	近隣	職場	友人
低階層	年賀状	1.8	—	—	1.9	2.3*	6.0**	1.8*	1.8
	近隣づきあい	0.8	0.8	2.0	0.6	3.1***	4.5	2.1	2.5*
	地域参加	0.9	—	—	0.5	2.6***	1.4	1.8	1.7
	社会参加	3.3**	—	—	2.2	2.5**	7.4**	1.6	2.6**
	同窓参加	0.8	—	0.9	1.3	2.4*	3.0	0.9	3.3***
高階層	年賀状	1.3	—	0.8	2.0	2.3*	—	2.6*	2.0
	近隣づきあい	0.8	—	1.4	0.7	1.8	—	2.2	1.4
	地域参加	1.0	—	1.1	1.1	1.3	2.5	2.4*	1.8
	社会参加	1.4	—	2.0	1.4	1.2	2.4	1.2	1.0
	同窓参加	3.6**	—	1.9	4.0*	1.1	0.8	3.1*	0.7

（注）数値右の*は、もとのクロス表におけるカイ二乗検定の有意性で、*が10%、**が5%、***が1%有意。記号—は、頼り先ありの該当セル度数が1以下のためオッズ比の算出を差し控えたケース。
（出所）Misumi（2005a：16［Table 11］）を、体裁を手直しのうえ再掲。

き、後者は百万円貸借に結びつく有効投資となっている。これからすると、年賀状は主に仕事関係基盤に則して、一方の同窓参加はおそらくは同窓関係基盤と友人関係基盤が重層する形において、それぞれ社会関係資本の蓄積を刺激するようである。ただし、同窓参加は職場を頼り先とした働き口紹介についても有効投資傾向を示すので、同窓関係基盤が他のどういう関係基盤と重層ないし連結するかが、資本蓄積がもたらす利益の違いと関係している。以上の高階層の特徴をまとめたのが**図6-3a**である。

一方、低階層では、年賀状と同窓参加の投資水準は平均的には高階層よりも低かったが、働き口紹介における有効投資傾向は高階層と同等かそれを上回る。投資水準に階層差がなかった近隣づきあい、地域参加、社会参加についても、同じように比較的高い有効投資傾向が認められる。その際の頼り先は高階層のように職場に限定されることなく、多様である。したがって低階層の場合、多様な投資が、おそ

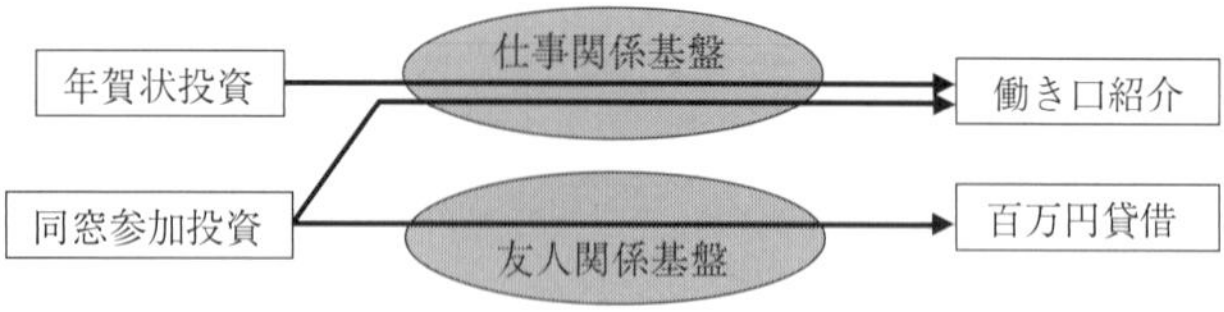

図6-3 a　高階層の投資-回収対応パターン

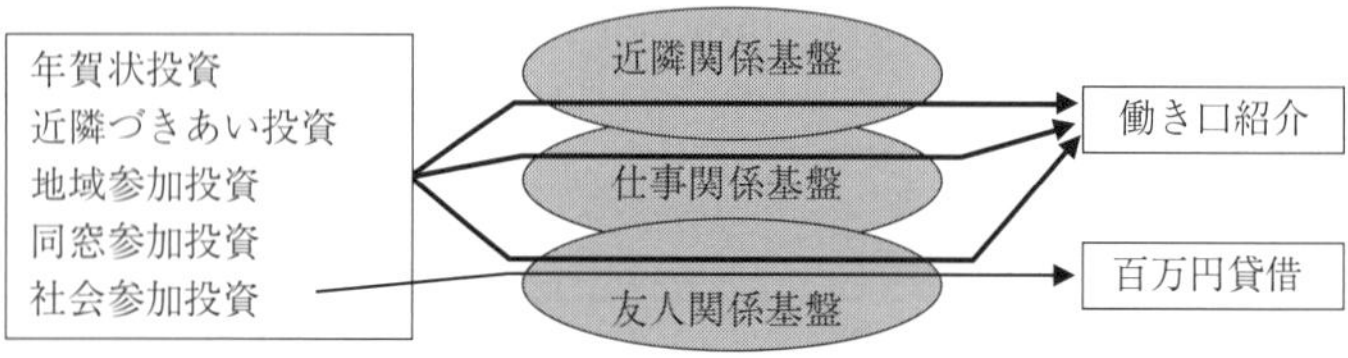

図6-3 b　低階層の投資-回収対応パターン

（出所）Misumi（2005a：17［Figure 1］）を加筆・修正のうえ再掲。

らくは互いに重層ないし連結する多様な関係基盤を刺激し、それらの上で資本蓄積を促すようなプロセスを推論できる。しかし、百万円貸借については事情が異なり、何よりも投資・回収の機会が絶対的に少ない。そのなかでは社会参加が友人関係基盤における資本蓄積を促す可能性を示している。以上の低階層の特徴を**図6-3b**にまとめた。

個々人のパーソナル・ネットワークは社会関係資本の投資や回収を確認できる「口座」のようなものであり、その背後に、市場に類推されるソシオセントリック・ネットワークの仕組みを考えることができる。それらは全体の社会構造のなかで分断されたり、互いに関連づけられたりしながら、社会関係資本の機会構造を構成する。この本来的に観察不能な機会構造に対して、われわれは関係基盤の構造という視点から暫定的にその具体的像を浮かびあがらせた。一般にマクロな水準で、この機会構造は社会階層と次のような相互関係をもつ。第一に関係基盤が階層地位に直接対応するとき、社会関係資本の機会構造は階層的に分断されやすい。第二に関係基盤が階層に対して垂直的に交差するとき、社会関係資本の機会構造は階層移動（階層化パターン）と相互関係をもちやすい。実際にはこれらの関係は複雑に交じり合い、また、フォーカス（関係基盤の詳細度）を変えることで違って見える。しかしこの議論に先の分析結果を照合し、あえて簡略化していえば、高階層においては同窓関係基盤と仕事関係基盤が互いに重層ないし連結しながら階層地位と対応し、社会関係資本の機会構造を階層的に分断する基軸になっている姿をうかがえる。

こうした分析から、社会関係資本による生活機会の手だてが階層ごとに異なる形で準備されていることがわかる。しかし、より特定的に、働き口紹介と百万円貸借がそれぞれ、市場機会とそれを補完するセーフティネットのどちらの文脈で理解すべきものであるかは、一概にいえない。そのためには谷の二次分析で行ったように投資-回収と社会移動との関係をみなければならないが、近畿調査では予期的回収をみているので、回収が実際に社会移動のなかでどのような意義をもつかを分析できないのである。この課題については、節を改めて別の調査データを用いて取り組もう。(7)

3　社会構造に埋め込まれた階層化

労働市場と社会構造

経済の社会構造への埋め込まれの議論（Granovetter 1985）が問いかけた市場と社会構造との本質的関係は、制度論的な問題を含めて多くの議論を牽引した（Breiger 1995：佐藤 1998）。その一環として著者（三隅 2009b）は、これを機会の平等の観点から論じた。埋め

表6-4　初職入職経路

	男性	女性
家族・親戚	13.1	12.2
家業	8.7	4.8
友人・先輩	16.3	16.5
学校	41.0	45.8
自力・職安	15.2	15.1
起業	1.1	1.1
職場関係	6.6	6.1
回答数計	100.0	100.0
（回答者数）	(2565)	(2943)

（注）2005年SSM。複数回答（%は対回答数計）。
（出所）三隅（2009b：722）の表1を修正のうえ再掲。

込まれの議論と同じ形式の問いは、社会階層と社会関係とのあいだでも当てはまる。つまり、市場において社会構造はその効率性を妨げるだけの外部性なのかという問いと同様に、われわれは、社会階層において社会関係は機会の平等を損なうだけの機能障害なのか、という問いを立てることができる。

世代間移動では、父職階層からの自由な移動が機会平等の基準とみなされる。ここでの問題は、その移動過程にさらに社会関係資本が組み込まれることで、機会平等が損なわれるのかどうかということである。グラノヴェターに引き戻して労働市場の観点からすると、人びとの生得的な能力がランダム分布だと仮定するならば、機会平等（世代間移動のランダム性）は労働市場の機能性を指標する。そこでいま、思考実験的に、ある種の部分的な労働市場、すなわち、労働市場のなかで社会関係資本が顕在的に関わっている部分を取り出すことを考える。そして、その部分市場の機能性を、機会の平等を手掛かりにして吟味する。この分析を二〇〇五年ＳＳＭ調査データで行う。

労働市場への社会関係資本の関わりは、初職の入職経路でみる。入職経路の区分けは**表６-４**のように、基本的に関係基盤の種別にもとづく。ただし、家業や起業を含めて仕事関係のものは労働市場の制度内にあり、学校も「制度的連結」（苅谷 1991：Kariya and Rosenbaum 1995）を考慮するならば、典型的に市場の外部にある社会関係資本は「家族・親戚」（の紹介）および「友人・先輩」（の紹介）である。そこで以下ではこの二つを、「自力・職安」および「学校」と比較する。「自力・職安」は市場的なマッチング原理による人員配置を指標するものとして、主な比較点となる。「学校」は市場マッチングと社会関係資本が混在するが、そのどちらにウェイトがあるかをみることは意義があるので、補足的な比較点とする。

労働市場の機能性は安田の開放性指数でみる。開放性係数は、いわゆる純粋移動を析出したうえで、父職階層に制約されない移動の自由さを機会の平等とみなす。値が1に近いほど、その意味で開放性が高い[8]。前述のように人びとの諸能力のランダム分布を仮定すれば、これはそれなりによい最適分業の指標である。

部分的な労働市場は、所定の入職経路を用いたサンプルだけを抽出する直接的なやり方で、仮想設定する。例えば、初職入職に際して「友人・先輩」を用いたサンプルだけを取り出し、彼らについて父職と初職の世代間移動表を作り、開放性指数を算出するのである。移動表は国際職業分類 ISCO-88 にもとづき，「管理・専門・技術職」「事務・販売・サービス職」「労務・農林職」の三分類を用いて作成する。**表６-５**は、四つの初職入職経路に応じて分割された父職×初職の世代間移動表から算出される開放性係数を、性別に示している。「全体」は移動表全体の係数、他は職業階層ごとの個別係数を示す。

初職入職がもっぱら「家族・親戚」仲介による部分市場を想定するとき，「自力・職安」による部分

表6-5　入職経路ごとの移動表における開放性係数

入職経路	男性				女性			
	全体	管理・専門・技術	事務・販売サービス	労務・農林	全体	管理・専門・技術	事務・販売サービス	労務・農林
家族・親戚	0.66	0.69	0.73	0.60	0.57	0.83	0.56	0.36
友人・先輩	0.83	0.88	0.93	0.73	0.56	0.84	0.54	0.26
学校	0.68	0.65	0.85	0.56	0.75	0.87	0.80	0.47
自力・職安	0.79	0.84	0.90	0.64	0.78	0.81	0.71	0.81

市場を基準にみるならば，男女とも開放性が低くおさえられる。これと同じ傾向は、女性では「友人・先輩」による部分市場にも認められる。しかし男性では「友人・先輩」は「自力・職安」よりも高い開放性を示す。職業階層別にみると、女性における低率が顕著なのは「労務・農林」であり、実は「管理・専門・技術」では入職経路による値の違いはほとんどない。男性で認められた傾向は、水準差はあるがどの職業階層でも一貫している。このように、社会関係資本は女性にとっては、一部例外的な階層はあるものの、概して労働市場の機能障害になりやすい。一方、男性にとっては血縁関係基盤と友人関係基盤とでベクトルが異なり、後者はむしろ市場機能促進的にみえる。ちなみに四〇歳未満でみたときの「友人・先輩」の開放性は男性が0.87、女性も0.75に上昇するので、性別による違いは若い世代ほど小さい。また、「学校」仲介の特徴として、女性が出身階層から自由にホワイトカラー職（とくに「管理・専門・技術」）に就くことを促進する傾向が認められる。この点、女性にとっては「学校」仲介が、社会関係資本の不利を補っているようにもみえる。

社会構造と市場機会　われわれは本章の始めに、市場機会vs.セーフティネットという解釈軸を示したのだった。これまでみたように社会関係資本が機会平等（労働市場の機能性）に矛盾しない側面をもっとしても、それは上昇移動という意味での市場機会を保証するものではない。出身階層に制約されない移動のなかには当然ながら下降移動も含まれる。そこで、経路ごとに切り取られた部分市場での移動パターンが、どのような階層化の力動をもつのかをみておく必要がある。

そのために、原純輔の研究を参考にしてマルコフ連鎖による均衡分析を行う（原 1973）[9]。これまでと同様の世代間移動表を比率で表したものを推移確率行列P、またt時点（出発点は$t=0$）の職業階層分布を表す確率ベクトルをv_tとする。マルコフ連鎖では、次世代の階層分布を$v_1=v_0P$、次次世代を$v_2=v_1P=v_0P^2$のように予測する。この予測計算を重ねると、やがて移動を経ても階層分布が変化しない、つまり$v^*=v^*P$なる均衡に達する。そのときのv^*を求めるのである。マルコフ連鎖は何世代経ても推移確率行列は不変だと仮定するので、v^*に現実的な予測値としての意味はない。けれども、この均衡分布から、移動表がもつ力動の瞬時的な方向性を読むことができる。

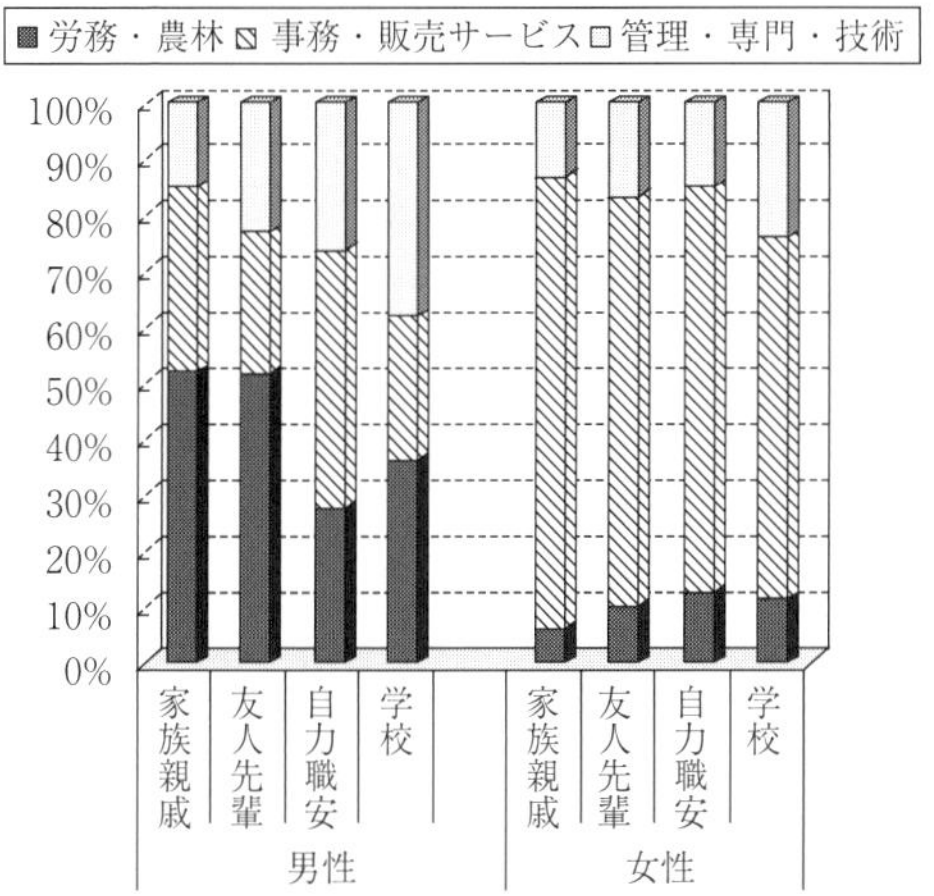

図6-4　部分市場が生みだす階層分布

（出所）三隅（2009b：729［図4　日本］）を修正のうえ再掲。

図6-4は性別に、ISCO-88の三分類による職業階層としての均衡分布を入職経路間で比較している。職業威信や収入からみてより上層と考えら

れるのは「管理・専門・技術」「事務・販売サービス」「労務・農林」の順である。上層の前二者を生成する社会関係資本の力は，男性では「自力・職安」や「学校」に及ばないが，女性ではそれらと遜色ない。社会関係資本のなかでは「友人・先輩」のほうが最上層の「管理・専門・技術」を生成しやすく，この点は男女共通している。

このように，より上層の職業階層の生成力という観点から市場機会をみた場合，社会関係資本への依存は，第一に，女性にとってさほど不利をもたらさない。なおかつ，先ほどの考察から，最上層の「管理・専門・技術」に関しては，社会関係資本に依存した女性の移動は出身階層から自由である度合いが高いので，女性にとって，社会関係資本は概して市場機会の文脈で理解できるものであり，とくに最上層階層での社会関係資本を介した移動についてはそうである。一方，男性にとっては社会関係資本への依存は概して不利である。ただし，男性では「友人・先輩」の開放性が上層階層において高かったことを思い起こせば，「友人・先輩」における「管理・専門・技術」の割合が「自力・職安」のそれに肉薄している点は注目される。つまり，男性にとって，社会関係資本は概してセーフティネットの文脈で理解できるものであるが，最上層での友人関係基盤の社会関係資本を介した移動は市場機会に則して理解できるようである。以上のように，市場機会 vs.セーフティネットという解釈軸に則した社会関係資本の意味は，性別および関係基盤によって異なることが示唆される。

従来，社会関係資本を階層論に位置づける作業は，N・リンに代表されるように社会ネットワークを地位達成の媒介変数として組み込む形でなされることが多かった。けれども，この両者の関係は本来的に，よりデリケートである。少なくとも，中間集団を組み込んだ市民社会をベースに社会理論を構想しつつ、そのなかで階層問題を考えるのであれば、中間集団の功罪を確認する作業として、階層化を社会構造に埋め込まれたものとしてみる視点は重要である。この節では、階層研究の規範理論としての特徴である機会の平等を、社会構造を前提に評価しなおす形で、この確認作業を例解した。

4　社会関係資本としての連帯

連帯高次化の問題

本章第２節で、関係基盤の階層的布置連関を社会関係資本の機会構造の視点から分析したが、これは社会関係資本の蓄積プロセスに直接関わる問題でもある。端的にいえば、関係基盤が階層的に分断されている社会では、結束型社会関係資本の蓄積プロセスは階層的に整序されやすい。ボランタリー・アソシエーションはたくさん活動しているが、それらが階層ごとに展開している状況である。M・ヘクターがいうように集団連帯が排他的な共同財供給を条件とするならば（Hechter 1987）、結束型社会関係資本の蓄積が階層ごとに閉じるのは、ある意味で効率的である。問題はそうして蓄積された資本が、互いに他の階層のために供出されるようなことがどういう条件下で可能か、ということである。

ボランタリー・アソシエーションの多くは階層を越えた活動をそもそもの目的としているので、それらの活動が活発であることは、社会関係資本の階層を越えた蓄積を促すであろう。とりわけトクヴィル的文脈で、R・D・パットナムはボランタリー・アソシエーションが育む一般化された互酬性の規範に注目した（Putnam 2000）。けれども、これはむしろ順序が逆ともいえる。一般化された互酬性の規範を受容するからこそ，人びとは階層を越えたボランタリー・アソシエーションの諸活動に共鳴するのだと。一般化された互酬性が社会関係資本の要素であるのは，社会関係資本の蓄積を条件づける外在要素としてではなく，J・S・コールマンが示唆するように規範という社会関係資本の一形態としてである（Coleman 1987）。規範の形成については，外部性の制御に着目するコールマンの説明が一定の説得力をもつことを，4章で述べた。けれどもここで問いたいのは個別的な規範の生成プロセスではなく，むしろ，一般化された互酬性の規範が関わる全体的な社会関係資本の蓄積プロセスをどう捉えるかということである。

本章ではそこに，より一般的な結束型社会関係資本として，連帯を位置づけてみたい。一般化された互酬性は個人からみれば，巡り巡っていつかは我が身を助けるかもしれないという利己的愛他行動を促す信念である。この信念は，こうした行動が「巡り巡る」であろう社会イメージに支えられており，それには何ほどか連帯の基礎づけが不可欠である。われわれは前章で，連帯の問題を，大規模ネットワークにおいていかにして構造的一体性を保持できるかという形で特定した。この議論に則していえば，一般化された互酬性が受容されて利己的愛他行動が促進されれば，支援にもとづく社会ネットワークが密になって連帯が強まる。このように，一般化された互酬性と連帯は理論的に相乗的な相互規定関係にある(10)。

連帯の問題に際してわれわれが前章で注目したのは，個々のシンボル的関係基盤の連結性が高く，複数の多様なシンボルが交差的にシンボル連結を生むこと，という条件であった。その背後には，シュッツを引いて議論したように〈われわれ〉関係の高次化の仕組みが主題化されている。この議論をふまえて、関係基盤の連結性が〈われわれ〉関係の高次化を促すという理論仮説をおこう（三隅 2010：55）。

〈基盤連結による連帯高次化仮説〉大規模で移動性が高い人びとの集合体においては、関係基盤の連結性が高いことは、連帯の高次化を促す。

根拠は以下である。第一に、基盤の連結性は、さまざまな基盤で（自分を含め）誰かと誰かがつながっているという経験・記憶・感覚――いわば社会ネットワーク想像力を醸成し、これが連帯の仮想範囲を拡大させる。このネットワーク想像力にはG・ジンメルの議論も関わる（Simmel 1908）。彼によれば、社会圏が拡大して社会分化が進むと個人は小さな社会圏に多様に属するようになり、それらの交錯点に立つことで、個性の自由な発展の契機を得る。こうしたマージナル性は、いつもポジティブな効果をもたらすわけではないけれども、概してコスモポリタンな視野と高度の自省能力を育む条件となることが、その後の研究でも幾度となく議論されてきた。第二に、高次の連帯は日常生活の現実から大きくかけ離れがちだが、基盤の連結によってそこでの抽象的なシンボルが個別的な基盤シンボルとリンクし、身近な経験から類推的に社会ネットワークを想像しやすくなる。例えば、宴会という対面関係の場面に関係基盤「同窓会」が重ねられるならば、それはシンボルとして〈われわれ〉関係を間接呈示し、それとしての仲間秩序をその場に呼び起こす。〈われわれ〉関係はしばしば欠席者や境界的構成員（恩師、先輩、後輩など）におよび、「同窓会」が指標するソシオセントリック・ネットワークを鮮明化させるだろう。

基盤連結による連帯高次化　以下では拙稿（三隅 2009a, 2010）を発展させながら、このような関係基盤の連結性が促進する連帯高次化―その意味での社会関係資本蓄積の仕組みを、やはり個人ベースの社会調査データを用いて分析する[11]。

まず、連帯の水準および包括度を推論できるようなシンボルの選定と聞き方の工夫として、本調査では次の質問をおいた。「しばしば『同じ○○なのだから、助け合いましょう』という言い方がされます。『○○』に次の語句が入る場合に、あなたはどの程度この言い方に共感できますか」。文中○○には一二種類の連帯シンボルをあらかじめ設定し、それぞれ共感できるか否かを四段階で選択回答してもらう形である。ここではそのなかで「福岡・はかたの人間（博多っ子）」、「日本人」、「アジア人」という三つの地域的なシンボルをとりあげる。共感できる（「少し共感できる」を含む）割合は、順に63%、60%、31%である。基本的な想定としては後者ほどより高次であるが、実際のところ、「福岡・はかた」に共感できる人のうち「日本人」にも共感できる人は78%に対して、その逆は82%なので、この二つの間にはさほど抽象度の差はない。それに対して、「日本人」に共感できる人のうち「アジア人」にも共感できる人は49%、その逆は92%なので、この二つの間にはかなり落差がある。

基盤連結は、回答者の属性の多様性ではなく、次の質問を使用する。「仮の話ですが、あなたが初めて会った人が、次の点についてあなたと共通点をもつことがわかったとします。あなたは、その共通点によってその人との間柄が近くなると感じますか」。そこで提示した一二種類の関係基盤のうち何個に近くなる（「やや近くなる」を含む）と回答したかを数え、それを基盤連結の個人指標とする。近くなると感じることは、その関係基盤が〈われわれ〉関係を間接呈示するシンボルになっていることを示唆す

表6-6　基盤連結性と連帯シンボルの高次化

福岡・はかたの人間	基盤連結性	高次シンボルへの共感（%）	
		日本人	アジア人
共感できる	低	64.6	28.6
	中	70.1	36.6
	高	87.8	52.9
共感できない	低	27.9	14.7
	中	35.6	15.1
	高	39.6	19.1

る。その意味での実質的なシンボル基盤の多様性を捉えるのである。第5章で論じたように連結性は本来、関係基盤の性質であるが、このようなやり方で、回答者の視野に映る社会の連結性の状況認識を社会意識の要領で捉えることができる。

この基盤連結性と連帯シンボルとの相関は、「福岡・はかた」が0.28、「日本人」が0.26、「アジア人」が0.22である。基本属性やネットワーク変数をコントロールした重回帰分析でも、基盤連結は比較的強い規定力を示す。したがって基盤連結がこれらの連帯シンボルを強める効果をもつことはいえるのだが、仮説で述べた連帯の高次化との関係はまだ明白ではない。そこで、もっとも具象的な「福岡・はかた」を基点にして、基盤連結性の水準に応じてより高次の連帯シンボルへの共感がどのように条件づけられるかを、**表6-6**で吟味する。この表では、基盤連結性は高（10-12個）／中（7-9個）／低（0-6個）に三区分し、「日本人」「アジア人」それぞれに共感できる人のパーセントのみを示している。

これをみると、基盤連結性が高いほど、より高次の連帯シンボル（すなわち「日本人」および「アジア人」）に共感できる割合が高くなる傾向が一貫している。

この傾向が、「福岡・はかた」に共感できないときでも弱いながら認められることに注意が必要である。基盤連結性がローカルなシンボルを飛び越えて高次の連帯シンボルへの反応を強める可能性を示唆するからである。しかし一方では、回答者が「福岡・はかた」に代わる具象的な連帯シンボルを別の関係基盤─おそらく以前に住んでいた地域での地縁に保有している可能性もある。本調査でこの地域移動の影響を特定することはできないが、傍証として福岡での通算居住年数をみると、「日本人」に共感できる人のなかで、「福岡・はかた」にも共感できる人は二一・四年、共感できない人は一一・八年である。同じ傾向は地域イベント参加率についても認められ、「日本人」には共感できるが「福岡・はかた」には共感できない人のほうが参加率は低い。したがって、高次の連帯シンボルが保持されるとき、基盤連結さえ高ければローカルな連帯のリアリティは必要ない、というわけではないと考えられる。

弱い紐帯と一般化された互酬性　もちろん、連帯のリアリティ感覚は居住地で培われるものばかりではない。より一般的には、連帯シンボルが高次化している人は、基盤連結が高いだけでなく、それが実際の被支援経験（その意味での資本回収）に、さらにいえば、一般化された互酬性の規範を強めるような被支援経験に、裏付けられているのではないかと考えられる。これを次の理論仮説として付加的に提示しよう。

〈一般化された互酬性による補強仮説〉　基盤連結による連帯高次化は、一般化された互酬性の規範によって媒介的に促進される。

人びとがいろいろな関係基盤でつながっているという連結性認識は、実際の被支援経験があることで、より実質的な意味あいをともなうであろう。これにより、基盤Aで生じた支援が次は基盤Bで支援につながるかもしれないといった具合に、支援が「巡り巡る」リアリティ感覚が培われるだろう。この「巡り巡る」世界観が、一般化された互酬性の規範が人びとに内面化することを助ける。その意味では、この被支援経験に際して弱い紐帯が関与したか否かは重要である。弱い紐帯を介して助力を得る経験は、支援が「巡り巡る」リアリティ感覚を拡張的に強めると考えられるからである。

本調査では二つのイベントに関して、五年以内に家族以外の誰かから助力を得た経験を聞いている。一つは「金銭面の助力（借金や保証人など）」、いま一つは「情報面の助力（自分や家族の仕事・進学・生活設計にかかわる重要な情報や助言）」である。まず、このどちらかを経験した人びとの割合を「被支援経験率」として指標にとる。

弱い紐帯の関与は二通りのやり方で捉えられる。第一の指標は、直接支援者と本人との紐帯の弱さである。具体的には、「連絡をとりあったり、会ったりしていた」頻度が「月に数回」ないしそれより少なく、なおかつ非親族の場合を、「弱い紐帯」とする。[12] 第二の指標は、直接的な支援者以外に「人から人への紹介のような形で使われた縁」、すなわち間接支援の関与があったか否かである。この間接支援の関与については、そこで使われた関係基盤（縁）が直接支援で使われたものと同じかどうかも確認したが、該当九九件中、九七件で異なる関係基盤が使われていた。したがって間接支援の関与をともなう被支援経験は、基盤連結に「巡り巡る」リアリティを重ね合わせる効果をもつと考えられる。どちらの弱い紐帯指標も、二つの支援イベントのどちらかで関与があったか否かで、関与率をみる。

表6－7　基盤連結性と被支援の経験特性

基盤連結性	共感度が「日本人」≧「福岡・はかた」の該当者（403人）			共感度が「アジア人」≧「日本人」の該当者（304人）		
	被支援経験率	弱い紐帯関与率	間接支援関与率	被支援経験率	弱い紐帯関与率	間接支援関与率
低	24.8	7.9	8.9	25.3	11.4	11.4
中	45.7	21.4	18.6	38.9	20.4	14.2
高	43.2	22.2	17.3	47.3	25.0	19.6
ガンマ	0.21	0.28	0.18	0.29	0.27	0.21

（注）数値（ガンマを除く）はパーセント。ガンマは、基盤連結性３水準と、３指標それぞれの該当有無をクロスさせた３×２クロス表にもとづく。

表6-7に、以上の三つの指標をみている。ここで対象者は、「福岡・はかた」よりは「日本人」、また、「日本人」よりは「アジア人」という形で、より高次の連帯シンボルを保持している（共感度の回答の強さが同レベル以上である）人びとを抽出している。そして、関係基盤の連結性を表6-6と同様に三水準に分け、その水準ごとにそれぞれ三指標に関して該当がある割合をパーセントで示している。下段のガンマはその割合を算出する際に作成した3×2クロス分類表における関連の強さを表す。

これをみると、概して、基盤連結性が高いほど被支援率や二種類の弱い紐帯の関与率は高く、ガンマでみてもおしなべて0.2〜0.3の関連がある。すなわち、連帯シンボルの高次化が認められる人びとのあいだでは、基盤連結性の高さは実際の被支援経験に裏づけられる傾向があり、それだけでなく、一般化された互酬性の規範を培いやすい弱い紐帯の関与をともなう被支援経験に裏づけられる傾向がある。

本節では、関係基盤の連結性が〈われわれ〉関係の高次化を促すという理論仮説を中心に、一般化された互酬性規範との関係に留意しながら、連帯を生成する社会関係資本の蓄積プロセスにアプローチしてきた。ここでの連帯やその高次化の捉え方はあくまで認知的なものであり、例えば「日本人」という連帯シンボルを保持していても、連帯行動は階層に制約されて表れることはあり得る。しかし、このような高次の連帯シンボルはそれ自体が社会関係資本として、他の形態の社会関係資本の蓄積が階層を越えてより包括的に展開することを促しうるものである。最後に**表6-7**でみた、基盤連結性を介在しながらの連帯シンボル高次化と被支援経験とのポジティブな関係は、まさにその可能性を示唆するものとしてもみることができる。

注

（1）導く関係は、必ずしも因果関係を意味するものではなく、むしろ行為者がある行為を行った際の意志的な前提に別の行為が関わっていたか、という理解社会学なフレームでその関係の有無が判断される。
（2）もとのAbell（1987）にはない工夫である。この種の工夫は後に述べる縮約を事前に制約することになるので、導入には注意が必要である。
（3）このケースでは該当はないが、例えば行為者Aが異なるフェイズの行為をしていれば、Aをそれぞれのフェイズに重複して記載する。この処置やフェイズ分割の作図法も、もとのAbell（1987）にない独自の工夫である。
（4）この調査は近畿二府五県で二〇～二九歳の男女を対象にして行ったサンプリング調査で、回収七〇七（回収率70.7%）である。詳細は与謝野（2005）をみよ。
（5）投資-回収を一貫して世帯単位で捉えるために、サンプルを男女別に分け、既婚の場合は配偶者の参加頻度を補完して男女別々に因子分析を行った。因子構造はほぼ共通しており、明確な役割分業のようなことも認められなかったので、それぞれ共通の因子について夫と妻の因子得点の和を求め既婚世帯の投資とした。未婚または配偶者が無回答の場合は、本人の因子得点をそのまま用いた。

（6）　オッズ比の定義は以下である。ただし、傾向の違いを明示的に捉えるために、投資水準は高中低に三分割したうえで高低のみを抽出した。

$$有効投資傾向(オッズ比)=\frac{\dfrac{D(高投資=頼り先あり)}{C(高投資=頼り先なし)}}{\dfrac{B(低投資=頼り先あり)}{A(低投資=頼り先なし)}}=\frac{AD}{BC}$$

（7）　ここではセーフティネットを経済的チャンスと対比的な意味で使っているが、制度的な文脈では特定階層に関する支援のような視点にも留意が必要である（岩間 2002）。

（8）　父職と本人職のクロス分類表（世代間移動表）において、全体人数をN、第i行i列の主対角線セル度数をf_{ii}、第i行の行周辺度数を$n_{i\cdot}$、第i列の列周辺度数を$n_{\cdot i}$で表す。また、行と列の周辺度数のうち小さい方をとることをmin $(n_{\cdot i}, n_{i\cdot})$と表す。このとき、階層別開放性係数は$\dfrac{\min(n_{\cdot i}, n_{i\cdot})-f_{ii}}{\min(n_{\cdot i}, n_{i\cdot})-\dfrac{n_{\cdot i}n_{i\cdot}}{N}}$と定義される。このように開放性係数が表す機会の平等は、父職と本人現職が統計的に独立（完全移動）の場合の純粋移動量（分母）に比べて、観察された純粋移動量（分子）がどれくらいそれに近いかをみている。表全体の開放性係数は、分子・分母をそれぞれ i で総和をとることで求められる。

（9）　ここで用いるマルコフ連鎖のわかりやすい説明としては Bradley and Meek（1986：とくに Chap.6）をみよ。

(10) パットナム的文脈でボランタリー・アソシエーションへ寄せられる期待は、こうした相互規定関係を具体化する社会的仕組みとして理解できるだろう。そしてその機能的代替はいろいろ考えられる。その意味でボランタリー・アソシエーションそれ自体を社会関係資本といえるかどうかは議論の余地がある。

(11) この調査は著者が実施したもので、サンプリング調査ではなく、福岡市在住の二五~五五歳の男女個人モニターを対象としたインターネット調査である。実施は二〇〇七年、先着六百打ち切りで六一八人の回答を得た。なお以下の分析は、大枠的なフレームは三隅（2009a, 2010）と同じだけれども、分析はすべて新たに行っている。

(12) 「月に数回」の接触で弱い紐帯とするのはやや基準が緩いかもしれないが、回答がこのカテゴリーと「毎日のように」に（つまり強い紐帯に）集中したため、分析の都合上この分割基準を採用した。

第7章　社会関係資本研究のゆくえ

本書は、社会関係資本概念の社会学理論的な意義を最大限に引き出すことを宣言して、議論をはじめた。社会関係資本はその概念的多義性がしばしば批判されてきたが、それは本概念がもつ理論的求心力の裏返しでもある。本書ではむしろその求心力を生かすために、社会関係資本の多義性を受容し、比喩としての資本蓄積プロセスに関わる社会構造の仕組みに焦点をおきながら、その説明に与する多様な関係論的社会学を理論的に統合することを目指したのだった。また、その理論統合の指針として、関係‐社会構造系の関係論的マイクロ・マクロ・リンクを基軸にすることを確認した。そのうえで、留意すべき関係論的社会学の伝統を確認し、理論的アジェンダとして資源分配の仕組み、規範のメカニズム、ネットワーク・メカニズム、結束型と橋渡し型の調整問題を提示した。これらは、関係論的マイクロ・マクロ・リンクによる理論統合に向けた、いわば中期計画的な見取り図のようなものである。この見取り図を手掛かりにして具体的にどのような社会関係資本論を組み立てていくか。当然のことながら、そこに一律的な答えはない。そこで本書は、関係基盤という独自の概念装置を導入して、その一つの具体像を示そうとしたのである。この終章では、われわれが提示した関係基盤論が果たしてそのような競合理論の一つたり得るかを、改めて論じておきたい。

1　関係基盤論の効用（1）――ネットワーク分析の補強

結束・橋渡し両立の仕組み

最初に断っておきたいが、関係基盤論の趣意は、社会関係資本論は関係基盤論にとって代わられるべきだと主張するものではない。そうではなく、社会関係資本研究はこうした形で、すなわち関係論的マイクロ・マクロ・リンクを基軸にした理論統合という目標・指針を共有しながらも多様に組み立てられる、そうした社会関係資本論の競合によってこそ、理論的意義を高めることができるということを主張している。そこで問題は、実際、関係基盤の道具立てによって、社会関係資本の理論性能はどのように向上したといえるか、ということである。

少し具体的なところから議論を始めよう。それは第4章で理論的アジェンダとして議論した結束型と橋渡し型の調整に関することである。このタイプ分けは便利な用語であり、本書でも「結束型社会関係資本としての連帯」のように、やや緩やかに使用してきた。けれども厳密には、これは社会関係資本そのものの性質に関わる類型ではない。実際にわれわれは、高次の結束型社会関係資本と目される連帯が、実のところ結束型と橋渡し型の双方が織りなす資本蓄積に拠ることを論じた。これはより小規模集団の連帯にしても多かれ少なかれいえることである。このことが示唆するように、結束／橋渡しの区分けは本来的にはソシオセントリック・ネットワークの構造に関わる類型であり、それに則して社会関係資本の蓄積プロセスを捉えるための概念なのである。「結束」ないし「橋渡し」として、それぞれ何か固有の社会関係資本が蓄積されるわけではない。

関係基盤の概念は、本来的に測定不能なソシオセントリック・ネットワークの代替的な測定をねらったものである。それゆえ関係基盤の重層性と連結性という視点から、ざっくりとではあるが、結束型と橋渡し型のネットワーク構造特性を捉えることができる。むしろ、資本蓄積の水脈づくりのように考えれば、関係基盤の重層性と連結性の方が意味を明確にできる。

いま一つ重要なことは、関係基盤の連結性がこの結束型／橋渡し型の調整問題にもたらす含意である。われわれは、ある関係基盤にメンバシップをもつ諸個人の属性が多様であれば、当該の関係基盤に投資してそこでの結束型の資本蓄積を促しながら、同時に、別の関係基盤とのあいだで橋渡し型の資本蓄積を刺激することが可能になる、という点に着目した。実はこうしてみると、結束型と橋渡し型の両立はさほどやっかいなことではない(1)。それがやっかいにみえるのは、やはりソシオセントリック・ネットワークの計測困難性に一因がある。ソシオメトリックな紐帯の測定はある一定の基準にもとづいてなされ、そうして析出されるソシオセントリック・ネットワークの構造を前提にして、結束型と橋渡し型の調整問題は設定される。けれどもその測定においては、関係基盤が限定されたり、潜在化している紐帯が抜け落ちたりしている。つまり、少し基準を変えることで、顔ぶれも関係のあり方もがらりと異なる別のソシオセントリック・ネットワークが姿を現す可能性がある。

現実にはそれらの潜在的なソシオセントリック・ネットワークが、一部重複しながら多数重なり合っている、と考えるのが妥当であろう。だとすれば、それらの潜在ネット間の橋渡しという見方があり得るのである(2)。関係基盤の連結性は、通常ネットワーク研究者には（そして当事者にも）見えないその側面を、暫定的に捉えている。

資本蓄積のマクロな仕組み　同じくソシオセントリック・ネットワークの計測問題に関係することでいえば、全体社会レベルの社会関係資本のマクロな仕組みにどうアプローチするか、という問題がある。社会関係資本の概念が出自的にもつ階級ないし階層化の理論的文脈を考慮するとき、資本形態の転換を含めて、社会関係資本の蓄積プロセスのマクロな意味を問うことは重要である。これも第４章でアジェンダとして確認した。

この問題は、地位達成モデルに社会関係資本の指標変数を投入すれば片づくようなものではなく、職業構造と社会構造の双方を包み込む複合的な機会構造のなかで、資源分配をめぐる不平等をどう考えるかという問いをわれわれに突きつける。第３章でみたＰ・ブルデューの界とハビトゥスの議論はこうした基層的な問題に言及しているが、実証的に扱いにくい。一方、ネットワーク分析は、資本蓄積を条件づけるネットワーク・メカニズムという一般的視点から、ケーススタディ的にこうした複合的な機会構造における地位分化を析出できるかもしれない。けれども、それが可能なのはメゾ・レベルであり、その議論を全体社会レベルの資源分配の問題につないでいくには、別に多水準的推論の仕掛けがいる。関係基盤の概念がそのような仕掛けとして、ネットワーク分析とうまく接合するかどうかは、今は何ともいえない。しかし仮にそれが難しくとも、第６章で例解したように、個人ベースのサンプリング調査から関係基盤の階層的布置連関を探ることはできる。逆にそこからソシオセントリック・ネットワークのケーススタディとして着目すべき関係基盤について、指針を示すことができるだろう。

もう少しネットワークがらみの問題を続けよう。われわれは第２章で、社会関係資本の概念が、エゴセントリック・ネットワーク研究とソシオセントリック・ネットワーク研究の溝を埋める可能性に期待を寄せた。それは直接的な統合のイメージではなく、エゴセントリック・ネットワークがもつ個人の主体性への視座と、ソシオセントリック・ネットワークがもつ構造や均衡への視座を、理論的に両立させるようなイメージである。これはアジェンダとしては明示しなかったが、本書が基軸としてきた関係論的マイクロ・マクロ・リンクが形をなしてくれば、もう少し具体的にその両立の論理を検討することができるようになるだろう。この点からいっても先ほどの問題、すなわち、個人レベルの生活機会と社会レベルの資源分配を社会構造がどのように媒介しているかという問題は、重要なのである。逆にいうと、そこで一定の有効性を示した関係基盤の概念装置は、この理論的な多水準問題に関しても、それを実証的に検討する足場となり得る。

つまり、こういうことである。個人のエゴセントリック・ネットワークが多様な関係基盤に展開するようになることは、一般的にいって、より主体性が確保された社会状況への変化を指標するであろう。一方でその変化は関係基盤の連結性に影響し、基盤上のソシオセントリック・ネットワークに則した社会関係資本の蓄積プロセスに何らかの帰結をもたらすであろう。このように関係基盤の概念を組み込むことで、直接的にはパーソナル・ネットワーク・データを用いながら、やや大げさにいえば主体性と階層変動の媒介過程に言及することができる。

2　関係基盤論の効用（2）——関係論的マイクロ・マクロ・リンクの主導

ネットワーク・ダイナミクスの固有の展開　残る二つのアジェンダのうち、ネットワーク・メカニズムについては、関係基盤論はそこに直接的にオリジナルな貢献をもちこむものではない。この点はネットワーク研究の展開に期待するところが大きく、だからこそ本書では、第2章でその発展の系譜のみならずテクニカルな議論も押さえ、さらに第4章でバートの構造的空隙の理論を詳細にみたのだった。何度か触れたネットワーク・ダイナミクス研究の展開は、社会関係資本の概念を必要不可欠とはしていないけれども、それでもやはり、合理的選択理論とネットワーク分析を融合させて資本蓄積プロセスの理論化を革新する可能性をもつ。この展開が注記されるのは、経済学と社会学の統合という、社会関係資本が提起した重要にしてかつ遠大な学際的理論課題を見据えているからである。ただし、ネットワーク・ダイナミクスは基本的に行為-社会構造系マイクロ・マクロ・リンクなので、関係-システム（この場合は市場）系とどう交差させていくかも考えていかなければならない。

間接的には、関係基盤論はこうした展開に与する性能を有している。実はその一端を示そうとしたのが、第6章で谷富夫の沖縄型環流の研究を素材にして行った、関係基盤のローカル・メカニズムの析出である。著者はこれをネットワーク・ダイナミクス研究の一つの展開方法だと確信している。ネットワーク・ダイナミクスは何も演繹的モデリングやシミュレーションの専売特許ではない。それを経験的に把握するための記述的データは、社会学や社会人類学の膨大なフィールド・ノーツの蓄積に埋もれている。それを掘り起こして二次比較分析を工夫し、帰納法的にダイナミクスの一般的パターンを発見していく作業は重要だと考える（三隅 2009c）。とくに第6章で用いた比較ナラティブ分析は、ウェーバー的な行為の動機理解の枠組みで行為連鎖を確定していくので、分析自体を行為-社会構造系マイクロ・マクロ・リンクとして進めやすい利点がある。

関係基盤論の主旨は、個人の属性はソシオセントリック・ネットワークを指標する、という公理に集約される。もともとこれは、個人ベースの標本調査をもとに社会関係資本の蓄積プロセスにアプローチするために考案した理論的仮定だが、より幅広くいろいろな研究戦略で生かすことができる。上記は質的調査データの二次分析だが、もちろん調査自体に関係基盤の視点を組み込むこともできる。それによって分析的一貫性が増し、さらに、関係基盤に着目した標本調査との分析結果のすり合わせが容易になるだろう。あるいはまた、ネットワーク・ダイナミクスの演繹的モデルやシミュレーションにも適用できる。例えば、社会関係資本量とともにアクセス費用が異なる複数個の関係基盤をもつ社会を想定し、個人が対人的紐帯を掛け替える等の方法で基盤メンバシップを調整して、それらへのアクセスを最適化するようなモデルが考えられる。さらに、関係基盤の連結性を利用して機会費用を軽減する方略を組み込めば、よりユニークなダイナミズムにアプローチできるだろう。

規範メカニズムの掘り起こし　さて、もう一方の規範のメカニズムについては、関係基盤論はもう少し直接的な主張をもっている。第4章において、われわれがこのアジェンダのもとで詳しくみたのは、規範の創出に関するJ・S・コールマンの説明であった。負の外部性をもつ行為に対する制御に着目する彼の説明は、やはり行為-社会構造系の交差的マイクロ・マクロ・リンクである。そもそも規範のメカニズムは、結束型の資本蓄積に関わる主要メカニズムとして着目したのであるが、われわれはその大枠的なところでも行為‐社会構造系で連帯を説明するＭ・ヘクターに依拠した。それは、この交差的リンクによって合理的選択理論との接合を確認しておきたいというねらいもあったが、それ以上に、コールマンやヘクターほどに整った説明を与える関係‐社会構造系の実証的理論がないためであった。Ａ・シュッツに拠りながら展開した連帯の関係基盤論は、まさにそうした理論的空隙を橋渡しする意図が込められている。

関係‐社会構造系のマイクロ・マクロ・リンクは、おそらくネットワーク分析からもアプローチできるだろう。社会関係資本との関係はともかく、バランス理論等はその好例である（これは第1章でも注釈した）。けれども、この側面の多水準推論が社会学理論に貢献するのは、何よりも認識世界の抽象化と共有化のメカニズムの解明においてである、と考える。

われわれの関係基盤論は、シンボルの高次化作用に関するシュッツの議論、および、Ｂ・マルコフスキーらのネットワーク論的連帯モデルに拠りつつ、抽象度の高い関係基盤がシンボルとして人びとに共有される仕組みを描き出そうとした。その仕組みの要と目されたのが関係基盤の連結性であり、それが培うネットワーク想像力である。われわれはそこに規範のメカニズムを読み込もうとした。パットナムが強調する一般化された互酬性の規範である。要するに、関係基盤の連結性が一般化された互酬性の規範を強め、それによって、シンボル的関係基盤の抽象度が高くとも、それを基礎とした見知らぬ人との連帯が可能になる、という説明である。このように厳密には、シンボルの高次化という認識世界の抽象化と、規範に媒介された共有認識の形成という、二つの関係‐社会構造系マイクロ・マクロ・リンクを

複合させた論理構成になっている。(3)

この説明の妥当性は今後も検証を続けなければならないが、ここで注記しておきたいことは、その議論が弱い紐帯の規範的意味を明示的に問いかけている点である。人びとの生活機会が弱い紐帯に支えられる部分が大きい場合、一般化された互酬性がリアリティをもちやすく、その規範化が促進される可能性がある。こうした理念的観点は、弱い紐帯の議論に限らずネットワーク・メカニズムの研究から排除されがちである。それは当然であり、社会ネットワーク論は、社会構造の形式的性質をネットワーク概念によって切り取ることで関係の実証的分析を可能にしているのであるから、安易に社会構造の理念的性質に踏み込むべきではない。だが、社会関係資本のコンテクストにおいては、先の例のように、そこに踏み込むことの理論的意義を明示できる場合がある。これは連帯の関係基盤論の副産物であるが、重要な理論統合の契機だと考えている。

規範ということに関していえば、本書では信頼概念の扱いが弱かった。著者は、信頼は基本的には規範の一種と考えている。端的には、信頼を裏切ることを禁止する規範の問題である。したがってその意味では、信頼は規範のメカニズムというアジェンダに含意されている。けれども、山岸俊男やF・フクヤマを引用して何度か論じたように、社会関係資本との関わりでみても、信頼は他の規範にはない性質を有しているようにみえる。その一つとして、信頼は規範というよりは、人間観ないし世界観のようなものとして表れる、ということがある。いわば社会関係資本の文字通りのインフラ的（社会資本的）側面といえるかもしれない。実は本書では、その側面はデュルケムの道徳的紐帯の用語ですくい取ってきたのであるが、それで信頼の議論を十分にカバーできているかといわれると、異論の余地はありそうである。

いずれにしても、信頼を一つの独立した理論的アジェンダとすべきかどうかは、社会関係資本を軸とした社会学理論の展開にそれが特別な意義をもちこめるかどうかにかかっている。現状ではその判断を保留せざるを得なかった。信頼の概念自体が多義的であるが、とはいえ社会関係資本にくらべれば直接的な計測性は高い。実際、質問紙ベースで標準化された尺度が整備されてきている。しかしそうした経験的水準でも、信頼のもつ多面性は確認されている（林・与謝野 2005 等）。社会関係資本の文脈で考えるならば、少なくともインフラ的な信頼と規範化された信頼を区別して、前者が後者を条件づける仕組みを問うような研究がもっと求められる。その際に、関係基盤論で言及した聖と俗の時間リズムは重要な留意点だと思われる。われわれは関係基盤がそうしたリズムを効率的に刻むための社会的装置になっていることを指摘した。インフラ的信頼をある特定の状況で規範的に顕在化させる社会的仕組みも、これとパラレルに考えられるかもしれない(4)。

仮定の明示化

最後にやや話は変わるが、関係論的マイクロ・マクロ・リンクの主導という意味では、個人レベルの生活機会と社会レベルの資源分配を社会構造がどのように媒介しているかという前述の問題を、ここで再度確認しておく必要があるだろう。そこでのポイントは、個人のパーソナル・ネットワークから、ソシオセントリック・ネットワークの布置連関を推論するという関係‐社会構造系のマイクロ・マクロ・リンクであった。何度か述べたように、パーソナル・ネットワークの情報は社会関係資本の個人口座のようなものであり、関係基盤が指標するネットワークと対象者個人との位置関係を示す。ただし、第5章で議論したように、この位置関係は行為論的に投資とも読める。したがって厳密には、〔関係⇔行為〕−社会構造の多水準推論といえるだろう。ここで関係⇔行為の互換的解釈性は、社会関係資本は関係基盤上のネットワークに則して蓄積される、というもう一つの重要な公理（これは第5章で理論的仮定として明示した）に依拠していることに注意されたい。

関係基盤は、社会関係資本の関係論的マイクロ・マクロ・リンクを実証的に推し進めるための概念装置であるが、同時に、そのためにいくつかの理論的仮定を導入している。いわばそれ自体が一つのモデルである。前述したように、この概念装置はいろいろな研究戦略に適用できるけれども、その際には常に、推論の前提となる公理の制約に留意しなければならない。そのような制約を持ち込むぐらいなら、わざわざ関係基盤なる概念装置を使う必要はないと思われるかもしれない。もちろんそれは自由なのだが、そのときには、別の概念装置（モデル）を考慮しなければなるまい。なぜなら、社会関係資本は実体のない比喩的概念だからである。そうした比喩的概念を理論構築にうまく活用するには、一連の公理によってそれを実証可能な概念枠組みに変換しなければならない。従来の社会関係資本研究はおしなべて、この手続きについて無頓着すぎたと思われる(5)。

3　社会関係資本と社会学

理論競合の活性剤　以上のような論点を含みながら本書が提示してきた社会関係資本研究の中期計画的な見取り図と、その展開としての関係基盤論は、社会学全体にとってどういう効用をもち得るのだろうか。最後にこの点を改めて考えよう。

社会学の全体的な理論状況を見渡すとき、そこに理論統合の着実な歩みと展望を見いだすことは難しい。いわゆる構造機能主義が理論的求心力をうしなった後、理論化のベクトルとしては、個別ディシプリンに細かく分かれた展開が定着してしまった感がある。そこに統合への契機が生まれないのは、逆説的であるが、理論競合が大局的にうまくかみ合っていないためである。つまり、「理論」は数多くあっても、それらが互いの理論的性能を競い合うことができるほどに有意味に、関係づけられていないのである。社会関係資本は、関係論的社会学の理論統合を主導することで、社会学全体における理論競合を活性化させる可能性をもつ。ただし、この実現性を増すためにはいくつかのことに注意しなければならない。

まず、社会学理論構築の道標とされてきたマイクロ・マクロ・リンクは、いわゆるコールマン・ボートのように単純ではないということを確認しよう。少なくとも、行為の集積が生み出す創発性の問題とは別に、関係の集積が生み出す創発性の問題を考えることができる。これらは、どちらか一方の問題を解けば他方の問題も解けるような関係にはないが、かといって互いに無関係ではなく、むしろ相互に規定し合いながら一つの社会過程を構成している。したがって、この二つの問題系を意図的に複合的に捉えるマイクロ・マクロ・リンクが必要である。

実際、社会学の系譜をみても、行為論と社会関係論はやや異なる伝統を形成しつつ、議論は互いに参照し合ってきた。ただしそれは多くの場合、マイクロ・マクロ・リンクの複合として参照し合う形ではなかった。例えば、囚人のジレンマ（行為論的秩序問題）の解決に信頼（関係論的メディア）が資するというとき、たいていの場合議論は行為論（行為-システム系マイクロ・マクロ・リンク）の枠内にあって、信頼がそれ自体としてもつ関係-社会構造系のマイクロ・マクロ・リンクに論点が及ぶことはなかった。要するに、社会学全体として、より正面からこのようなマイクロ・マクロ・リンク複合を見据えた理論競合が望まれるのである。

ここで社会関係資本が重要な位置を占める理由は二つある。第一に、繰り返しになるが、社会関係資本は、行為論にくらべてこれまで理論統合の動きが鈍かった関係論的社会学において、理論競合を刺激しうる。そのための中期計画的な見取り図と具体的な「理論」像の例解については、本書が示してきたところである。第二に、これもすでに言及したことであるが、社会関係資本は二つのマイクロ・マクロ・リンクの問題系、すなわち、行為-システム系と関係-社会構造系の交錯点にあるので、行為論を巻き込んだ理論競合を刺激しやすい。実際、社会関係資本の蓄積プロセスに関わる主要議論のいくつかは、本書でみたコールマンの規範やヘクターの連帯、あるいはまたグラノヴェターの埋め込まれのように、すでに交差的なマイクロ・マクロ・リンクを基軸にしている。こうして社会関係資本は、関係論的社会学を中核として社会学全体の理論競合を活性化させるような、誘爆剤たりうる。

高次の理論化へ向けて

マイクロ・マクロ・リンク複合を焦点とするとき、もう一つ考えておかなければならないのは、前節でも触れたことであるが、実証的アプローチと理念的アプローチの関係である。やや単純化していえば、行為は観察可能な相互作用の集積として客観的に記述しやすいのに対して、関係は間主観的な認識の集積について主観的解釈を重ねるしかないという、本来的な認識論的な位相の違いがある。マイクロ・マクロ・リンク複合は、このような位相の違いに立ち入って考えれば、実際のところかなり突破口を探しにくいものである。

もちろん、一定の工夫を施せば、限定的に、解釈的な議論を実証的な理論構築の場にもちこむことは可能である。実際にわれわれは、そうした限定性に関する批判を経ながらも、実証的な社会ネットワーク論が確立してきた経緯をみた。それでも、ネットワーク分析がとりこぼしてしまう社会構造の理念的要素は、大きい。本書がいう理論統合は、それよりはさらに進んだ両アプローチの融合を期している。

この融合は容易ではないが、われわれは関係基盤論によって多少なりともその例解を示し得たと考えている。それは言ってみれば解釈（ソシオセントリック・ネットワーク）と実証（関係基盤）の指標関係を理論的前提とするという、ただそれだけの単純な着想である。けれどもこの指標関係は、社会関係資本の概念枠組みにおかれることで、規範、信頼、連帯のような理念的要素を含意する。この仕掛けによって、それらの概念をめぐる理念的アプローチの研究成果も視野に収められる。もちろん、それらの成果をどのように取り入れて社会関係資本の具体的なマイクロ・マクロ・リンクを説明するかは別である。連帯の関係基盤論では、シンボルと関係基盤の対応関係を理論的前提として加えることでシュッツにアクセスし、彼のシンボル高次化に関する研究成果を取り入れた。理論統合のイメージにも実はいろいろあるだろうが、いずれにしても著者はこうしたフレキシブルな推論補強型の概念装置の工夫が果たす役割が大きいと考えている。

最後に、本書の冒頭においてやや批判的に言及した社会関係資本概念のスケールの大きさについて、一言触れておきたい。社会関係資本は、その蓄積プロセスに関わる社会構造の詳細なメカニズムにわれわれの注意を喚起する一方で、経済や市民社会の社会構造への埋め込まれという形で、市場／国家／社会の三つ巴の関係を正面から問いかける、そうしたスケールの大きさをもっている。つまり、それは実証的な社会学理論概念でありながら、同時に一般的な社会理論の鍵概念としても表れる。しかしながら、この後者の側面をうまく生かして、社会関係資本の学際的な理論的価値を高めるには、やはり前者の側面で社会学がしっかりとした理論的基盤を与えることができなければならない。

少し厳密にいいなおそう。社会関係資本の蓄積に関わる社会構造の仕組みを説明する社会学理論は、関係論的社会学を中心にそれなりの蓄積がある。問題は、社会関係資本なるものを社会構造に見いだすために、それら諸理論を関係づけて推論するより高次の理論的枠組みである。先に理論的基盤といったのはこうした意味での枠組みの整備である。何度も言うように社会関係資本は比喩的概念であり、それが抽象的概念として一人歩きするならば、〈社会学的な視点〉とさして違わない意味になってしまう恐れがある。(6) むしろ、ネットワーク、信頼、互酬性の規範などの断片的要素で、〈社会学的な視点〉がそっくりおきかえられてしまう恐れもある。上記の理論的枠組みのレベルである程度の理論統合が見えていれば、〈社会学的な視点〉をより豊かに特定化することができる。

このような趣旨を含みながら本書が目指す理論統合は、社会関係資本に牽引されつつ、もしかしたらその先に「社会関係資本」とは異なる包括的主題（例えば「ネオ社会構造理論」のような主題）を掲げることになるのかもしれない。それは、実はありうることだと考えており、なおかつそれが社会学理論にブレイクスルーをもたらすものであることを期待している。それを見極めるためにも、社会関係資本という、この魅力的な比喩的概念を最大限に活用して、まずは既存の社会学諸理論のあいだの風通しをよくしたい。本書が、社会学においてそのような理論研究を誘発することになれば、著者として至上の喜びである。

注

（1）本書では、社会関係資本の概念がもつ実践的な意義について検討する余裕がなかったが、関係基盤の連結による資本蓄積の効率化は、実践的にも重要な結束型と橋渡し型の調整問題に対して、具体的に対処しやすい方策を示唆するだろう。

（2）既存のアソシエーション間の関係づけのような場合は潜在的なソシオセントリック・ネットワークは限定されるかもしれないが、それでも、いったん成員レベルに落としてみれば思わぬ関係基盤の連結が見つかることはあり得るだろう。

（3）T・パーソンズ（Parsons 1951）が、秩序問題の解く鍵としながら、それ自体の生成プロセスをマイクロ・マクロ・リンク的に解明してみせることがなかった価値システムも、これに類した論理構成で説明できる可能性がある。さらに、拙稿（Misumi 2007a）が示唆する寛容な価値共有の認識的な仕組みを組み合わせることで、〈寛容な社会統合〉の理論的基礎を整えることができると考えている。これはいずれ別稿で構想したい。

（4）信頼にしても社会関係資本にしても、短い時間の議論と、世代を超える長い時間の議論が混在しがちだが、それらの顕在化や蓄積の仕組みは時間に応じて異なる可能性がある。関係ということ自体が本来的に時間的な概念なので、どういう時間のスケールや流れを想定して議論するかを常に注意しなければならない。学際的視点から時間を論じたものとして辻（2008）は参考になる。

（5）実はこの問題は社会ネットワーク分析についても当てはまるのかもしれない。第2章でみたように社会ネットワークは、変動する社会のある側面を照射するために有効性を帯びてきた分析概念であり、普遍的な実体的概念ではない。とりわけソシオセントリック・ネットワークは、程度の差はあれその境界が研究者の視点によって定められて初めて姿を現す理論的な概念である。どういう「関係」を一本の線に変換するかはテクニカルな問題ではなく、本来公理を明示してなされるべきことであり、その公理が前提にする理論に照らして社会ネットワークの理論的価値が問われるべきなのであろう。

（6）著者は以前に、パットナムの『孤独なボウリング』が現代アメリカ社会論を越えて社会関係資本論として理論的価値を得るために、マクロ指標間の共変関係に社会関係資本を読み込むレトリックに理論的な補強が必要であると説いた（三隅 2007b）。これも同じ趣旨であり、巧妙に計測指標を考案して実証分析を展開しているが、概念自体は抽象度の高いままで理論的掘り下げが弱いことを指摘している。

文献案内

社会関係資本に関する社会学に近いところでの主要文献については、本書のなかでやや詳しく紹介してきたので、改めて個々に解題することはしない。むしろ、学習プロセスを考慮した文献見取り図のような意味あいで、いくつかの主要文献の位置関係を示すことにしたい。というのも、社会関係資本を勉強しようとすれば何ほどか迷宮に立ち入ることを覚悟しなければならないからであり、著者の経験をふまえて少しでもその道案内ができればと願うからである。もとより、そのために一つのスタンダードとして本書を書き下ろしたのであるが、著者の社会関係資本への関心は、社会ネットワークの方法論的課題と社会移動の実証的課題をすりあわせるところから出発したので、スタンダードといっても明らかにバイアスがある。せっかくなので、ここでの道案内では多少なりともそのバイアスの補正を心がけたい。

とはいえ一方では、社会関係資本に関して一般的な勉強の道筋はないことも強調しておきたい。これは社会関係資本に限ったことではないが、とくにこの概念の場合は漠然と勉強していると迷路の深みにはまりやすいと思う。その意味ではバイアスはある方がよい。つまり、コンパスとなるような理論的な指針、あるいは、いつでもそこに戻って当初の問題関心を確認できるような起点を、自覚して持ち込む方がよいだろう。おそらくそのコンパスや起点が明確であるほど、社会関係資本からのリターンは大きい。平たくいえば、「社会関係資本を研究したい」という漠然とした構えではなく、「○○の研究のために社会関係資本の使い道を検討したい」といった構えのほうがよいと思う。
以下では日本語で読める単行本を中心に、こうした趣旨で文献案内を試みる。

社会学での入り方――ネットワーク論

社会学の分野で社会関係資本にアプローチするとき、足場にしやすいのは社会ネットワーク論と社会階層論である。前者の社会ネットワーク論からいうと、この領域の主要論文をおさえるには**野沢慎司（編・監訳）『リーディングス　ネットワーク論――家族・コミュニティ・社会関係資本』（勁草書房、二〇〇六）**が便利である。収録七本の翻訳論文のうち、社会関係資本に直接的に関わるのは弱い紐帯に関するグラノヴェター、人的資本との関係を論じたコールマン、結束型と橋渡し型の調整問題を論じたバートの三論文である。いずれも本書で主要論点は紹介したが、ぜひこの本で原論文にあたってほしい。他の諸論文も、ネットワーク研究の流れを追うときに欠かせない重要文献として本書で言及したものばかりである。全章読破をお勧めする。そのうえで、社会関係資本として全体を通底する論点をどこにどうみいだし得るか、あるいは、読者の問題関心にヒットする議論はどれかを、考えてみてほしい。

先の三論文からの発展については、少し詳しく紹介しておくべきであろう。

M・グラノヴェターについては、社会（学）と経済（学）の根本的関係を問い直す「埋め込まれ」のやや理論的な議論（AJS論文）が、**M・グラノヴェター（渡辺深訳）『転職――ネットワークとキャリ**

アの研究』（**ミネルヴァ書房、一九九八：付録D**）に収録されている（この本では「埋め込み」と訳されている）。あわせて参照するとよい。もちろんこの本全体も、社会ネットワークと階層の接点に社会関係資本を位置づけようとする際に、地位達成研究とは異なる研究枠組みを示唆するものとして、押さえておきたい。

J・S・コールマンの社会関係資本論は、彼の研究の集大成である**ジェームズ・コールマン**（**久慈利武監訳**）**『社会理論の基礎**（**上・下**）**』**（**青木書店、二〇〇四、二〇〇六**）において、経済・政治・社会を包括する一般的社会理論の重要な基礎概念として位置づけられた。直接的に議論されるのは12章であるが、集合的行為の制御に関わる社会構造の仕組みとして、随所に関連する論点がちりばめられている。彼の社会関係資本の定義は機能主義的なのでやや全体像をつかみくいが、合理的選択にもとづく行為システムの挙動を機能的に条件づける社会構造のような観点で読み取るとわかりやすいだろう。

R・S・バートが、コールマンの強調するネットワーク閉鎖性に対置させて論じた構造的空隙については、**ロナルド・S・バート**（**安田雪訳**）**『競争の社会的構造――構造的空隙の理論』**（**新曜社、二〇〇六**）を参照されたい。この議論の影響は社会学よりも経営学の方が大きいかもしれないが、もちろん社会学的にも、社会関係資本の蓄積に関わるソシオセントリック・ネットワーク構造のメカニズムを明示した研究として希少である。

ネットワーク・データの分析法については本書で入り口のところは押さえたつもりである。さらに進んだ分析法を社会関係資本と関係づけながら学ぶには、**金光淳『社会ネットワーク分析の基礎――社会的関係資本論にむけて』**（**勁草書房、二〇〇三**）、また、**安田雪『実践ネットワーク分析――関係を解く理論と技法』**（**新曜社、二〇〇一**）を足がかりにするとよいだろう。

社会心理学や家族・福祉社会学では、ストレスフル・イベントの影響に関わる社会ネットワークの効果がサポート・ネットワークとして議論されてきた。**浦光博『支えあう人と人——ソーシャル・サポートの社会心理学』**（**サイエンス社、一九九二**）で議論の概要を知ることができる。これは本来的にソシオセントリック・ネットワークに志向した議論ではないので、社会関係資本の概念枠内に独立した位置づけを与えることは難しいが、少なくとも個人レベルのリターンを非経済的側面で考えるときには参考になる。

社会学での入り方——社会階層論

さて、社会階層論の方では、社会ネットワークや社会関係資本に力点をおいたリーディングスは残念ながら存在しない。そのなかでは、地位達成研究のスタンスとしての限定は強いけれども、やはり**ナン・リン**（**筒井淳也ほか訳**）**『ソーシャル・キャピタル——社会構造と行為の理論』**（**ミネルヴァ書房、二〇〇八**）がまとまっている。第Ⅱ部の試論的展開も示唆に富む論点を含むが、彼が進めてきた社会的資源論の直接的な拡張としてまずは第Ⅰ部を押さえておきたい。そこでは社会関係資本の資本概念としての考察にもかなり紙面が割かれており、本書でも参考にしたところが大きい。

ＳＳＭのような計量的階層研究において、社会階層と集団参加やパーソナル・ネットワークとの関係は、地位達成の枠組みだけでなく、社会的地位の構成要素、すなわち社会的勢力として、また、通婚圏や選択的交際の枠組みでも議論されてきた。そのなかには社会関係資本と不平等との関係を考えるために重要な論点が含まれる。ただし、それらの研究を集約した文献を探すのは難しい。ＳＳＭの最新の研究成果としては、**『現代の階層社会』**（東京大学出版会、二〇一一）**第2巻**（石田浩・近藤博之・中尾啓子［編］）および**第3巻**（斎藤友里子・三隅一人［編］）に関連論文があるので、そこから引用文献をたどるとよいだろう。

あるいは、いわゆる階層研究からいったん離れて **Peter M. Blau and Joseph E. Schwartz, *Crosscutting Social Circles*** (Academic Press, 1984) から取りかかるのもよいだろう。これは、コミュニティの集団構成として、地域権力構造やパーソナル・ネットワークに着目する都市社会学にリンクする視点でもある。また、ネットワーク・ダイナミクスとの関係づけを考えるには、**小林淳一・木村邦博**（編著）**『考える社会学』**（ミネルヴァ書房、一九九一：一四章）がコンパクトながら手がかりとなる。

階級構造的な不平等の問題に社会関係資本を位置づけた議論として、Ｐ・ブルデューははずせない。比較的入手しやすい英語版論文として以下を推薦しておく。**Pierre Bourdieu, "The Forms of Capital," A.H. Halsey et al.** (eds.), ***Education : Culture, Ecomomy, and Society*** (Oxford University Press, 1997 : 46-58)。本書でも引用した**ピエール・ブルデュー&ロイック・J・D・ヴァカン**（水島和則訳）**『リフレクシヴ・ソシオロジーへの招待——ブルデュー、社会学を語る』**（藤原書店、二〇〇七）を併読すると、彼が社会関係資本をどういう階級（文化的再生産）の仕組みのなかで考えているかの全体像を理解しやすいだろう。

社会学の関連議論――信頼

以上に加えて、社会関係資本の蓄積に関わる重要な社会学的概念をいくつか、みておきたい。

まずは、信頼である。信頼の研究としては、社会心理学における議論として本書でも触れた**山岸俊男『信頼の構造――こころと社会の進化ゲーム』**（東京大学出版会、一九九八）はぜひ押さえておきたい。そこでの信頼の解き放ち理論を、現代社会論的に展開した**山岸俊男『安心社会から信頼社会へ――日本型システムの行方』**（中公新書、一九九九）も、関係論的な社会変動論として示唆に富む。より直接的に社会関係資本の議論に踏み込みながら、そこで信頼の重要性を論じる研究者も少なくない。**フランシス・フクヤマ**（加藤寛訳）**『「信」無くば立たず』**（三笠書房、一九九六）は、血縁を越える信頼を生み出すような文化的条件（自発的社交性）の違いが今後の国家経済の成功を左右するという、スケールの大きな議論を展開した。政治学ではエリック・M・アスレイナーが信頼を強調する論者として知られる。**宮川公男・大守隆**（編）**『ソーシャル・キャピタル――現代経済社会のガバナンスの基礎』**（東洋経済新報社、二〇〇四：四章）の収録論文から当たるとよい（この本の第2章には、後述する『孤独なボウリング』の原点ともいえるパットナム論文も収録されている）。信頼の概念は、フォーマルなゲーム理論においても一定の位置を占め、合理的選択理論にもとづく議論がなされている。このあたりの動きを知るには、**佐藤嘉倫『ゲーム理論――人間と社会の複雑な関係を解く』**（新曜社、二〇〇八）がとっつきやすい。

これらにおける信頼の概念は、相互行為におけるリスク軽減、とりわけ見知らぬ他者と取引したりパートナーシップを築いたりすることのリスク軽減に関わる点で共通している。しかしそれにしても、議論の時間的・社会的スケールは具体的な実験ゲームから歴史文明論まで錯綜してみえる。このあたりを自分なりにどのように交通整理しながら、どのスケールの話として社会関係資本に結びつけていくかが、信頼概念から入るときの難しさでもあり、おもしろさでもあるのだろう。

やや我田引水になるけれども、**数理社会学会『理論と方法』Vol.20 No.1（ハーベスト社、二〇〇五年）**における特集“A New Direction for Social Capital Theory”は、社会関係資本や信頼の理論的問題を考えるうえで参考になる。特集は英語で組まれているが、邦語の元論文（その他いくつかの関連論文）を与謝野有紀『現代日本における社会階層、ライフスタイル、社会関係資本の連関構造の分析』（科研費研究成果報告書、二〇〇五）で確認できる。

社会学の関連議論——連帯

いま一つは、本書でも分析展開を試みた連帯である。この概念もいろいろな切り口があるが、社会関係資本との関係では、英語の文献だがやはり **Patrick Doreian and Thomas Fararo** (eds.), ***The Problems of Solidarity : Theories and Models*** (Gordon and Breach, 1998) をあげておきたい。合理的選択理論および社会ネットワーク論をベースにした示唆的な理論的考察が集められている。とりわけ合理的選択理論のスタンスから集団連帯を考えるときには、**M・ヘクター（小林淳一ほか訳）『連帯の条件——合理的選択理論によるアプローチ』（ミネルヴァ書房、二〇〇三）**がある。社会的アイデンティティ論からのアプローチとしては**M・A・ホッグ**（廣田君美・藤澤等監訳）『**集団凝集性の社会心理学——魅力から社会的アイデンティティへ**』（北大路書房、一九九四）がよいだろう。

連帯の問題は、分配・再分配（社会学的には社会階層および福祉国家）の問題と密接に関係している。例えば、**齋藤純一**（編）『**政治の発見③　支える——連帯と再分配の政治学**』（風行社、二〇一一）を社会関係資本の観点を意識しながら読んでみるのもおもしろいだろう。

周辺分野の動向

もちろんここまで来れば、ロバート・D・パットナムの社会関係資本論にすでに踏み込んでいる。彼の議論は市民連帯（公共性）を主題とするが、その源流をイタリア中世のコムーネや、合衆国のアソシエーション型市民社会の伝統に見いだす彼の社会関係資本論は、新たな地域共同体のあり方を模索する社会学として大いに留意すべきものである。幸い彼の主著は以下の邦語で読める。**河田潤一訳**『**哲学する民主主義——伝統と改革の市民的構造**』（NTT出版、二〇〇一）、**柴内康文訳**『**孤独なボウリング——米国コミュニティの崩壊と再生**』（柏書房、二〇〇六）、**猪口孝訳**『**流動化する民主主義——先進8カ国におけるソーシャル・キャピタル**』（ミネルヴァ書房、二〇一三）。なお、パットナムの枠組みを日本の市民社会状況に適用した研究として、**坂本治也**『**ソーシャル・キャピタルと活動する市民——新時代日本の市民政治**』（有斐閣、二〇一〇）等のまとまった成果もでてきた。

政治学以外の学際的動向にも触れておこう。世界銀行が本概念に着目して盛んに議論を仕掛けたこともあって、開発経済学は早くから社会関係資本が多用される分野の一つであった。英語の文献だが世界銀行のシンポジウムをもとにした **Partha Dasgupta and Ismail Serageldin** (eds.), ***Social Capital : A multifaceted Perspective*** (World Bank, 2000) は、参考になる論考が多い。わが国でも比較的早い時期に、**佐藤誠**（編）『**援助と社会関係資本――ソーシャル・キャピタル論の可能性**』（アジア経済研究所、二〇〇二）が出版された。近年では稲葉陽二氏が経営学的な視点から、信頼の概念を基軸にしつつ、幅広く研究を展開している。入門的な書として**稲葉陽二**『**ソーシャル・キャピタル――「信頼の絆」で解く現代経済・社会の諸課題**』（生産性出版、二〇〇七）、また、いくつかの分野でより専門的に展開した研究をまとめた**稲葉陽二**（編著）『**ソーシャル・キャピタルの潜在力**』（日本評論社、二〇〇八）、および、**稲葉陽二ほか**（編）『**ソーシャル・キャピタルのフロンティア――その到達点と可能性**』（ミネルヴァ書房、二〇一二）がある。

とくに最後の書にも紹介されている疫学的な展開は、近年富みに活気を増している分野である。**イチロー・カワチほか**（藤澤由和ほか監訳）『**ソーシャル・キャピタルと健康**』（日本評論社、二〇〇八）で最先端の議論に触れることができよう。

本格的な勉強のために

最後に、英語のまとまった文献をいくつか補充紹介しておきたい。まずリーディングスとして、**Elinor Ostrom and T.K. Ahn**, ***Foundations of Social Capital*** (Edward Elgar Publishing, 2010) は便利であ

る。トクヴィルやハニファン等の先駆的な議論、社会学を中心とした理論的背景、具体的な資本形態（蓄積プロセス）に関する議論など、やや入手しにくい論文を含めて目配りがきいている（ブルデューがないのがやや残念である）。辞書的なハンドブックも刊行された。Dario Castiglione, Jan W. Van Deth, and Guglielmo Wolleb (eds.), ***The Handbook of Social Capital*** (Oxford University Press, 2008)。700ページに及ぶ大部だが、必要なところの拾い読みや文献探索の足がかりとして活用すればよいだろう。

比較的新しい研究書として社会学の色合いが濃いものには、以下がある。Nan Lin and Bonnie H. Erickson, ***Social Capital : An International research Program*** (Oxford University Press, 2008)、Ray-May Hsung, Nan Lin, and Ronald L. Breiger (eds.), ***Contexts of Social Capital : Social Networks in Markets, Communities, and Families*** (Routledge, 2009)。とくに合理的選択理論によるアプローチを強く意識したものとしては、本書でも触れたフラップらの実証的研究プログラムを再確認しておく価値はあるだろう。Henk Flap and Beate Völker (eds.), ***Creation and Returns of Social Capital : A New Research Program*** (Routledge, 2004)。また、規範に着目した次の文献も、やはり合理的選択理論と社会関係資本の関係を考えるうえで参考になる議論が多い。Michael Hecther and Karl-Dieter Opp (eds.), ***Social Norms*** (Sage, 2001)。

おわりに

この現代社会学講座の企画がもちあがったとき、当初私が考えていたことは、社会関係を軸とした社会学理論の全体像を描き出したいということだった。本書のなかでも述べたことだが、関係論的社会学理論の体系だった発展は、合理的選択理論を軸にした行為論の動向にくらべると、遅れをとっている。その理論的統合を果たすことは無理だとしても、そこにどのような議論がどのような形で関わるかという全体像を提示することはできないか。そのような形で、専門性の高いテキストとして企画に応えるような構想を思い描いていた。それが自分の力量からして厳しいことは承知していたが、一点の光明は、社会関係資本がその全体像を紡ぎ出すための鍵概念になりうるのではないかという予感であった。

当時、社会関係資本に対しては、魅力的だが得体が知れない感じを抱いていた（それは今でも払拭しきれてはいないが）。ただしそこにおいて、方法論的な関心の向きどころは私なりに明白であった。パーソナル・ネットワーク研究とソシオセントリック・ネットワーク研究の接続である。私自身、この両者の方法論的な橋渡しのために関係基盤の概念装置を考案して研究にとりくみ始めていたので、社会関係資本と関係基盤の概念的な関係を整えることができれば、道筋は開ける。光明は明るいものに思われた。本書のタイトルを思い切って社会関係資本に定めた背景には、こうした思惑があった。

けれども、関係論的社会学理論の統合という遠大な目的にアプローチするために、社会関係資本という鍵を具体的にどう使うかべきかを決めあぐねていた。実際、それは関係論的社会学の多様な論点にアクセスできるマスターキーのようにも思われたが、その性能がどこまで〈資本のカタチ〉に依拠するのかはわからなかった。要するに比喩的概念としての割り切り方を迷っていたのである。そのヒントを既存の研究に求めるべく、改めて文献に当たり始めた。社会関係資本に関する著書や研究論文は二一世紀に入ってから、世界的に量産体制に入っていた。その量はまさに圧倒的であったが、残念ながら得られる理論的含意はそれに比例するものではなかった。迷宮はむしろ複雑さを増していく感じであった。

そうこうしているうちに、他の研究プロジェクトとの関係もあって、私の主関心はいつからか社会関係資本を離れて連帯の問題に移っていた。ただしそこでは、やはり関係基盤の概念を活用して、ネットワーク概念にもとづいた実証的な連帯論を展開することを考えていたので、別の主題にシフトしたつもりはなかった。むしろ、一見して異なる主題にみえるこの両者、すなわち社会関係資本と連帯に、同じ切り口からアプローチできることの意味を自らに問いかけるよい機会になった。そこから、実は関係基盤の概念装置それ自体が、社会関係資本をどう使いこなすかの例解であると思い至ったのである。

社会関係資本はマスターキーというよりは、関連する議論へのアクセスを一堂に集める制御室のようなものである。ところが同一の議論であっても理論的なアクセス・ポイントはいくつかある。そこで、それらのどれとどれをどう繋いで理論的一般化を行うかを具体的に定める、制御プログラムのようなものが必要になる。ここで重要なことは、社会関係資本をどんなに勉強しても、この制御プログラムの作り方はみえてこないということである。制御プログラムは、もちろん社会関係資本という制御室のなかでうまく動くように作らなければならないが、基本的には自由な着想で作って構わない。というよりも、そうでなければ、社会関係資本の理論的価値は半減する。実際のところ、既存の議論を寄せ集めただけでは新たな理論は生まれない。その制御室を豊かな理論創出の場とできるか否かは、自由な着想でどれだけユニークな制御プログラムを競い合わせることができるかにかかっている。

比喩的概念の使い方を比喩的に説明するのはよろしくないかもしれないが、ともあれこれが、私がたどりついた社会関係資本との正しいつきあい方である。こうして社会関係資本を比喩的概念として割り切るべくスタンスを定めたときには、ある種の呪縛から解き放たれたような思いであった。

いうまでもなく、そうした理論競合を実りあるものにするには、一方では関係論的社会学の理論化、すなわち、社会構造をめぐるマイクロ・マクロ・リンクのさらなる解明が重要な課題である。この課題のなかには、もちろん、社会関係資本のもとでの理論統合から切り開かれる新たな論点がありうるし、本概念の理論的価値は最終的にはそこで評価されるべきであろう。その一方で、この課題に含まれる論点の大部分は、社会関係資本を通さなければ議論できないことではない。社会関係資本という制御室の内側に身をおくかどうかを別として、関係論的社会学の理論化としてやるべきことはあまり変わらないのである。つまるところ、社会関係資本論の成功は大部分を社会学理論の発展に依存している。

社会関係資本をあいまいかつ冗長な概念として棄て去ることは簡単である。しかしそうしたところで社会学の理論状況が改善されるわけではない。むしろ、ブレイクスルーを目指す一つの道標を失うだけのことである。逆にいえば社会関係資本は、社会学の実力を推し量る格好の試金石といえるかもしれない。その意味で、社会学にとって辛抱強くこの概念とつきあっていく価値はあると思う。

いずれにしても、このようなことで社会関係資本という迷宮をさまよっているうちに、本企画がもちあがってから十年近い年月がたってしまった。どんな言い訳をしてもシリーズ編者の一人としてこの執筆の遅れは許されないことであろう。ミネルヴァ書房編集部の皆さん、とりわけ田引さん、涌井さん、東さんには多大なご迷惑をおかけしてしまった。編集部の粘り強く心強い励ましとお叱りがなければ、まだまだ迷宮をさまよい続けていたかもしれない。改めてお詫びと感謝を申し上げたい。身から出た錆とはいえ、この執筆が気になって誠に目覚めの悪い朝が続いたものである。その憂鬱を紛らわし、前向きにスイッチを切り替えてくれたのは、何よりも妻・昭子や娘・菜津喜と過ごす時間であった。彼女たちの支えにもこの場を借りて心から感謝したい。

執筆の遅れの間に、本概念をめぐる世界的な議論の盛り上がりはピークを過ぎたようにみえる。これは如何ともしがたいことである。けれども、少し落ち着いて本概念の理論的価値を問い直すという意味では、悪いタイミングではない。現実問題としても、震災後の社会設計をめぐって社会関係資本、のみならず社会学という学問の存在価値が厳しく問われている。社会関係資本は、関係論的社会学理論を統合する概念たり得るか。この本書の問いかけは、そうした状況に直ちに何らかの答えを示すものではないけれども、中長期的にはよりよい答えに通じる近道だと信じている。この問いかけが生産的な形で理論競合を刺激し、社会関係資本の第二の議論の盛り上がりを、そして社会学のブレイクスルーを生み出すことを望んでやまない。

二〇一二年春

著　者

叢書・現代社会学

編集委員
金子　勇　佐藤俊樹
盛山和夫　三隅一人

*社会分析　金子　勇
*社会学とは何か　盛山和夫
*社会関係資本　三隅一人
*社会学の方法　佐藤俊樹
社会的ジレンマ　海野道郎
都市　松本　康
社会意識　佐藤健二
メディア　北田暁大
比較社会学　野宮大志郎
ボランティア　似田貝香門

アイデンティティ　浅野智彦
ジェンダー／セクシュアリティ　加藤秀一
貧困の社会学　西澤晃彦
社会学の論理（ロジック）　太郎丸博
*仕事と生活　前田信彦
*若者の戦後史　片瀬一男
福祉　藤村正之
社会システム　徳安　彰
*グローバリゼーション・インパクト　厚東洋輔
現代宗教社会学　櫻井義秀

（*は既刊）

《著者紹介》

三隅　一人（みすみ・かずと）

1960年　生まれ。

1986年　九州大学大学院文学研究科博士課程退学。

2007年　博士（社会学）（関西学院大学）。

現　在　九州大学大学院比較社会文化研究院教授。

主　著　『社会のメカニズム』（共著）ナカニシヤ出版，1999年。

『社会学の古典理論――数理で蘇る巨匠たち』（編著）勁草書房，2004年。

『シンボリック・デバイス――意味世界へのフォーマル・アプローチ』（共編著）勁草書房，2005年。

『A FORMAL THEORY OF ROLES』Hana-Syoin，2007年。

『現代の階層社会［3］流動化のなかの社会意識』（共編著）東京大学出版会，2011年。

叢書・現代社会学⑥

社会関係資本

――理論統合の挑戦――

2013年9月30日　初版第1刷発行　〈検印省略〉

2017年6月15日　初版第3刷発行

定価はカバーに表示しています

著　者　三　隅　一　人

発行者　杉　田　啓　三

印刷者　藤　森　英　夫

発行所　株式会社　ミネルヴァ書房

607-8494　京都市山科区日ノ岡堤谷町1

電話代表　(075)581-5191

振替口座　01020-0-8076

亜細亜印刷・新生製本

ISBN978-4-623-06736-7

Printed in Japan

索　引
（＊は人名）

あ　行

アーバニズム　8, 54-56, 90, 123
＊アロー, K. J.　65
＊アンダーソン, B.　172
＊石田光規　106, 110
一般化された互酬性　81, 84, 90, 121, 148, 152, 174, 201, 206-208, 219
一般化された他者　21, 167
インフォーマル集団（組織）　9-11, 58
＊ヴィーゼ, L　15
＊ウェーバー, M　10, 19, 59, 218
＊ウェルマン, B.　53-56, 92, 190
埋め込まれ［経済の社会構造への］　103, 110, 135, 195, 196, 224, 225
＊ウルコック, M.　86
影響（統制）利益　135, 142, 148, 152, 154
＊エーベル, P.　183
SSM 調査　79, 104-107, 110, 133, 196
＊エプスタイン, A. L.　36
＊エリクソン, B.　94
＊エンジェル, R. C.　90
＊オストロム, E.　87
＊オルソン, M.　169

か　行

界　29, 71-74, 215
階級　9, 68, 93
　——再生産　69
階層［社会——］　18, 102, 133, 147, 180, 192, 195, 201, 209
外部性　83, 114-117, 119, 135, 169, 196, 218
＊門口充徳　17, 18
関係基盤
　——の定義　145
　——の布置連関　190
　——のローカル・メカニズム　180, 217
　——の重層性　156, 160, 173, 214
　——の連結性　157, 162, 174, 188, 202, 203, 207, 214, 216, 219
　——想起法　158
関係論的社会学　3, 139, 153
＊ガンス, H. J.　9, 123
間接呈示　22-24, 167, 172
　——の高次化　172
機会の平等　7, 111, 196, 210
機会費用　82, 84, 128, 145, 151, 174, 218
規範
　——の生成　114, 118, 202
　外向——　118, 120
　内向——　118, 120
＊キャンベル, K. E.　92
共同財　113, 156, 167-169, 201
近代化　4, 10, 31, 59
＊グラックマン, M.　156
＊グラノヴェター, M. S.　108, 110, 121, 123, 135, 196, 224
グラフ　42
　——の縮約　184-186
　——の密度　46
　完備——　46
　二部——　49, 50, 159
　無向——　42
　有向——　42, 184
クリーク　46, 57, 94, 123, 142, 151,

170
グローバリゼーション（グローバル化）　12,170,176
ゲマインシャフトとゲゼルシャフト　4
権力　11,16,67,71-73,80
行為
——の制御　114-116
——論的社会学　25,28,29,223
公共財　24,48,81,87,112-114,174,179
構造効果　19,140,143,154
構造的空隙　123-127,131,132,135,151,157,217
構造同値　47,48,124,125,172
合理的選択　73,140,152,167,169,217,219
*コールマン, J. S.　74-80,84,87,98,112-120,131,141,169,202,218,224
*コーンハウザー, W. A.　12
*コッフェ, H.　157,190
*小林盾　105,106
コミットメント　82,128-130
コミュニティ　37,53,77,80,85,123
——解放論　54

さ　行

*佐藤嘉倫　106,111,195
サンクション　58,76,85,114,118,120,131,169
シカゴ学派　8
資源想起法　95,104,175
資源分配　102,147,180,215,221
市場　62,111,119,129,180,195,225
——の機能性　111,129,196-198
——機会　180,195,198-200
資本（経済資本，物質的資本）　61-64,68-71,88,111
*清水盛光　19-21
社会解体　8,12
社会化の形式　14-15,17,21
社会関係　13
——［ウェーバーの定義］　19
——［本書の定義］　27,28
社会関係資本
——［リンの定義］　62
——［ブルデューの定義］　68
——［コールマンの定義］　76
——［パットナムの定義］　80,81
——［本書の定義］　98
——の総合指標　89
——の機会構造　190,194,201
結束型——　48,82,83,95,112,121,127,147,152,156,201,202,213
橋渡し型——　48,82,83,91,95,121,126,127,147,152,157,188,213
社会圏　21,203
社会構造　9,18,31,76,88,97,98,123,142,148,154,195,196,198,216,220,225
社会組織　65,75-77,89
転用可能な——　77,87
社会的アイデンティティ　87,171
社会的交換　16,17,148
社会的資源論　67,93,102,133,140
社会的誘引　171,172
社会ネットワーク　31,81,121
集合意識　5,85,149,176
囚人のジレンマ　115-118,223
重層性行列　161
*シューラー, T.　70,80
*シュッツ, A.　22-24,167,172,202,219,225

情報
——利益　124, 131, 142, 148, 152
——潜在力　131, 132
剰余価値　53, 61-64
職業獲得（職獲得，職探し）　86, 103-110, 134, 182, 188, 191
所属行列　49, 159
人的資本　74, 75, 79, 97, 111, 174
シンボル　21-24, 167, 172-174, 202
有意味——　21
連帯——　204-209
*ジンメル，G.　14, 15, 17, 21, 87, 203
信頼　81
一般的——　82, 89, 90, 129, 152
——の解き放ち理論　82, 127, 128
*鈴木広　9
*スナイダース，T.　95, 96
生活機会　103, 140, 180, 189, 190, 195, 216, 221
制度的連結　111, 197
聖と俗　149, 151, 221
制約　125, 126
セーフティネット　106, 180, 189, 195, 198, 200, 210
切断点　44
想像の共同体　172
創発的特性（創発性問題）　13, 14, 16, 112, 114, 121
ソシオメトリー　39-41, 45, 57, 143
*ソベル，J.　71, 87
*ソロー，R. M.　65, 66

た　行

*ターナー，J. C.　99, 171
第一次集団　9, 29, 57
大衆社会論　11, 12
*タジフェル，H.　87
*ダスグプタ，P.　66
ただ乗り（フリーライダー）　113, 120, 169
*谷富夫　181-183, 195, 217
団体所属（参加）　91, 155, 157, 191
地位想起法　93-95, 104, 143
地位達成　67, 94, 102, 110, 133, 140, 200, 215
中間集団　7, 8, 12, 170, 200
中心性　42-45, 47
距離にもとづく——　42
次数——　43
媒介——　43, 44
紐帯
——［分析の窓口としての］　148, 221
——［関係基盤への回路としての］　160
（非）冗長な——　124, 126, 151
頂点　41, 42
*デフィリップス，J.　71, 86
*デュルケム，E.　5-8, 85, 130, 149, 170, 175, 176, 220
転職　106, 108-110, 123, 134
*テンニース，F.　4
投資　62-64
——の波及効果　150
——の収益性　165, 166
道徳的紐帯　7-9, 170, 175, 220
同類結合　8, 122, 133
——バイアス　107
都市化　8, 9, 31, 33, 38
取引費用　118, 128-130, 156

な　行

仲買　132
名前想起法　92, 95
日常生活の現実　23, 167, 203
*ニューカム，T.　122

入職経路　104,107,196
ネットワーク
——の結合度　34,35,56
——・ダイナミクス　52,130,135,141,152,217
——閉鎖性（世代間閉鎖性）　76-79,99,113,131,132
——の到達可能性　170,173
——の構造一体性　171
——想像力　203,219
エゴセントリック・——　37,38,52,56,90,92,215
ソシオセントリック・——　40,46,52,57,90,127,142,143,150,154,162,182,194,203,213-216,221,227
パーソナル・——　29,53,56,92,96,127,154,180,194,216,221

は　行

*パーソンズ, T.　7,168,227
*バート, R. S.　123-126,131-133,135,151,217
*バーンズ, J. A.　32,33
パス　42,122,186
*パットナム, R. D.　80-84,88,99,112,175,201,219,228
場の理論　39,168
ハビトゥス　29,71-73,215
比較ナラティブ分析　183,218
被支援経験　206-208
*ファラロ, T. J.　172
*フィッシャー, C. S.　92
*フクヤマ, F.　129,130,220
*ブラウ, P. M.　16-19,127
*フラップ, H.　140,174
フリーライダー（ただ乗り）　113,120,169
ブリッジ　44,91,122,126,130,132,143,157
局所——　122
*ブルデュー, P.　29,68-74,80,102,215
文化資本　69,70,94,102
分業　5,38,54,55,64,170
*ヘクター, M.　113,156,167-169,201,219,224
辺［頂点を結ぶ——］　41,42,60
ホーソン実験　10,57-59
*ポーツ, A.　69,70,80,83-86
*ボスウェル, D. M.　149,175
*ボット, E.　33-36
*ホマンズ, G.　122
ボランタリー・アソシエーション　80-82,99,201,211
*ホワイト, W. F.　9
*ボワセベン, J.　38

ま　行

マイクロ・マクロ・リンク　13,19,27,60,153,158,167,213,217,221
関係-社会構造系の——　28,135,141,219,221,224
行為-システム系の——　223,224
交差的な——　114,135,218,224
*マルコフスキー, B.　170,173,219
マルコフ連鎖　29,199
*ミード, G. H.　21,167
*メイヤー, P.　36
*モーガン, S. L.　79
*モレノ, J.　39,42,45,57

や　行

役割　31,33,38,51-53,175
*山岸俊男　82,128-130,175,220
有効投資傾向　192,210

*与謝野有紀　79, 191, 221
弱い紐帯　44, 74, 108, 109, 121, 126, 134, 150, 159, 206, 220
——の強さ　122, 123

ら　行

*ラザースフェルド, P. F.　11, 12
*リトワク, E.　9, 55
*リン, N.　62-64, 67, 74, 93, 102-109, 200
隣接［頂点の——］　42
——行列　44
類型的意味づけ　24, 26, 146
*レヴィン, K.　39, 168
連結［頂点の——］　42
連結性行列　164
連帯
有機的——　5-8, 56, 170, 175
——利益　142, 152, 154, 167, 169
——の高次化　99, 174, 203-206
労働市場　105, 133, 195-198
*ローマン, E. O.　92

わ　行

*ワース, L.　8
*渡辺深　109
〈われわれ〉関係　24, 167, 202-204

引用文献

Abbott, Andrew, 1995, "Sequence Analysis: New Methods for Old Ideas," *Annual Review of Sociology* 21: 93–113.

Abell, Peter, 1987, *The Syntax of Social Life: The Theory and Method of Comparative Narratives*, Oxford: Clarendon Press.

Alexander, Jeffrey C., 1987, *The Micro-Macro Link*, Berkeley: University of California Press.（石井幸夫・木戸功・間淵領吾・内田健・円岡偉男・若狭清紀訳『ミクロ-マクロ・リンクの社会理論』新泉社，1998.）

Anderson, Benedict, 1983, *Imagined Communities: Reflections on the Origin and Spread of Nationalism*, London: Verso Editions and NLB.（白石さや・白石隆訳『想像の共同体——ナショナリズムの起源と流行』［増補版］NTT 出版，1997.）

Angell, Robert C., 1951, "The Moral Integration of American Cities," *American Journal of Sociology* 57(1), part 2: 1–140.

Arrow, Kenneth J., 2000, "Observations on Social Capital," Dasgupta, Partha and Ismail Serageldin (eds.), *Social Capital: A Multifaceted Perspective*, World Bank: 3–5.

Barnes, John A., 1990, *Models and Interpretations: Selected Essays*, Cambridge: Cambridge University Press.

Barnes, John A., 1987, "Citation Classic Commentary," *Current Contents (Social & Behavioral Sciences and Arts & Humanities)* 9(23): 18.

Barnes, John A., 1954, "Class and Committees in a Norwegian Island Parish," *Human Relations* 7: 39–58.（野沢慎司編・監訳『リーディングス　ネットワーク論——家族・コミュニティ・社会関係資本』勁草書房，2006：第 1 章.）

Bian, Yanjie, 1997, "Bringing Strong Ties Back in: Indirect Ties, Network

Bridges, and Job Searches in China."*American Sociological Review* 62 (Jun): 366-385.

Bian, Yanjie and Soon Ang, 1997, "Guanxi Networks and Job Mobility in China and Singapore," *Social Forces* 75: 981-1006.

Blau, Peter M., 1977, *Inequality and Heterogeneity: A Primitive Theory of Social Structure*, New York: Free Press.

Blau, Peter M., 1964, *Exchange and Power in Social Life*, New York: John Wiley & Sons.（間場寿一・居安正・塩原勉訳『権力と交換』新曜社, 1974.）

Blau, Peter M. and Joseph E. Schwartz, 1984, *Crosscutting Social Circles: Testing a Macrostructural Theory of Intergroup Relations*, Orlando: Academic Press.

Boissevain, Jeremy, 1968, "The Place of Non-Groups in the Social Sciences," *Man* 3(4): 542-556.

Bonacich, Phillip, 1972, "Factoring and Weighting Approaches to Status Scores and Clique Identification," *Journal of Mathematical Sociology* 2: 113-120.

Boswell, David M., 1969, "Personal Crises and the Mobilization of the Social Network," Mitchell, J. Clyde (ed.), *Social Networks in Urban Situations: Analysis of Personal Relationships in Central African Towns*, Manchester University Press: Chap.VII.（三雲正博・福島清紀・進本真文訳『社会的ネットワーク――アフリカにおける都市の人類学』国文社, 1983：VI 章.）

Bott, Elizabeth, 1957, *Family and Social Network: Roles, Norms, and External Relationships in Ordinary Urban Families* (1971 Second ed.), London: Tavistock Publications.

Bott, Elizabeth, 1955, "Urban Families: Conjugal Roles and Social Networks," *Human Relations* 8: 345-384.（野沢慎司編・監訳『リー

ディングス　ネットワーク論——家族・コミュニティ・社会関係資本』勁草書房，2006：第２章.）

Bourdieu, Pierre and Loïc J. D. Wacquant, 1992, *Réponses: Pour une Anthropologie Réflexive*. Éditions du Seuil.（水島和則訳『リフレクシヴ・ソシオロジーへの招待——ブルデュー、社会学を語る』藤原書店, 2007.）

Bourdieu, Pierre, 1997, "The Forms of Capital," Halsey, A.H., Hugh Lauder, Phillip Brown, and Amy S. Wells (eds.), *Education: Culture, Economy, and Society*, Oxford University Press: 46-58. (=1986 in Richardson, John G., *Handbook of Theory of Research for the Sociology of Education*, Greenwood Press.)

Bourdieu, Pierre, 1980, "Le Capital Social: Notes Provisoires," *Actes de la Recherche en Sciences Sociales* 31(Jan.): 2-3.

Bradley, Ian and Ronald L. Meek, 1986, *Matrices and Society: Matrix Algebra and Its Applications in the Social Sciences*, Harmondsworth: Penguin.（小林淳一・三隅一人訳『社会のなかの数理——行列とベクトル入門』九州大学出版会，1992［改訂版 1998.］）

Breiger, Ronald L., 1995, "Social Structure and the Phenomenology of Attainment," *Annual Review of Sociology* 21: 115-136.

Breiger, Ronald L., 1974, "The Duality of Persons and Groups," *Social Forces* 53(2): 181-190.

Burt, Ronald S., 2005, *Brokerage and Closure: An Introduction to Social Capital*, Oxford: Oxford University Press.

Burt, Ronald S., 1992, *Structural Holes*, Cambridge: Harvard University Press.（安田雪訳『競争の社会的構造——構造的空隙の理論』新曜社, 2006.）

Burt, Ronald S., 2001, "Structural Holes versus Network Closure as Social Capital," Lin, Nan, Karen Cook, and Ronald S. Burt (eds.), *Social*

Capital: Theory and Research, New York: Aldine de Gruyter.（野沢慎司編・監訳『リーディングス　ネットワーク論――家族・コミュニティ・社会関係資本』勁草書房：7章.）
Burt, Ronald S., 1984, "Network Items and the General Social Survey," *Social Networks* 6(4): 293-339.
Buskens, Vincent and Arnout van de Rijt, 2008, "Dynamics of Networks if Everyone Strives for Structural Holes," *American Journal of Sociology* 114(2): 371-407.
Campbell, Karen E. and Barrett A. Lee, 1991, "Name Generator in Surveys of Personal Networks," *Social Networks* 13: 203-221.
Cartwright, Dorwin and Frank Harary, 1956, "Structural Balance: A Generalization of Heider's Theory," *Psychological Review* 63: 277-293.
Castiglione, Dario, Jan W. Van Deth, and Guglielmo Wolleb, 2008, *The Handbook of Social Capital*, Oxford: Oxford University Press.
蔡芒錫・守島基博，2002，「転職理由と経路，転職結果」『日本労働研究雑誌』506：38-49.
Coffé, Hilde and Benny Geys, 2007, "Toward an Empirical Characterization of Bridging and Bonding Social Capital," *Nonprofit and Voluntary Sector Quarterly* 36(1): 121-139.
Coleman, James S., 1990, *Foundations of Social Theory*, Cambridge: Belknap Press of Harvard University Press.（久慈利武監訳『社会理論の基礎（上下）』青木書店，2004，2006.）
Coleman, James S., 1988a, "Social Capital in the Creation of Human Capital," *American Journal of Sociology* 94: S95-S120.（野沢慎司編・監訳『リーディングス　ネットワーク論――家族・コミュニティ・社会関係資本』勁草書房，2006：6章.）
Coleman, James S., 1988b, "Free Riders and Zealots: The Role of Social Networks," *Sociological Theory* 6: 52-57.

Coleman, James S., 1987, "Norms as Social Capital," Radnitzky, Gerard and Peter Bernholz (eds.), *Economic Imperialism: The Economic Approach Applied Outside the Field of Economics*, New York: Paragon House Publishers: 133-155.

Dasgupta, Partha and Ismail Serageldin (eds.), 2000, *Social Capital: A Multifaceted Perspective*, Washington, D.C.: World Bank.

Dasgupta, Partha, 2000, "Economic Progress and the Idea of Social Capital," Dasgupta, Partha and Ismail Serageldin (eds.), *Social Capital: A Multifaceted Perspective*, World Bank: 325-424.

DeFilippis, James, 2001, "The Myth of Social Capital in Community Development." *Housing Policy Debate* 12(4): 781-806.

De Graaf, Nan D. and Hendrik D. Flap, 1988, "With a Little Help from My Friends": Social Resources as an Explanation of Occupational Status and Income in West Germany, the Netherlands, and the United States," *Social Forces* 67(2): 452-472.

Demange, Gabrielle and Myrna Wooders (eds.), 2005, *Group Formation in Economics: Networks, Clubs, and Coalitions*, Cambridge: Cambridge University Press.

De Nooy, Wouter, Andrej Mrvar, and Vladimir Batagelj, 2005, *Exploratory Social Network Analysis with Pajek*, Cambridge: Cambridge University Press.（安田雪監訳『Pajek を活用した社会ネットワーク分析』東京電機大学出版局，2009.）

Doreian, Patrick and Thomas J. Fararo, 1998, *The Problem of Solidarity: Theories and Models*, Amsterdam: Gordon and Breach.

Durkheim, Émile, 1912, *Les Fornses Élémentaires de la Vie Religieuse: Le Systême Tolémique en Australie*, Paris: Les Presses Universitaires de France (1960, 4e éd.).（古野清人訳『宗教生活の原初形態（上・下)』岩波書店，1975.）

Durkheim, Émile, 1893, *De la Division du Travail Social (1922 4th ed.)*. Paris: Alcan.（田原音和訳『社会分業論』青木書店，1971.）

Dutta, Bhaskar and Matthew O. Jackson, 2003, *Networks and Groups: Models of Strategic Formation*, Berlin: Springer.

Epstein, Arnold L., 1961, "The Network and Urban Social Organization," *Rhodes-Livingstone Journal* 29: 29-62.（=1969, Reprint: Mitchell, J. Clyde, *Social Networks in Urban Situations: Analysis of Personal Relationships in Central African Towns*, Manchester University Press: Chap.III.［三雲正博・福島清紀・進本真文訳『社会的ネットワーク——アフリカにおける都市の人類学』国文社，1983：Ⅲ章.］）

Erickson, Bonnie, 1996, "Culture, Class and Connections," *American Journal of Sociology* 102(1): 217-251.

Fararo, Thomas J. and Patrick Doreian, 1998, "The Theory of Solidarity: An Agenda of Problems," Doreian, Patrick and Thomas J. Fararo, *The Problem of Solidarity: Theories and Models*, Amsterdam: Gordon and Breach: 1-31.

Fernandez, Roberto, Emilio J. Castilla, and Paul Moore, 2000, "Social Capital at Work: Networks and Employment at a Phone Center," *American Journal of Sociology* 105(5): 1288-1356.

Festinger, Leon, Stanley Schachter, and Kurt Back, 1950, *Social Pressures in Informal Groups*, New York: Harper Bros.

Fischer, Claude S., 1982, *To Dwell among Friends: Personal Networks in Town and City*, Chicago: University of Chicago Press.（松本康・前田尚子訳『友人のあいだで暮らす——北カリフォルニアのパーソナル・ネットワーク』未來社，2002.）

Flap, Henk and Beate Völker, 2004, *Creation and Returns of Social Capital: A New Research Program*, London: Routledge.

Flap, Henk, 2002, "No Man is an Island: The Research Programme of a

Social Capital Theory," Favereau, Olivier and Emmanuel Lazega (eds.), *Conventions and Structures in Economic Organization: Markets, Networks and Hierarchies*, E. Elgar: 29-59.

Flap, Henk, 1999, "Creation and Returns of Social Capital: A New Research Program." *La Revue Tocqueville* XX(1): 5-26.

Freeman, Linton C., 1977, "A set of Measures of Centrality Based on Betweenness," *Sociometry* 40: 35-41.

Fukuyama, Francis, 1995, *Trust: The Social Virtues and the Creation of Prosperity*, New York: Free Press.（加藤寛訳『「信」無くば立たず』三笠書房, 1996.）

船橋晴俊・長谷川公一・畠中宗一・勝田晴美, 1985,『新幹線公害――高速文明の社会問題』有斐閣.

Gamson, William A., 1962, "Theory of Coalition Formation," *American Sociological Review* 26(3): 373-382.

Gans, Herbert J., 1962, *The Urban Villagers: Group and Class in the Life of Italian-Americans*, New York: Free Press.（松本康訳『都市の村人たち――イタリア系アメリカ人の階級文化と都市再開発』ハーベスト社, 2006.）

Gluckman, Max, 1967, "Psychological, Sociological, and Anthropological Explanations of Witchcraft and Gossip: A Clarification," *Man* 3(1): 20-34.

Granovetter, Mark S., 1974, *Getting a Job*. Chicago: University of Chicago Press.（渡辺深訳『転職――ネットワークとキャリアの研究』ミネルヴァ書房, 1998.）

Granovetter, Mark S., 1985, "Economic Action and Social Structure: The Problem of Embeddedness," *American Journal of Sociology* 91(3): 481-510.（渡辺深訳『転職――ネットワークとキャリアの研究』ミネルヴァ書房, 1998：付論 D.）

Granovetter, Mark S., 1973, "The Strength of Weak Ties." *American Journal of Sociology* 78: 1360-1380.（野沢慎司編・監訳『リーディングス　ネットワーク論――家族・コミュニティ・社会関係資本』勁草書房：４章.）

Grootaert, Christiaan, Deepa Narayan, Veronica N. Jones, and Michael Woolcock, 2004, *Measuring Social Capital*, World Bank Working Paper No.18, Washington, D.C.: World Bank.

Grootaert, Christiaan and Thierry van Bastelaer, 2002, *The Role of Social Capital in Development: An Empirical Assessment*, Cambridge: Cambridge University Press.

原純輔，1973,「マルコフ連鎖と社会移動」安田三郎編『社会学講座 17 数理社会学』東京大学出版会，79-114.

林直保子・与謝野有紀，2005,「適応戦略としての信頼――高信頼者・低信頼者の社会的知性の対称性について」『実験社会心理学研究』44（1）：27-41.

Hechter, Michael, 1987, *Principles of Group Solidarity*, Berkeley: University of California Press.（小林淳一・木村邦博・平田暢訳『連帯の条件――合理的選択理論によるアプローチ』ミネルヴァ書房，2003.）

平松闊（編著），1990,『社会ネットワーク』福村出版.

Hogg, Michael A. and Dominic Abrams, 1988, *Social Identifications: A Social Psychology of Intergroup Relations and Group Processes*, London: Routledge.

Homans, George, 1950, *The Human Group*, New York: Harcourt, Brace and Company.（馬場明男・早川浩一訳『ヒューマン・グループ』誠信書房，1959.）

Hooghe, Marc and Dietlind Stolle, 2003, *Generating Social Capital: Civic Society and Institutions in Comparative Perspective*, New York: Palgrave Macmillan.

Hsung, Ray-May, Nan Lin, and Ronald L. Breiger, 2009, *Contexts of Social Capital: Social Networks in Markets, Communities, and Families*, New York: Routledge.

Hsung, Ray-May and Ching-Shan Sun, 1988, *Social Resources and Social Mobility: Manufacturing Employees*, Taiwan: National Science Council.

Hwang, Kwang-Kuo, 2000, "Chinese Relationalism: Theoretical Construction and Methodological Considerations," *Journal for the Theory of Social Behaviour* 30(2): 155-178.

今田高俊, 1988, 「社会的分業の概念について」海野道郎・原純輔・和田修一編『数理社会学の展開』数理社会学研究会：19-26.

稲葉陽二・近藤克則・宮田加久子・大守隆, 2011, 『ソーシャル・キャピタルのフロンティア――その到達点と可能性』ミネルヴァ書房.

石田光規, 2008, 「入職経路としてのネットワークの効果」阿形健司編『2005 年 SSM 調査シリーズ 4 働き方とキャリア形成』2005 年 SSM 調査研究会：21-36.

石田光規, 2003, 「入職経路としてのネットワーク」中尾啓子編『現代日本における社会的地位の測定』科研費研究成果報告書：93-105.

岩間暁子, 2002, 「社会階層研究と社会関係資本――ホームレス自立支援策における社会関係資本の重要性」『和光大学人間関係学部紀要』7 (第 1 分冊：現代社会関係研究)：19-37.

門口充徳, 2001, 「P.M.ブラウと社会学的構造主義をめぐる課題」『成蹊大学文学部紀要』36：1-33.

金光淳, 2003, 『社会ネットワーク分析の基礎――社会的関係資本論にむけて』勁草書房.

苅谷剛彦, 1991, 『学校・職業・選抜の社会学――高卒就職の日本的メカニズム』東京大学出版会.

Kariya, Takehiko and James E. Rosenbaum, 1995, "Institutional Linkages between Education and Work as Quasi-internal Labor Markets,"

Research in Social Stratification and Mobility 14, 99-134.

Katz, Elihu and Paul F. Lazarsfeld, 1955, *Personal Influence: The Part Played by People in the Flow of Mass Communication*. New York: Free Press.（竹内郁郎訳『パーソナル・インフルエンス――オピニオン・リーダーと人びとの意思決定』培風館，1965.）

Kawachi, Ichiro, S.V. Subramanian, and Daniel Kim, 2008, *Social Capital and Health*, New York: Springer.（藤澤由和・高尾総司・濱野強訳『ソーシャル・キャピタルと健康』日本評論社.）

木村邦博，2002，『大集団のジレンマ――集合行為と集団規模の数理』ミネルヴァ書房.

小林盾，2008，「学歴か縁故か――初職と転職への効果」渡邊勉編『2005年SSM調査シリーズ 3 世代間移動と世代内移動』2005年SSM調査研究会：241-255.

小林淳一・三隅一人・平田暢・松田光司，2000，『社会のメカニズム［第2版］』ナカニシヤ出版.

Kolankiewicz, George, 1996, "Social Capital and Social Change." *British Journal of Sociology* 47: 427-441.

Kornhauser, William A., 1959, *The Politics of Mass Society*, Glencoe: Free Press.（辻村明訳『大衆社会の政治』東京創元社，1961.）

Land, Kenneth C., 1970, "Mathematical Formalization of Durkheim's Theory of Division of Labor," Borgatta, Edgar F. and George W. Bohrnstedt（eds.），*Sociological Methodology 1970*, San Francisco: Jossey Bass: 257-282.

Laumann, Edward O., 1973, *Bonds of Pluralism: The Form and Substance of Urban Social Networks*, New York: Wiley.

Lazarsfeld, Paul F. and Robert K. Merton, 1954, "Friendship as a Social Process: A Substantive and Methodological Analysis," Berger, Morroe, Theodore Abel, and Charles H. Page（eds.），*Freedom and Control in*

Modern Society, New York: Van Nostrand.

Lewin, Kurt (Cartwright, D.[ed.]), 1951, *Field Theory in Social Science; Selected Theoretical Papers*. New York: Harper & Row.

Lin, Nan, 2001a, *Social Capital: A Theory of Social Structure and Action*, Cambridge: Cambridge University Press. (筒井淳也・石田光規・桜井政成・三輪哲・土岐智賀子訳『ソーシャル・キャピタル――社会構造と行為の理論』ミネルヴァ書房, 2008.)

Lin, Nan and Bonnie H. Erickson, 2008, *Social Capital: An International Research Program*, Oxford: Oxford University Press.

Lin, Nan, 2001b, "Guanxi: A Conceptual Analysis," So, Alvin Y., Nan Lin, and Dudley Poston (eds.), *The Chinese Triangle of Mainland China, Taiwan, and Hong Kong: Comparative Institutional Analysis*, Westport: Greenwood Press.

Lin, Nan, 1999, "Social Networks and Status Attainment, *Annual Review of Sociology* 25: 467–487.

Lin, Nan and Mary Dumin, 1986, "Access to Occupations through Social Ties." *Social Networks* 8: 365–385.

Lin, Nan, John C. Vaughn, and Walter M. Ensel, 1981a, "Social Resources and Occupational Status Attainment." *Social Forces* 59(4): 1163–1181.

Lin, Nan, Walter M. Ensel, and John C. Vaughn, 1981b, "Social Resources and Strength of Ties: Structural Factors in Occupational Status Attainment." *American Sociological Review* 46(Aug): 393–405.

Litwak, Eugene, 1960, "Occupational Mobility and Extended Family Cohesion," *American Sociological Review* 25 (Feb.): 9–21.

Litwak, Eugene and Ivan Szelenyi, 1969, "Primary Group Structures and Their Functions: Kin, Neighbors, and Friends." *American Sociological Review* 34: 465–481.

Lorrain, François and Harrison C. White, 1971, "Structural Equivalence of

Individuals in Social Networks," *Journal of Mathematical Sociology* 1: 49-80.

Markovsky, Barry and Mark Chaffee, 1995, "Social Identification and Solidarity: A Reformulation," *Advances in Group Processes* 12: 249-270.

Markovsky, Barry and Edward J. Lawler, 1994, "A New Theory of Group Solidarity," *Advances in Group Processes* 11: 113-137.

Marsden, Peter V., 1987, "Core Discussion Networks of Americans," *American Sociological Review* 52(1): 122-131.

Mayer, Philip, 1961, *Townsmen and Tribesmen: Conservatism and the Process of Urbanization in a South African City*, Cape Town: Oxford University Press.

松田光司・三隅一人，2004，「分業と連帯――道徳的紐帯に着目した Durkheim 再解読」三隅一人編著『社会学の古典理論――数理で蘇る巨匠たち』勁草書房：85-104.

McPherson, Miller, Lynn Smith-Lovin, and James M. Cook, 2001, "Birds of a Feather: Homophily in Social Networks," *Annual Review of Sociology* 27: 415-444.

Mead, George H., 1934, *Mind, Self, and Society*, Chicago: University of Chicago Press.（稲葉三千男・滝沢正樹・中野収訳『精神・自我・社会』青木書店，1973.）

Merton, Robert K., 1957, *Social Theory and Social Structure (1968 Enlarged ed.)*. New York: Free Press.（森東吾・森好夫・金沢実・中島竜太郎訳『社会理論と社会構造』みすず書房，1961.）

三隅一人（編），2009a，『社会関係基盤による連帯分析』科研費研究成果報告書.

Misumi, Kazuto, 2007a, *A Formal Theory of Roles*, Fukuoka: Hana-syoin.

三隅一人，2010，「社会関係基盤によるネットワーク想像力としての連帯」『やまぐち地域社会研究』7（山口地域社会学会）：51-63.（以下に所

収の論文の改訂版：三隅一人編『社会関係基盤による連帯分析』科研費研究成果報告書：1-14，2009.）

三隅一人，2009b,「社会関係資本と階層研究——原理問題としての機会の平等再考」『社会学評論』59(4)：716-733.

三隅一人，2009c,「質的データ解釈支援の方法論」谷富夫・芦田徹郎編著『よくわかる質的社会調査技法編』ミネルヴァ書房：148-161.

三隅一人，2009d,「社会関係資本と社会的連帯」社会福祉士養成講座編集委員会編『新・社会福祉養成講座 3 社会理論と社会システム』中央法規出版：168-178.

三隅一人，2008a,「社会関係資本としての学校——若年層の職業機会を中心に」太郎丸博編『2005年SSM調査シリーズ 11 若年層の社会移動と階層化』2005年SSM調査研究会：37-55.

Misumi, Kazuto, 2008b, "Social Capital on Net-bases: A Methodological Note,"『比較社会文化』14：49-63.（次の論文の翻訳改訂：三隅一人，2005,「仮想ホールネットとしての社会関係基盤——社会関係資本の分析法試論」三隅一人編『フォーマライゼーションによる社会学的伝統の展開と現代社会の解明』科研費研究成果報告書：17-34.）

三隅一人，2007b,「（書評）ロバート・D・パットナム『孤独なボウリング——米国コミュニティの崩壊と再生』」『理論と方法』22(1)：121-123.

Misumi, Kazuto, 2005a, "Whole-net Base and Social Capital: Stratified Opportunity Structure of Social Capital,"『理論と方法』20(1)：5-25.（次の論文の英訳改訂：三隅一人，2005,「社会関係基盤と社会関係資本——友人関係資本の階層的機会構造」与謝野有紀編『現代日本における社会階層、ライフスタイル、社会関係資本の連関構造の分析』科研費研究成果報告書：1-22.）

三隅一人，2005b,「事例／計量調査と社会学理論——反証主義的な二次分析の精神をめぐって」『西日本社会学会年報』3：29-41.

三隅一人，2004，「職獲得過程と社会関係資本―― Comparative Narratives による職業生活史の二次分析」三隅一人『解釈支援型フォーマライゼーションの試み』科研費報告書：1-23.
三隅一人，2001，「規範をめぐる合理的選択モデルの展開」船津衛編『アメリカ社会学の潮流』恒星社厚生閣：281-303.
三隅一人，2000，「デキゴトバナシ比較分析」小林淳一・三隅一人・平田暢・松田光司『社会のメカニズム（第２版）』ナカニシヤ出版：119-132.
三隅一人，1997a，「結婚に対する社会構造の効果―― Blau 命題の吟味」井上寛編『社会ネットワークの新たな理論に向けて』科研費研究成果報告書：197-216.
三隅一人，1997b，「ソーシャル・サポートの階層的差違について」『社会学評論』48(1)：2-17.
三隅一人，1991，「都市のプル・農村のプッシュ図式と地域移動パターン」『社会科学論集』（九州大学教養部社会科学研究室紀要）31：129-163.
三隅一人，1989，「社会的ジレンマと成員異質性についての覚書――社会的ジレンマ図式の拡張をめざして」『社会科学論集』29（九州大学教養部社会科学教室）：122-156.
Mitchell, J. Clyde, 1969, *Social Networks in Urban Situations: Analysis of Personal Relationships in Central African Towns*, Manchester University Press（三雲正博・福島清紀・進本真文訳『社会的ネットワーク――アフリカにおける都市の人類学』国文社，1983.）
宮川公男・大守隆（編），2004，『ソーシャル・キャピタル――現代経済社会のガバナンスの基礎』東洋経済新報社.
宮島喬，1977，『デュルケム社会理論の研究』東京大学出版会.
Moreno, Jacob L., 1934（Revised edition 1953）, *Who Shall Survive?*, Beacon: Beacon House.
Morgan, Stephen L. and Aage B. Sørensen, 1999, "Parental Networks,

Social Closure, and Mathematics Learning: A Test of Coleman's Social Capital Explanation of School Effects." *American Sociological Review* 64(Oct.): 661-681.

Mouw, Ted, 2003, "Social Capital and Finding a Job: Do Contacts Matter?" *American Sociological Review* 68(Dec): 868-898.

内閣府国民生活局（編），2003,『ソーシャル・キャピタル――豊かな人間関係と市民活動の好循環を求めて』国立印刷局.

中久郎，1979,『デュルケームの社会理論』創文社.

Newcomb, Theodore, 1953, "An Approach to the Study of Communicative Acts," *Psychological Review* 60: 393-404.

Nieminen, Juhani, 1974, "On the Centrality in a Graph," *Scandinavian Journal of Psychology* 15: 322-336.

野沢慎司（編・監訳），2006,『リーディングス　ネットワーク論――家族・コミュニティ・社会関係資本』勁草書房.

農村におけるソーシャル・キャピタル研究会（編），2007,『農村のソーシャル・キャピタル――豊かな人間関係の維持・再生に向けて』農林水産省農村振興局.

Olson, Mancur, 1965, *The Logic of Collective Action: Public Goods and the Theory of Groups*, Cambridge: Harvard University Press (1971 ed.).（依田博・森脇敏雅訳『集合行為論――公共財と集団理論』ミネルヴァ書房，1983.）

Ostrom, Elinor and T. K. Ahn, 2003, *Foundations of Social Capital*, Cheltenham: Edward Elgar Publishing.

Ostrom, Elinor, 2000, "Social Capital: A Fad or a Fundamental Concept?" Dasgupta, Partha and Ismail Serageldin (eds.), *Social Capital: A Multifaceted Perspective*, World Bank: 172-214.

Parsons, Talcott, 1951, *The Social System*, New York: Free Press.（佐藤勉訳『社会体系論』青木書店，1974.）

Parsons, Talcott, 1967, "Durkheim's Contribution to the Theory of Integration of Social Systems," Parsons, Talcott, *Sociological Theory and Modern Society*, New York: Free Press: 3-34.

Portes, Alejandro, 1998, "Social Capital: Its Origins and Applications in Modern Sociology," *Annual Review of Sociology* 24: 1-24.

Putnam, Robert D. (ed.), 2000, *Bowling Alone: The Collapse and Revival of American Community*, New York: Simon & Schuster.（柴内康文訳『孤独なボウリング――米国コミュニティの崩壊と再生』柏書房, 2006.）

Putnam, Robert D., 1993, *Making Democracy Work: Civil Traditions in Modern Italy*, Princeton: Princeton University Press.（河田潤一訳『哲学する民主主義――伝統と改革の市民的構造』NTT 出版, 2001.）

Roethlisberger, Fritz J. and William J. Dickson, 1939, *Management and the Worker: An Account of a Research Program Conducted by the Western Electric Company, Hawthorne Works, Chicago* (1956ed.), Cambridge: Harvard University Press.

Rosanvallon, Pierre, 1995, *La Nouvelle Question Sociale: Repenser L'État-providence*, Paris: Éditions du Seuil.（北垣徹訳『連帯の新たなる哲学――福祉国家再考』勁草書房, 2006.）

Sandefur, Rebecca and Edward O. Laumann, 1998, "A Paradigm for Social Capital, *Rationality and Society* 10: 481-501.

佐藤寛（編), 2001,『援助と社会関係資本――ソーシャル・キャピタル論の可能性』アジア経済研究所.

佐藤嘉倫・尾嶋史章（編), 2011,『現代の階層社会 1　格差と多様性』東京大学出版会.

佐藤嘉倫・平松闊（編), 2005,『ネットワーク・ダイナミクス――社会ネットワークと合理的選択』勁草書房.

佐藤嘉倫, 1998,「地位達成過程と社会構造――制度的連結理論の批判的

再検討」『日本労働研究雑誌』457：27-40.

Schuller, Tom, Stephen Baron, and John Field, 2000, "Social Capital: A Review and Critique," Baron, Stephen, John Field, and Tom Schuller (eds.), *Social Capital: Critical Perspectives*, Oxford: Oxford University Press: 1-38.

Schutz, Alfred, 1962 (M. Natanson ed.), *Collected Papers I: The Problem of Social Reality*, The Hague: Martinus Nijhoff.（渡部光・那須壽・西原和久訳『社会的現実の問題 II』マルジュ社，1985.）

Scott, John, 1991, *Social Network Analysis*, London: Sage.

盛山和夫，1985，「『弱い紐帯の強さ』再考」数理社会学研究会編『数理社会学の現在』数理社会学研究会：163-174.

清水盛光，1971，『集団の一般理論』岩波書店.

Simmel, Georg, 1908, *Soziologie: Untersuchungen über die Formen der Vergesellschaftung* Berlin: Duncker & Humblot.（居安正新訳『社会学——社会化の諸形式についての研究（上・下）』白水社，1994.）

Snijders, Tom A.B., 1999, "Prologue to the Measurement of Social Capital," *La Revue Tocqueville* XX(1): 27-44.

Sobel, Joel, 2002, "Can We Trust Social Capital?," *Journal of Economic Literature* XL: 139-154.

Solow, Robert M., 2000, "Notes on Social Capital and Economic Performance," Dasgupta, Partha and Ismail Serageldin (eds.), *Social Capital: A Multifaceted Perspective*, World Bank: 6-10.

Stolle, Dietlind and Thomas R. Rochon, 1998, "Are All Associations Alike? Member Diversity, Associational Type, and the Creation of Social Capital," *American Behavioral Scientist* 42(1): 47-65.

Sun, Yongmin., 1999, "The Contextual Effects of Community Social Capital on Academic Performance," *Social Science Research* 28: 403-426.

鈴木広，1987，「アーバニゼイションの理論的問題」鈴木広・倉沢進・秋

元律郎編著『都市化の社会学——シカゴ学派からの展開』ミネルヴァ書房，229-260.
Tajfel, Henri, 1978, *Differentiation between Social Groups*, London: Academic Press.
Tajfel, Henri, 1972, "La Catégorisation Sociale," Moscovici, Serge (ed.), *Introduction à la Psychologie Sociale* Vol.1, Paris: Larousse.
武川正吾，2007,『連帯と承認——グローバル化と個人化のなかの福祉国家』東京大学出版会.
田中拓道，2006,『貧困と共和国——社会的連帯の誕生』人文書院.
谷富夫，1989,『過剰都市化社会の異動世代——沖縄生活史研究』渓水社.
Tönnies, Ferdinand, 1887, *Gemeinschaft und Gesellschaft*, Leipzig: Fues.（杉之原寿一訳『ゲマインシャフトとゲゼルシャフト』岩波文庫，1957）.
辻正二（監修），2008,『時間学概論』恒星社厚生閣.
Turner, John C., Michael A. Hogg, Penelope J. Oakes, Steve D. Reicher, and Margaret S. Wetherall, 1987, *Rediscovering the Social Group: A self-Categorization Theory*, Oxford: Blackwell.（蘭千壽・磯崎三喜年・内藤哲雄・遠藤由美訳『社会集団の再発見——自己カテゴリー化理論』誠信書房，1995.）
Ullmann-Margalit, Edna., 1977, *The Emergence of Norms*, Oxford: Oxford University Press.
海野道郎・盛山和夫，1991,『秩序問題と社会的ジレンマ』ハーベスト社.
Van Der Gaag, Martin, 2005, *Measurement of Individual Social Capital*, Dissertations University of Groningen.
Van Der Gaag, Martin and Tom A. B. Snijders, 2005, "The Resource Generator: Social Capital Quantification with Concrete Items, *Social Networks* 27: 1-29.
Völker, Beate and Henk Flap, 1999, "Getting Ahead in the GDR: Social

Capital and Status Attainment under Communism." *Acta Sociologica: Revue Scandinave de Sociologie* 42(1): 17-34.

Wasserman, Stanley and Katherine Faust, 1994, *Social Network Analysis*, New York: Cambridge University Press.

渡辺深，1991，「転職——転職結果に及ぼすネットワークの効果」『社会学評論』42(1)：2-16.

Weber, Max, 1947[A.M. Henderson and T. Parsons], *The Theory of Social and Economic Organization*, New York: Free Press.（清水幾太郎訳『社会学の根本概念』岩波書店，1972.）（浜嶋朗訳『権力と支配』有斐閣，1967.）

Wegener, Bernd, 1991, "Job Mobility and Social Ties: Social Resources, Prior Job and Status Attainment," *American Sociological Review* 56 (Feb.): 1-12.

Wellman, Barry, 1979, "The Community Question: The intimate Networks of East Yorkers," *American Journal of Sociology* 84: 1201-1231.（野沢慎司編・監訳『リーディングス　ネットワーク論——家族・コミュニティ・社会関係資本』勁草書房，2006：第５章.）

White, Harrison C., 1963, *An Anatomy of Kinship: Mathematical Models of Social Structure of Cumulated Roles*, Englewood Cliffs: Prentice-Hall.

White, Harrison C., Scott A. Boorman, and Ronald L. Breiger, 1976, "Social Structure from Multiple Network I: Blockmodels of Roles and Position," *American Journal of Sociology* 81: 730-780.

Whyte, William F., 1943, *Street Corner Society*, Chicago: University of Chicago Press.（寺谷弘壬訳『ストリート・コーナー・ソサエティ——アメリカ社会の小集団研究』垣内出版，1974.）

Wiese, Leopold, 1932, *Systematic Sociology: On the Basis of the Beziehungslehre and Gebildelehre of Leopold von Wiese* (Adapted and Amplified by Howard Becker), New York: John Wiley.

Wirth, Louis, 1938, "Urbanism as a Way of Life," *American Journal of Sociology* 44: 3-24.（高橋勇悦訳「生活様式としてのアーバニズム」鈴木広編『都市化の社会学［増補版］』誠信書房，1978：127-147.）
Woolcock, Michael, 1998, "Social Capital and Economic Development: Toward a Theoretical Synthesis and Policy Framework," *Theory and Society* 27: 151-208.
山岸俊男，1998，『信頼の構造——こころと社会の進化ゲーム』東京大学出版会.
Yamagishi, Toshio and Midori Yamagishi, 1994, "Trust and Commitment in the United States and Japan," *Motivation and Emotion* 18(2): 129-166.
山内直人・伊吹英子（編），2005，『日本のソーシャル・キャピタル』大阪大学 NPO 研究情報センター.
安田雪，1997，『ネットワーク分析』新曜社.
与謝野有紀（編），2005，『現代日本における社会階層、ライフスタイル、社会関係資本の連関構造の分析』科研費研究成果報告書.
与謝野有紀，2008，「社会関係資本と地位達成——他者への信頼，制度への信頼および社会的資源の蓄積」高田洋編『2005 年 SSM 調査シリーズ 2 階層・階級構造と地位達成』2005 年 SSM 調査研究会：83-97.
油井清光，1995，『主意主義的行為理論』恒星社厚生閣.